Thomas E. Mails

Fools Crow

Weisheit und Kraft

Das indianische Heilwissen des Schamanen Fools Crow

Arun

Thomas E. Mails, evangelischer Pfarrer, war Autor und Illustrator zahlreicher Bücher zur Geschichte der eingeborenen Nordamerikaner, u.a. *Geheime indianische Pfade* (Knaur), *Das Leben des Fools Crow* (Fischer) und *Oyate Wica'Ni Ktelo* (Arun). Er starb am 18. November 2001.

Copyright © 2010 by Arun-Verlag für die deutsche Ausgabe;
Arun-Verlag, Engerda 28, D-07407 Uhlstädt-Kirchhasel,
Tel.: 036743/233-0, Fax: 036743/233-17
e-mail: info@arun-verlag.de; www.arun-verlag.de
Originaltitel: *Fools Crow – Wisdom and Power*, Copyright ©2001 by Thomas E. Mails, First published by Council Oak Books, www.counciloakbooks.com. All rights reserved.
Illustrationen: © Thomas E. Mails.
Fotos: Thomas E. Mails, Charles Ritchie/Kwahadi Heritage and Bettmann/CORBIS.
Übersetzt aus dem US-Amerikanischen von Norbert Mallik.
Satz: Stephan Pockrandt, eislicht@gmx.de.
Gesamtherstellung: Hubert & Co, zeitbuch, Göttingen.

Alle Rechte der Verbreitung in deutscher Sprache und der Übersetzung, auch durch Film, Funk und Fernsehen, fotomechanische Wiedergabe, Ton- und Datenträger jeder Art und auszugsweisen Nachdrucks sind vorbehalten.

ISBN 978-3-86663-048-2

Inhaltsverzeichnis

Vorwort ··· 7

Der Alte Herr der heiligen Männer ·························· 11

Kleine hohle Knochen ······································ 33

Die heilende Kraft ··· 49

Leben in Harmonie ··· 65

Die Leinwand des Geistes ··································· 77

Werkzeuge des Geistes ····································· 85

Die Lichter der Weisheit ··································· 107

Weiße Wolken ··· 119

Sprechende Steine ··· 127

Wie groß ist der Glaube? ··································· 141

Körbe aus Liebe ··· 157

Freisein von Angst ··· 175

Ein großer Auftrieb ·· 183

Widerstrebend Abschied nehmen ···························· 191

Das Ende und der Anfang ·································· 197

Nachwort ·· 207

Fotografien ·· 215

Bibliografie ·· 221

Fools Crow mit Russel Means bei Gericht.

Fools Crow (links) begrüßt Russell Means (Mitte) im Februar 1974 in Saint Paul anlässlich der Wiederaufnahme von Means' Verhandlung wegen seiner Teilnahme an der Besetzung von Wounded Knee. (© Bellmann/CORBIS)

Vorwort

Caga mato wanbli, Großvater Eagle Bear, auch bekannt unter seinem Namen Häuptling Frank Fools Crow, adoptierte mich auf dem jährlich stattfindenden Sonnentanz der Lakota in Pine Ridge im Jahr des Weißen Mannes 1969. Er adoptierte mich, weil ich mein Volk liebe. Er spürte das während des Sonnentanzes, obwohl er mich nicht kannte.

Großvater war einer der ganz wenigen unseres Volkes, die im neunzehnten Jahrhundert geboren wurden und niemals eine Einrichtung des Weißen Mannes besucht haben. Dieser alte Menschenschlag, in deren Mitte ich aufwuchs, wurde von Vätern, Müttern, Tanten, Onkeln und Großeltern aufgezogen, die allesamt frei geboren waren. Das Verhalten von Großvater und all seinen Zeitgenossen war von einer einfachen Eleganz geprägt. Sie waren sich ihrer Würde bewusst und stolz darauf, Lakota zu sein. Großvater verfügte über eine Gemütsruhe, die aus der Weisheit herrührt, die unseren Vorfahren zu Eigen ist. Man hört nie davon, dass der Weiße Mann seinen Kindern etwas über Weisheit und Gemütsruhe beibringt. Nur über Wissen und Besitz, was in direktem Widerspruch zu ihrem heiligen Buch steht.

Großvater mit seiner Gemütsruhe kannte die äußerste Zufriedenheit, die sich Glücklichsein nennt. Er kannte die Prophezeiungen und die Weisheit unseres Volkes und lebte sein Leben dementsprechend. Großvater Fools Crow war bestimmt nicht jemand, den die Leute einen »Traditionellen Indianer« nennen, er war auch kein »Patriot« und ganz sicher war er kein »Medizinmann«. Er war einfach ein *Oglala Ikce Wicasa* (gewöhnlicher Mann).

Großvater war ein Mann mit einem reinen Herzen und deswegen sprach das Große Geheimnis durch ihn. Die Kräfte, die er ausübte, waren größer als die eines Priesters oder Pfarrers und sogar als diejenigen des Papstes. Er verwendete diese Kräfte, um sicherzustellen, dass das spirituelle Fundament unseres Volkes viele Generationen lang Fortbestand haben würde. Zumindest jedoch so lange, bis wir uns von dem Angriff des Weißen Mannes erholt haben würden, und damit beginnen können, den heiligen Baum des Lebens wieder zu nähren und den Kreis der Nation wieder zu einem Ganzen zusammenzufügen.

Großvater verstand und sprach Englisch. Er war sich seiner Kraft bewusst. Wenn er mit Nicht-Indianern zu tun hatte, dann sprach er ausschließlich auf Lakota und ließ diejenigen, die die Sprache des Weißen Mannes besser kannten, seine Worte sinngemäß wiedergeben. Ich hörte ihn nur einmal Englisch reden, und das war zu einem anderen Lakota, aber sonst habe ich ihn nur in unserer Sprache erlebt. Man muss die Güte von Häuptling Frank Fools Crow begreifen, um zu verstehen, was einen Ureinwohner Amerikas wirklich ausmacht. Großvater Fools Crow war eine Würde zu eigen, die man in Amerika nicht mehr findet. Großvater verfügte über jede Eigenschaft, welche die amerikanischen Indianer dieses großartigen Landes einst besaßen.

Großvater kannte das Wort »Nein« nicht. Er konnte nicht nachvollziehen, wie man diesen Ausdruck verwenden konnte. Er maß materiellen Besitztümern, gleich welcher Art, absolut keinen Wert zu. Jedoch schien er seltsamerweise immer über ausreichend Geld zu verfügen.

Einmal traf er diesen Anthropologen aus Spanien. Nachdem das Interview abgeschlossen war, bewunderte der spanische Anthropologe das aus Silber und Türkis kunstvoll gefertigte Kürbisblüten-Halsband, das er trug. Großvater nahm es ab und gab es diesem Abkömmling der Konquistadoren.

Häuptling Frank Fools Crow, alias Eagle Bear, war auf seine Lakota-Traditionen sehr stolz und ging in dieser Hinsicht keine Kompromisse ein. Zu einer meiner zahlreichen Gerichtsverhandlungen war er als Zeuge geladen. Er bestand darauf, dass er während des Eids, den er ablegen sollte, seine heilige Pfeife in den Händen hielt. Er sagte auf Lakota – das nicht für den Richter übersetzt wurde – dass er durch die Ehre gebunden sein wollte, die er kannte. Er wusste, dass der Weiße Mann seinen eigenen Gott belog, und deswegen war ihm nicht wohl dabei, einen Eid auf diesen Gott abzulegen. Gemäß indianischer Tradition steht man auf, um den Menschen und ihrem Zuhören Respekt zu erweisen. Während er sich im Zeugenstand befand, beantwortete er alle an ihn gerichteten Fragen stehend.

Ich erhielt eine meiner bedeutendsten Lehren an einem heißen Sommernachtmittag im Haus von Großvater. Großvater wurde von zwei Dokumentarfilmern interviewt; einer kam aus Belgien und der andere aus den Niederlanden. Zum Schluss des Interviews richteten beide Reporter an Häuptling Frank Fools Crow die Frage, ob er sein Wissen an die jüngere Generation weitergibt? Er schaute nach Osten, stand auf, warf seinen Arm angewidert gen Himmel und sagte: »Ah, sie verdienen es nicht«. In diesem Moment war ich geschockt. Ich stand auf und unternahm einen Spaziergang entlang dem Bach hinter seinem Haus, um darüber nachzudenken. Nach einiger Zeit kehrte ich zurück und setze mich zu Großvater und seinem Dolmetscher, meinem *Leksi* (Onkel) Matthew King. Ich fragte sie, ob ich richtig verstand, war er gesagt hatte. Als sie mir zuhörten, fragte ich, ob der

Grund dafür sei, dass ihr Verständnis unserer Lieder, Zeremonien, der Himmelsrichtungen und der Pflanzen so heilig ist, dass diese Lehren nur an jene weitergegeben werden können, die reinen Herzens und Geistes sind? Beide nickten übereinstimmend.

Russell Means, ein Oglala Lakota-Freiheitskämpfer & Bürgerrechtler
8. April 2001

 1 Der Alte Herr der heiligen Männer

Das Ihnen hier vorliegende Buch ist womöglich das außergewöhnlichste, das je über einen nordamerikanischen Indianer publiziert wurde. Damit möchte ich aber keineswegs auf meine Verdienste als Autor anspielen. Ich meine lediglich, dass meines Wissens kein anderer bedeutender heiliger Mensch jemals so klar enthüllt hat, oder vielleicht auch enthüllen konnte, wie er zu seinem Wissen kam und auf welche Weise er wirkte. Auch wenn Fools Crow selbst es nicht so sah, würden doch die meisten von uns seine Taten und sein Leben als ein Wunder bezeichnen. Für ihn waren Wunder die Normalität des Alltagslebens, und da *Wakan Tanka* sie versprochen hatte, hätte es ihn nur gewundert, wenn sie ausgeblieben wären.

An einem Sommertag im Jahr 1975 erzählte mir Frank Fools Crow, dass er seinen berühmten Onkel Black Elk (»Schwarzer Hirsch«) als den herausragendsten heiligen Mann der Sioux ansehe. Für viele Sioux jedoch bilden diese beiden Männer gemeinsam die Pyramidenspitze heiliger Menschen, und meiner Ansicht nach könnte Fools Crow als der größte heilige Mensch der indigenen Amerikaner in den letzten hundert Jahren gelten. Dafür spricht, dass Fools Crow 1925 zum Zeremonialhäuptling der Teton Sioux gewählt wurde, obwohl Black Elk noch lebte und erst 65 Jahre alt war. Auch war nur Fools Crow in der Lage, mir das Material für dieses Buch offenzulegen; und obwohl Black Elk die Einzelheiten über die Entstehung des Sonnentanzes mitteilen konnte, gibt es keinerlei Hinweise darauf, dass er dabei wie Fools Crow für die Sioux als der Fürbitter fungierte.

Während unserer gemeinsamen Arbeit an seiner Biografie gab mir Fools Crow zwei Arten von miteinander zusammenhängenden Informationen. Das waren einerseits Dinge, von denen er glaubte, sein Schöpfergott *Wakan Tanka* wünsche, er möge sie vor seinem Tod veröffentlichen. Und das waren andererseits Dinge, die posthum enthüllt werden sollten – das konnte also erst nach seinem Tod am 27. November 1989 geschehen. Er wurde 99 Jahre alt, das ist mehr als das Doppelte der durchschnittlichen Lebenserwartung der heutzutage in den Reservaten Pine Ridge und Rosebud lebenden Sioux.

Unter dem Titel *Fools Crow* erschien 1979 (deutsch 1996 unter dem Titel *Das Leben des Fools Crow*) der erste Teil des Materials.[1] Es ist das Protokoll seines Lebens, aber es enthält auch viele Beschreibungen außergewöhnlicher Dinge, die *Wakan Tanka* und die helfenden Mächte durch ihn bewirkten. Bei der Neuausgabe des Buches im Jahr 1990 beschrieb der amerikanische Verlag seinen Inhalt folgendermaßen: »Frank Fools Crow, ein spiritueller und weltlicher Führer der Teton Sioux, verbrachte nahezu ein ganzes Jahrhundert damit, Menschen jeder Hautfarbe zu helfen. Er war ein disziplinierter, liebenswürdiger Mann, der die Traditionen aufrechterhielt. Betrübt über die sozialen Missstände, die sein Volk heimsuchten, prangerte er diese geradeheraus an. Als er 1989 im Reservat Pine Ridge in South Dakota starb, war er von vielen geliebt und geachtet. Die Grundlage für *Das Leben des Fools Crow* bilden Interviews aus den 70er Jahren. Der heilige Mann erzählt Thomas E. Mails über sein ereignisreiches Leben, angefangen von den frühen Tagen im Reservat, als die Sioux die Landwirtschaft erlernten, bis hin zu den späteren Zeiten, wo der Alkoholismus, die Geldwirtschaft und der Zweite Weltkrieg die alten Sitten und Gebräuche aushöhlten. Er beschreibt seine Visionssuchen und wie er ein Medizinmann wurde. Es wird in bemerkenswerter Detailfülle über die Yuwipi- und Schwitzhüttenzeremonien, den Sonnentanz und Beispiele körperlicher Heilungen berichtet, und weil Fools Crow sich auch am weltlichen Leben erfreute, wird ebenfalls über seine Auslandsreisen mit Buffalo Bills Wild West Show, seine glücklichen Ehen, seine Filmarbeit und über sein Wirken als Stammesführer erzählt. In seinem langen Leben konnte er im Jahr 1973 bei Wounded Knee zwischen der US-Regierung und den indianischen Aktivisten vermitteln und vor einem Unterausschuss des Kongresses für die Rückgabe der Black Hills eintreten.«

Manch einer mag sich fragen, warum Fools Crow gerade mich auswählte und sich entschloss, mir diese außergewöhnlichen Informationen anzuvertrauen. Uns beiden war klar, dass diese Frage aufkommen würde. Mehr als einmal diskutierten wir darüber mithilfe unseres Freundes und Dolmetschers Dallas Chief Eagle, und wir waren einer Meinung über das, was wir nach dem Willen des Schöpfers mit seinen Geschenken an die Menschheit anfangen sollten.

---

1) Auf Deutsch 1996 erschienen unter dem Titel *Ich singe mein Lied für Donner, Wind und Wolken*, Neuausgabe unter dem Titel *Das Leben des Fools Crow*, S. Fischer Verlag. Beide Ausgaben sind vergriffen. Im Folgenden wird nur der Titel *Das Leben des Fools Crow* verwendet.

»Die Kraft und die Methoden«, sagte Fools Crow, »werden uns deshalb gegeben, damit wir sie an andere weitergeben. Anders zu denken oder zu handeln wäre reine Selbstsucht. Wir können sie nur behalten und vermehren, wenn wir sie anderen übermitteln, und wenn wir das nicht tun, dann verlieren wir sie.« Aus dem, was Black Elk John Neihardt und Joseph Epes Brown berichtete, wird deutlich, dass er Fools Crows Ansicht teilte; das zeigt allein schon die Tatsache, dass er sein heiliges Wissen so freimütig mit den beiden Autoren teilte.[2] Natürlich teilte Fools Crow manches von seinem Wissen und seiner Sachkenntnis auch mit anderen Medizinmännern, jedoch lud er während unserer keine anderen Medizinmänner ein. Obwohl er sich oft in der Öffentlichkeit bewegte und für sein Volk zugänglich war, blieb Fools Crow offenbar in Hinblick auf die Vorbereitung und Durchführung seiner Genesungs- und Heilzeremonien doch auch ein sehr verschwiegener Mann.

Bezeichnend für die Beziehung zwischen Fools Crow und mir ist vielleicht, dass er mich bat, ihn bei seinem Vornamen Frank zu nennen und ihn nicht wie jeder andere mit »Großvater« anzureden. Er wusste genau, dass ich nicht hier war, um mich zu seinen Füßen zu setzen und sein Schüler oder Patient zu sein, und dass er nie in irgendeiner Hinsicht mein Mentor war. Er bat mich darum, unser Verhältnis so zu sehen, dass er mir seine Geschichte erzählt und ich sie aufschreibe. Bei unserer ersten Begegnung hatte er intuitiv gespürt, dass ich ein Schriftsteller war, und er fand auch sehr bald heraus, dass ich ein fest an Gott glaubender lutherischer Pastor war. Ebenso wie ich akzeptierte er, dass wir beide denselben Gott kannten und zu ihm beteten, wenn auch unter verschiedenen Namen.

Fools Crow wurde mit 25 Jahren in der Römisch-katholischen Kirche getauft. Bevor ich ihn kennenlernte, besuchten er und seine Frau Kate ziemlich regelmäßig die Messe einer Gemeinde in Pine Ridge. Aber er blieb ein standhafter Traditionalist, und in seinen späteren Jahren ging er nicht mehr so oft in die Kirche. Hatten wir in einer Stadt oder Großstadt zu tun, besuchte Dallas Chief Eagle jedes Mal ohne Fools Crow die Messe. Es war nie die Frage, was bei Fools Crow an erster Stelle stand, und vermutlich sahen die Gemeindepriester das auch so. Er glaubte nicht, mich über Gott oder die Bibel belehren zu können. In dieser Hinsicht sah

---

2) Brown berichtet, dass Black Elk ihn darum bat, zu bleiben, damit er einen Bericht über ihre Religion verfassen könne. »Der alte Mann merkte, dass er bald sterben würde, und er wollte nicht, dass seine heiligen Lehren, von denen er viele als Einziger kannte, mit ihm verschwinden sollten.« Brown, *The Sacred Pipe*, Seiten X und XII. (Dieser Teil fehlt bei der deutschen Übersetzung von *Die heilige Pfeife*, Anm. d. Übers.)

er uns beide als gleichgestellt und versuchte nicht, mir Sachen beizubringen, die ich ohnehin schon wusste – er erklärte mir nur, was ich wissen musste, um seine Geschichte für andere aufzuschreiben. Er konnte das nicht in Englisch bewerkstelligen, und er wusste auch von *Wakan Tankas* Wunsch, jemanden dabeizuhaben, der mit demselben Gott wie er in Verbindung stand, um nicht alles und jedes erklären zu müssen. Auf verschiedenen, hier im Buch zur Sprache kommenden Wegen, hatte *Wakan Tanka* Fools Crow zu verstehen gegeben, dass ich derjenige war, der dies tun konnte und würde. Vermutlich ging es Black Elk mit Neihardt und Brown genauso. Da die beiden heiligen Männer stets alles andere in *Wakan Tankas* Hände legten, bezweifle ich, dass sie eine so wichtige Entscheidung allein getroffen haben. Wie es auch immer dazu gekommen sein mag, bin ich darüber sehr froh. Fools Crow versuchte nicht, aus mir einen indigenen Traditionalisten zu machen, und ich versuchte meinerseits nicht, ihn mit christlichen Dingen zu beeinflussen. Manchmal fragte er mich etwas über die Bibel und Christus, doch nur, um sein eigenes Verständnis zu vertiefen.

Unter den Sioux und anderen Indianern gilt Fools Crow als einer der wenigen Unantastbaren. Obwohl viele, die von sich behaupten, eine authentische Medizinperson zu sein, angezweifelt werden und wurden, blieb er über jeden Tadel erhaben. Sogar jene, die auf seine Stellung und seine Fähigkeiten in hohem Maße neidisch waren, konnten ihm keine Fehler nachweisen, und der Rahmen seines Trauergottesdienstes ist das beredteste Zeugnis dafür. Was die in diesem Buch zusammengestellten Informationen angeht, brauchte Fools Crow vor allem jemanden, der ihm dabei half, die Erfahrungen und Lehren seines fast hundertjährigen Lebens und Wirkens hervorzuholen und in Worte zu fassen; dazu gehörten seine erste Visionssuche als Junge, die Erwähnung seiner Zeit mit seinem Hauptlehrer Stirrup und die ausführliche Behandlung seiner ungebrochenen Beziehung zu *Wakan Tanka* und seinen Helfern. Er lauschte den Anweisungen Letzterer aufmerksam und prägte sie sich in dem typischen Stil indigener Amerikaner ein, um ihnen wortwörtlich zu folgen. Gewöhnlich wäre ihm nicht in den Sinn gekommen, danach zu fragen, warum etwas getan wurde, oder das, was er gelernt hatte, zu ordnen, zu formulieren oder zu durchdenken, damit er die Fragen anderer beantworten konnte – besonders die von Nichtindianern –, obgleich er meine Fragen, so gut er konnte, für die Nachwelt beantworten wollte. Zweifellos wusste er schon Jahrzehnte zuvor, dass er dieses Zugeständnis würde machen müssen, wenn die Zeit gekommen wäre, um die Geschichte seines Lebens und Wirkens aufzuschreiben. Andauernder Kontakt mit Nichtindianern wird ihm gezeigt haben, dass

Fools Crow beim Erzählen

wir Außenstehenden eine »Wie-und-Warum-Gruppe« sind – dass wir ständig um Verstehen bemüht sind und alles gern gezeigt bekommen. Obwohl er diesen nicht-indianischen Charakterzug bedauerte, passte er sich ihm uns zuliebe an – auch, um *Wakan Tankas* Willen zu entsprechen. Vieles von dem hier Berichteten wird eine überraschende Entdeckung für jene sein, die geglaubt haben, dass die indigenen amerikanischen Medizinleute unfähig seien, ihre eigenen Einsichten zu analysieren oder sie Außenstehenden mitzuteilen. Wie jedoch deutlich werden wird, gelang Fools Crow dies ungewöhnlich gut, und seine Weisheit ist voller Kraft.

In Hinsicht auf die erwähnte zweite Art von Information ging er so vor, dass er, zumeist mit der tatkräftigen Unterstützung von Dallas, von mir formulierte Fragen so gut wie möglich beantwortete. Dann mussten Dallas und ich ihm helfen, es in für ihn zufriedenstellende Worte zu fassen. Er redete, und wir hörten zu, wir bohrten nach weiteren Details, und ich schrieb. Schließlich las ich es ihm wieder vor, und erst wenn er sicher war, dass ich genau das formuliert hatte, was er sagen wollte, fuhren wir fort. Die meisten meiner Abende verbrachte ich damit, die Arbeit des jeweiligen Tages zusammenzutragen. Es war anstrengend, aber am Ende waren wir beide mit dem Ergebnis zufrieden. Dieses Buch gibt also selten genau das wieder, was Fools Crow sagte – auch wenn er in wörtlicher Rede zitiert wird –, sondern mehr das, was ich ihm zu sagen half. Sogar wenn ich heute schreibe, muss ich redigieren und die Worte auswählen. Daran mögen sich einige Leser stoßen, weil sie vermuten könnten, dass ich das Geschriebene nach meinen eigenen Ideen umgestaltet habe. Aber ich hätte herzlich wenig davon und habe deshalb versucht, solche Eingriffe zu vermeiden. Dallas' Anwesenheit bedeutet hier eine zusätzliche Sicherheit. Solche heiklen Situationen sind einfach unvermeidlich, wenn nicht alle Beteiligten beide Sprachen fließend beherrschen, und selbst dann spielt die Auffassungsgabe jedes Einzelnen noch eine Rolle.

Sicherlich erging es John Neihardt nicht anders, als er mithilfe eines Dolmetschers das wiederzugeben versuchte, was Black Elk ihm in der Lakotasprache erzählte. Ganz gleich, wie ernsthaft ein Schriftsteller ist oder wie sehr er sich bemüht, er wird einen Menschen nie ganz genau so darstellen können, wie er wirklich ist. Um diese Wahrheit zu belegen, las ich Fools Crow Teile aus dem Buch *Schwarzer Hirsch: Ich rufe mein Volk* vor, ohne zu erwähnen, von wem das Buch handelt. Nach einer Weile fragte er mich verwundert: »Von wem ist denn da die Rede?« Als ich es ihm erzählte, schüttelte er ablehnend den Kopf und sagte: »Das ist nicht mein Onkel.« Er wollte keineswegs sagen, dass Neihardts Bericht eine Fälschung sei oder dass Gegebenheiten verzerrt worden waren. Er meinte lediglich, dass er darin die ihm vertraute Stimme nicht wiedererkannte. Aus diesem Grund sind meine Bücher über Fools Crow ganz schlicht und einfach gehalten, verglichen mit der literarischen Qualität des Klassikers *Schwarzer Hirsch: Ich rufe mein Volk,* das von dem redegewandten und preisgekrönten Dichter aus Nebraska geschrieben wurde. Ich wollte, dass mein Buch so gut wie möglich den echten Fools Crow widerspiegelt. In diesem Sinne habe ich auch die Lieder bearbeitet, die Fools Crow mir mitgeteilt hat. Die verdichtete Natur der Lieder in der Originalsprache kann für diejenigen verwirrend erscheinen, die mit den Wortverbindungen des Lakota nicht vertraut sind. Deswegen sind meine Liedübersetzungen nicht wörtlich. Dennoch war Fools Crow mit der Endfassung zufrieden, und was ich geschrieben habe, hat seinen Segen.

Niemandem wäre damit gedient, würde ich im Einzelnen jede Situation schildern, in der Fools Crow mir die nachfolgenden Informationen übermittelte. Es geschah bei ihm zu Hause, am Bear Butte, in Motels, wenn wir uns auf dem Weg irgendwohin oder wieder zurück befanden, bei Zeremonien oder wenn wir zusammen draußen waren und beteten. Gewöhnlich war es eine Vertiefung der im ersten Buch behandelten Themen. Das Material gelangte immer auf die gleiche Weise zu mir. Fools Crow sagte nie ausdrücklich, diese oder jene Information solle bis nach seinem Tod zurückgehalten werden. Er unterbrach vielmehr unsere Unterhaltung, indem er die Hände mit nach vorn weisenden Handflächen hob, woraufhin ich den Kassettenrekorder ausschalten musste. Von diesem Moment an war ich auf meine Notizbücher angewiesen. Wenn er ein Ritual durchführte, um mir zu zeigen, wie etwas getan wurde, musste ich es mir einprägen und es danach, so gut ich konnte, rekonstruieren. Ich wusste wahrhaftig nicht, ob diese zweite Art von Material je veröffentlicht werden würde. Ich hätte ja vor ihm sterben können, aber ich denke, er wusste, dass ich ihn überleben würde, andernfalls hätte er mich nicht damit betraut. Wie die Dinge liegen, sind heute beinahe 15 Jahre vergangen, seit ich zum ersten Mal damit in Berührung kam.

Die in diesem Buch zur Sprache kommenden Dinge sind zwar nicht zu heilig, um sie auszuplaudern, aber sie sind zu persönlich. Nach Fools Crows Meinung werden jedem Einzelnen besondere Geschenke zuteil, die er oder sie während der Lebenszeit nutzen kann. Von der zeremoniellen und heilenden Arbeit kann man sich dennoch jederzeit zurückziehen, wenn man meint, es tun zu müssen, oder wenn *Wakan Tanka* dies möchte, und man kann einige oder alle Gaben, einschließlich der damit verbundenen Lieder, an eine oder mehrere Personen weitergeben, die einem würdig erscheinen. »Würdig« bezieht sich auf den Lebenswandel, den die Empfänger führen, und auf ihre Hingabe an *Wakan Tanka* und die Arbeit, wobei eine weitere unerlässliche Bedingung ist, dass es zum Wohle anderer getan werden muss.

Aufmerksame Beobachter werden viele Ähnlichkeiten zwischen dem, was Fools Crow mir erzählte, und den Praktiken anderer indigener amerikanischer Stämme finden. In den wenigsten Fällen wusste er von den Übereinstimmungen durch eigene Beobachtung, da er nicht viele Kontakte zu Medizinleuten außerhalb des Gebiets der Großen Ebenen hatte. Er informierte sich über andere Stämme bei Besuchern wie mir und war in dieser Hinsicht sehr wissbegierig.

Als ich ihn fragte, wie es wohl zu den Ähnlichkeiten zwischen den Stämmen komme, war er sich sicher: »Wir werden alle von demselben Gott unterrichtet, also können wir auch davon ausgehen, überall dieselben Lehren und Praktiken anzutreffen.[3] Die einzigen Unterschiede könnten nur daher rühren, dass die Leute an verschiedenen Orten gelebt haben und ihnen verschiedene Mittel zur Verfügung standen. Schon lange bevor die Schrift zu uns gelangte, lernten wir durch die Beobachtung der Jahreszeiten und der Natur, durch Erfahrungen und Lernen mit den Älteren und indem wir den Höheren Wesen zuhörten. Am Anfang brachten sie unseren Vorfahren Dinge bei, die von Generation zu Generation weitergegeben wurden. Nur selten hören wir die wirkliche Stimme von *Wakan Tanka* und seinen Helfern, obwohl ich sie während einer Geistreise höre und zweimal seine Stimme bei Visionserlebnissen gehört habe. Meistens erhalte ich ihre Anweisungen und Ratschläge, während ich mit den Konzentrationswerkzeugen meditiere und durch Zeichen sowie durch das, was mir andere Leute erzählen. Wenn ich bete und dabei meinen Hingabestab benutze, weiß ich, dass die Antwort auf dem Weg zu mir ist, und während ich meinen täglichen Aufgaben nachgehe oder ein Ritual durchführe, halte ich unablässig danach Ausschau.«

Außerdem sollten wir über Fools Crow wissen, dass er gelehrt wurde und es auch akzeptierte, dass *Wakan Tanka* eine Gestalt habe und kein irgendwie gearteter Klecks oder ein einheitlich im ganzen Universum ausgebreitetes, undefinier-

---

[3] Auf einem Symposium in Kanada 1977 sagte Alan Wolf Leg, ein Blackfoot und Römischer Katholik: »Das Kulturerbe, die Philosophien und die Botschaft Gottes durch die Natur an die indianischen Völker entsprechen genau dem, was Christus für die Christen bedeutet. Gott offenbarte sich durch Jesus Christus und seine Schüler genauso, wie Er sich durch seine Vermittler in der Natur den indianischen Völkern offenbarte. Das Letztere nennt man Heidentum … Dennoch besteht kein Unterschied. Es handelt sich um denselben Gott.« *Native Religious Traditions, Symposium of Elders and Scholars*, Edmonton, Alta., 1977.

bares Etwas sei. Fools Crow glaubte, dass der Schöpfer eine für uns vorstellbare oder zumindest erspürbare Form besitzen muss, damit wir ihn lieben können, auch wenn sterbliche Wesen erst nach ihrem Tod wissen können, wie ein unendliches Wesen aussieht. Deswegen können wir auch keine Götzenbilder von *Wakan Tanka* oder den Helfern anfertigen. Diesbezügliche Aussagen lassen sich verstreut über das ganze folgende Material finden – und einige davon können sicherlich die Leser in Unmut versetzen, sobald sie diese in Übereinstimmung bringen wollen. So hat Fools Crow etwa angedeutet, dass er Geistreisen zu den Aufenthaltsorten der Höheren Mächte unternommen hat, und demzufolge muss er sie dort gesehen haben. Wenn er diese Erfahrungen an anderer Stelle weiter erläutert, sollte man sich vor Augen halten, dass eine Übereinstimmung der Angaben nur selten ein Anliegen der Medizinleute ist. Die Erfahrungen kommen von Gott, und das ist genug. Was geschieht, wird von ihnen einfach akzeptiert, sie baden in diesem Wunder und handeln daraufhin. Ein Buch wie dieses stellt insofern eine Ausnahme dar, weil Fools Crow dadurch genötigt war, seine Äußerungen miteinander in Einklang zu bringen – und, wie wir entdecken werden, bewerkstelligte er dies erstaunlich gut. Aber gewöhnlich verschwenden Medizinleute keine Zeit auf das Warum und Weshalb und überlassen dies gänzlich denen, die sich einen Nutzen von solchen Überlegungen versprechen. Während das endlose Suchen und Forschen hier draußen fortschreitet und viele leidgeplagte Menschen ungeheilt und unerfüllt bleiben, waren Fools Crow und seinesgleichen so glücklich, wie man nur sein kann.

Fools Crow war in Bezug auf *Wakan Tanka* und dessen Helfer immer ein ergebener Diener. Er sah darin nichts Herabsetzendes. Er wusste, dass *Wakan Tanka*, »der Höchste und Heiligste«, den Menschen einen großartigen Geist und natürliche Kraft gibt und von ihnen erwartet, dass sie beides nutzen – aber er erkannte auch, dass es zu unserem eigenen Besten ist, wenn wir uns selbst ganz und gar in Gottes unendlich fähige Hände geben. Diese Tatsache müssen wir unbedingt akzeptieren, wenn wir die zeitlosen Pfade der Ureinwohner Amerikas verstehen und teilen wollen. Jeder Aspekt des traditionellen Lebens der indigenen Amerikaner wurde von Spiritualität beeinflusst und durchdrungen. So etwas wie ein rein weltliches Leben gab es für sie einfach nicht. Die Jagd ist ein spirituelles Abenteuer. Sogar handwerkliche und künstlerische Tätigkeiten werden durch Gebete begleitet, und durch diese Lebensweise entsteht tiefer Respekt und Ehrfurcht vor der Natur. Die alten Ureinwohner Amerikas lebten kooperativ, ohne Verschwendungssucht, verschmutzten und verseuchten die Umwelt nicht in dem Maße wie wir, und die meisten waren in der Regel in weitaus weniger kriegerische Unternehmungen verwickelt, als gemeinhin angenommen wird. Sie hatten es im Gegensatz zu uns nicht nötig, einen »Earth Day« (»Tag der Erde«) abzuhalten, um die Menschen auf die von uns heraufbeschworenen Gefahren hinzuweisen. Für sie war jeder Tag der Erhaltung der Erde gewidmet. Diese Behauptung stellt keine naive Verherrlichung der historischen Urbevölkerung Amerikas dar, sondern sie beruht auf Tatsachen. Obwohl zur Zeit des europäischen Eindringens etwa zehn Millionen Indianer auf dem nordamerikanischen Kontinent lebten, findet sich nicht das geringste Anzeichen dafür, dass sie ihren Lebensraum in nennenswertem Ausmaß zerstört hatten. Die Europäer fanden überall eine unberührte Wildnis mit kristallklaren Gewässern und sprießenden Wäldern vor. Nach Jahrtausenden menschlicher Besiedlung waren nirgends auch nur annähernd so viele Tier-, Fisch- oder Vogelarten vom Aussterben bedroht wie heutzutage. Einige Anthropologen sind der Ansicht, dass die Urindianer, seit sie Speerspitzen aus Stein fertigen konnten, die Mastodonten, Faultiere, Säbelzahntiger und einige andere Arten ausgerottet haben. Aber welche Rolle die Indianer bei deren Ausrottung auch immer spielten, so lässt sich das in keiner Hinsicht mit dem vergleichen, was Nichtindianer seit dem späten Pleistozän angerichtet haben.

Obwohl Fools Crow unzählige außergewöhnliche Dinge getan hat, wurde in den Lobreden nach seinem Tod vor allem seine tiefe Liebe und Sorge für Menschen aller Hautfarben betont. Man erkannte sowohl seinen inbrünstigen Wunsch an, Gottes Geschenke mit so vielen Menschen wie möglich zu teilen, als auch sein Mitleid mit den Uneinsichtigen. So sagte er: »Das Überleben der Welt hängt davon ab, dass wir das was wir haben teilen und zusammenarbeiten. Wenn uns das nicht gelingt, wird der gesamte Planet sterben. Zuerst der Planet und dann die Menschen.« Und er fügte hinzu: »Jene, die sich am meisten darüber beklagen und davon reden, dass Heilgeheimnisse preisgegeben werden, wissen darüber immer am wenigsten.« Er hielt sich kaum mit jenen auf, die ihre Segnungen für sich zu behalten versuchten.

Fools Crow und Black Elk waren überzeugt, dass das von ihnen verehrte Höchste Wesen der eine wahre Gott der Bibel war – für sie ein noch stärkerer Grund, ihre Gaben mit allen Menschen zu teilen.[4] Traurigerweise dauerte es den-

---

4) Black Elk sagte: »Ich werde erklären, was unsere Pfeife wirklich darstellt; zu denjenigen, die verstehen, wird Friede kommen, aber es muss ein Verständnis des Herzens und nicht allein des Kopfes sein. Dann werden sie erkennen, dass die Indianer den Einen Wahren Gott kennen und wir unablässig zu ihm beten.« Brown, *The Sacred Pipe*, 1953, Seite XX. (Dieser Teil fehlt bei der deutschen Übersetzung von *Die heilige Pfeife*, Anm. d. Übers.)

Fools Crow mit Decke, Trommel und Federn

noch Jahrhunderte, bis irgendeine der christlichen Kirchen sowohl die Wahrheit eines gemeinsamen Gottes anerkannt hat, als auch, dass die Christen sehr viel von den indigenen Amerikanern über Spiritualität lernen können. Seit mehr als zwanzig Jahren habe ich dies in der Öffentlichkeit mit nur schwacher Resonanz vertreten, deshalb freue ich mich, hier berichten zu können, dass heute endlich einige Führer der Großkirchen dieses anerkennen. Betrachten Sie zum Beispiel den folgenden Teil eines erstaunlichen Berichts:

Am 16. Oktober 1988, mehr als drei Jahrhunderte zu spät für die christliche Kirche, veröffentlichte die *Seattle Times* einen langen Artikel: Die Bezirksbischöfe und andere Führer von zehn bedeutenden Gruppen der Großkirchen (zwei Lutheraner, zwei Katholische, Methodisten, Presbyterianer, Baptisten, United Church of Christ [Vereinigte Christuskirche], Christuskirche und Episkopalkirche) hatten den indigenen Menschen eine formelle schriftliche Entschuldigung angeboten. Diese Entschuldigung betraf die lang währende Beteiligung der Kirchen bei der Zerstörung der traditionellen spirituellen Praktiken der indigenen Amerikaner. Sie beinhaltete ein Versprechen, den Indianern und Eskimovölkern beim Wiedereinfordern und Schützen der Rechtmäßigkeit ihrer traditionellen religiösen Lehren zu helfen, und sie baten um Vergebung und Segen. »Wir glauben, dass die spirituelle Kraft des Landes und die uralte Weisheit Eurer einheimischen Religionen ein großes Geschenk für die christlichen Kirchen darstellen können. Wir bieten an, euch bei der Wiedergutmachung von entstandenem Unrecht unterstützend zur Seite zu stehen; die Mitglieder unserer Kirchen zur Solidarität mit euch in diesen wichtigen religiösen Belangen zu ermutigen … Wir wenden uns an unser Volk, es möge eure traditionellen Lebensweisen anerkennen und respektieren sowie eure heiligen Stätten und zeremoniellen Gegenstände schützen. Wir sind häufig ignorant und unsensibel gewesen und euch nicht zu Hilfe gekommen, als ihr Opfer ungerechter Praktiken und Verfahrensweisen der Bundesregierung wurdet. Bei vielen anderen Gelegenheiten spiegelten wir den grassierenden Rassismus und die Voreingenommenheit der dominierenden Kultur wider, mit der wir uns allzu bereitwillig identifizierten … Möge der Gott Abrahams und Sarahs und der Geist, der sowohl in den Zedern als auch in dem Volk der Lachse wohnt, geehrt und gefeiert werden …«

Diese Kirchenführer gestehen allerdings nicht ein, dass hauptsächlich durch Betreiben der Kirche die meisten der einheimischen amerikanischen religiösen Traditionen ausgerottet wurden und unwiederbringlich verloren sind und der daraus entstandene Verlust für die Ureinwohner Amerikas und für die ganze Welt enorm ist.

Als ich in den 1950er Jahren das Luther Theological Seminary besuchte, erwähnte keiner der Lehrer je die indigenen Amerikaner. Heutzutage hat sich die Situation beträchtlich gewandelt. Letztes Jahr veröffentlichte die *Minneapolis Star and Tribune* einen ganzseitigen Artikel der Journalistin Martha Sawyer unter der Überschrift: »Indianischer und christlicher Glauben verschmelzen miteinander.« Weil die Zeitung mein Buch *Sundancing at Pine Ridge and Rosebud*[5] wegen seiner bildhaften Details benutzte (dies allerdings ohne meine Zustimmung einzuholen, auch wenn sie die Quelle angaben), werde ich Auszüge aus ihrem sehr informativen Text zitieren.

Der Artikel erwähnt den Reverend Steve Charleston, einen Choctaw, der am Luther Northwestern Seminary vergleichende Kulturwissenschaften lehrt und die These vertritt, dass Indianer über eine sakramentale Tradition verfügen, welche der Tradition der alttestamentarischen hebräischen Stämme, dem Ursprung des Christentums, ebenbürtig sei und in vielerlei Hinsicht gleiche. Charleston, der von vielen als der wichtigste Mitbegründer einer neuen Theologie angesehen wird, sagt: »Er (Jesus) ist im indigenen Amerika auferstanden, fordert das Recht auf das Evangelium für uns ein, und nun lautet unsere Aufgabe als indigene amerikanische Christen, die westliche Welt mit einer revolutionären und reformierten Vision dessen zu bekehren, was die Kirche im nächsten Jahrhundert sein soll … Einst kam Gott in der Gestalt Jesu zur Erde, aber er kam zu allen Völkern.« Die neue Theologie wird als eine ›Mischreligion‹ beschrieben, welche »sowohl im christlichen als auch im indianischen Glauben verwurzelt ist und sich in einer Theologie entfaltet, die das Volk in eine sakramentale Verwandtschaft einbindet. Ihre Anhänger sind Weiße und Indianer, die Wege finden, heilige und geistliche Elemente beider Traditionen zu verbinden«.

Im Artikel heißt es weiter, dass diese neue Theologie von der zweiten Generation indianischer Absolventen des Seminars geschaffen wird. Diese sind zutiefst in traditionellen Ritualen bewandert und können sachverständig mit weißen Geistlichen sprechen. Eine der Absolventinnen, Reverend Marlene Helgemo, eine Winnebago, ist Pastoralassistentin der University Lutheran Church of Hope in Minneapolis. Sie wird wie folgt zitiert: »Wir (Christen und Traditionalisten) glauben alle, dass es nur einen Gott gibt, und wir müssen diejenigen Fragen aufwerfen, die von

---

5) Deutsche Ausgabe *Oyate Wica'Ni Ktelo*, Arun-Verlag 1999, vergriffen.

neuen Theologen beantwortet werden müssen.« Helgemo nimmt jedes Jahr an einem Sonnentanz im Rosebud-Reservat teil und hofft, dass die neue Theologie dem Leitfaden des Sonnentanzes folgt. (In diesem und einigen meiner anderen Bücher vermittle ich das Wesen des Sonnentanzes, wie es nur Fools Crow wirklich kannte, einschließlich des großartigen Geheimnisses, auf welche Art und Weise er sich jederzeit mittels einer dem Sonnentanz ähnlichen Zeremonie erneuern und regenerieren konnte.) Weiterhin sagt sie, »die menschliche Gemeinschaft muss häufiger in einem Kreis zusammenkommen, um Sorgen und Gebete zu teilen. Die Welt braucht mehr Sonnentänze.«

Ebenfalls wurde in dem *Star and Tribune*-Artikel der Lakota und Episkopalpriester Reverend Virgil Foote vorgestellt, dessen Mazakute Memorial Church in St. Paul steht. Er übt sowohl die christliche als auch seine Lakota-Religion leidenschaftlich aus und begründet dies damit, dass er durch Ausübung seiner indigenen Zeremonien ein besserer Christ geworden sei. »Wenn ich bete«, sagt er, »bete ich in Lakota und Englisch. Unser Volk soll hören, dass in beiden Wahrheit ist. Ich bin Lakota, und ich bin Christ, und zwar beides zugleich. Ich bete zu einem Gott.«

Wenn ich so etwas lese, kann ich nicht anders als seufzen – wie oft habe ich in den letzten fünfundzwanzig Jahren genau dasselbe gesagt. Außerdem hat die Möglichkeit, spirituelle Wahrheiten durch die Augen eines Medizinmannes zu sehen, mir das Verständnis für einige Bibelverse in einer Weise geöffnet, wie das meine Seminarprofessoren während der Studienzeit nie vermochten.

Foote hat beim Sonnentanz in Rosebud getanzt und sich sogar piercen lassen – an dem Platz, wo ich auf Fools Crows und Eagle Feathers Drängen hin jedes Detail für die Nachwelt aufzeichnete. Ich wurde zwar von einigen dafür kritisiert, doch frage ich mich, ob sie sich heute wohl auch noch beschweren würden. Diesen beiden angesehenen Fürsprechern war bewusst, was sie taten, als sie mich darum baten, ihnen war klar, dass die Aufzeichnung *Wakan Tankas* Wille war.

»Ich wünschte«, sagt Foote, »dass ich all dies getan hätte, bevor ich zum Seminar ging. Ich hätte die Bibel besser verstanden, das Leben Christi viel tief greifender begriffen ... Beim Sonnentanz ... kommt man mit seinem körperlichen und spirituellen Selbst in Berührung und respektiert das Heilige in allem.« Nun, Fools Crow war dort und wartete und er versuchte seinem Volk davon zu erzählen ...

Der Artikel schließt mit zwei weiteren Einsichten, deren Wiederholung sich besonders lohnt, weil Fools Crow mir gegenüber die gleichen Bemerkungen machte und ich sie in meinen Workshops über nordamerikanische Ureinwohner immer besonders hervorgehoben habe. Beides sollte berücksichtigt werden, wenn wir betrachten, was Fools Crow in diesem Buch offenlegt.

»Viele Weiße in der Umweltbewegung«, so der Artikel, »werden von indianischer Theologie angezogen. In Minnesota und anderswo nehmen Hunderte an Schwitzhüttenzeremonien teil … Aber diese Theologen befürchten, dass die Weißen von Bruchstücken der Theologie angezogen werden, ohne das Ganze zu verstehen … Der weiße Jesuit Reverend Jim Egan fordert, Christen müssten die indianische Theologie respektieren und sich nicht nur die ›interessanten‹ Rituale für ihren eigenen Gebrauch herauspicken, ohne der für eine Teilnahme nötigen Disziplin zu folgen. Egan hütete das Schwitzhüttenfeuer beim Sonnentanz. Er war früher Missionar in Rosebud und arbeitet jetzt im Cenacle Retreat House in Wayzata. Die zweite Einsicht ist, dass die neuen Theologen ungeheuren Problemen begegnen, die aus den vierhundertjährigen Versuchen resultieren, die indianische Kultur auszulöschen. Sie sind zwischen zwei Welten gefangen, zwischen den traditionellen Indianern und denen, die sich allein zum Christentum bekennen. Die indianische Bürgerrechtsbewegung der 1970er Jahre entwickelte gemeinschaftliche Anstrengungen, um indianische Rituale und Lebensweisen zu bewahren, in Ehren zu halten und auszuüben. Über die Hälfte aller Indianer meidet heute das Christentum, beansprucht das ausschließliche Recht auf ihre traditionellen Wege und lässt Weiße nicht an ihren Zeremonien teilnehmen … Die neue Theologie hat noch einen weiten Weg vor sich, bevor sie von Weißen oder Indianern akzeptiert wird.«

Einige der in dem *Star and Tribune*-Artikel erwähnten Indianer kannte ich von Sonnentänzen her, und sie lernten einiges bei diesen oder anderen Tänzen, die von Fools Crow oder Eagle Feather geleitet worden waren. Wären die Erwähnten Fools Crows Vollzeitstudenten gewesen, hätten sie alle sehr viel davon profitiert. Das, was die erwähnten Geistlichen erst kürzlich für sich entdeckt hatten, wusste und praktizierte er seit fast einem Jahrhundert. Ebenso glaube ich, dass es tatsächlich Black Elk und Fools Crow waren, die diese »Neue Theologie« geschaffen haben. Sie zeigten als Erste klar auf, wovon die Geistlichen sprechen, und noch vieles mehr.

Dass ich die Beziehungen zwischen Christlichem und Traditionellem so ausführlich dargestellt habe, könnte den Schluss nahelegen, dass der Rest des Buches mit Verweisen darauf gespickt ist. Doch das ist nicht der Fall. Ich wollte lediglich schwarz auf weiß festhalten, was ich für einen der denkwürdigsten Meilensteine der christlichen Kirchengeschichte halte – eine überwältigende Meinungsumkehr in Bezug auf die Religion der amerikanischen Ureinwohner. Ich hege keine Illusionen, dass diese Entwicklung bis zu einer Akzeptanz durch alle oder doch durch eine Mehrheit der christlichen Kirchen fortschreiten wird. Aber es ist ein guter Anfang, und zusammen mit den indigenen Amerikanern bin ich überaus dankbar dafür! Damit ist nun freilich alles Notwendige dazu gesagt, und von hier an spricht aus dem Buch gänzlich Fools Crow.

Eines der gemeinsam diskutierten Themen war, dass die Menschen ihren Geist verschließen und deshalb viele wunderbare Dinge nicht wahrnehmen. Dazu erzählte ich ihm eine mir zu Ohren gekommene Geschichte über einen Jäger, dem ein Hund geschenkt worden war, der auf dem Wasser laufen konnte. Um mit dieser unglaublichen Behauptung nicht allein dazustehen, suchte er nach einem Zeugen, konnte aber nur einen älteren Bauern auftreiben; dieser schien sich jedoch nicht darüber bewusst zu sein, was der Hund tat. Nachdem der Hund sein erstaunliches Kunststück mehrmals vorgeführt hatte und der Bauer nichts dazu gesagt hatte, fragte ihn der enttäuschte Jäger, ob er nicht irgendetwas Besonderes an dem Hund bemerkt hätte. »Nun«, antwortete der Bauer gemächlich, »jetzt, wo du davon sprichst, fällt es mir auch auf. Der Köter kann nicht schwimmen!« Später, wenn Fools Crow darüber sprach, wie schwer es war, zu den Menschen durchzudringen, schüttelte er öfter den Kopf und sprach von »auf dem Wasser laufenden Hunden«. Ich versuche hier die Beschreibung eines heiligen Mannes zu vervollständigen, der mehr tat, als auf dem Wasser zu gehen, und hoffe, dass niemand sich von den üblichen Vorurteilen abhalten lässt, die Bedeutung seines großartigen Werkes zu sehen. Ich stelle hier einen heiligen Mann vor, der nicht perfekt war, aber er kam dem so nahe wie sonst niemand, den ich kenne.

Nachdem *Das Leben des Fools Crow* fertiggestellt war, sah ich Fools Crow im Laufe der Jahre immer seltener. Ich nahm die seinetwegen unterbrochene Arbeit an einem Buch über die Pueblos wieder auf und recherchierte danach für weitere Schriften in Oklahoma, New Mexico, Arizona und anderswo. Wir blieben in Kontakt, und ich besuchte ihn in regelmäßigen Abständen, um nach ihm zu sehen und ihm im Rahmen meiner Möglichkeiten zu helfen. Manchmal brachte ich Leute mit zu ihm, die ihn unbedingt treffen wollten oder darauf hofften, dass er sie behandeln oder heilen würde. Dallas Chief Eagle hielt mich bis zu seinem vorzeitigen Tode durch einen Herzschlag auf dem Laufenden, und andere Freunde in Rosebud taten das Gleiche. Dik Darnell, ein gemeinsamer Freund von Fools Crow und mir, war oft mit dem alten heiligen Mann zusammen, wachte über ihn und versorgte ihn in seinen sich neigenden Jahren mehr als jeder andere. Mein guter Freund Buddy Red Bow, der hervorragende Oglala-Sänger, liebte Fools Crow und machte oft einen Abstecher, um mir Nachrichten über ihn zu bringen. Ich bleibe all diesen Freunden verpflichtet und dankbar – besonders für die Gelegenheiten, zu denen sie mich wissen ließen, dass der heilige Mann besondere Hilfe brauchte und ich etwas dazu beitragen konnte. Unter denen, die nach mir zu dem Freundeskreis von Fools Crow stießen, war John Denver; seit seiner ersten Begegnung mit Fools Crow war er ihm ergeben und steuerte mehr als nötig bei.

Die Interviews mit Fools Crow wurden 1977 abgeschlossen, als er bereits 87 Jahre alt war. Er war immer noch erstaunlich kraftvoll und gesund und behandelte Patienten; er leitete Sonnentänze, er führte sein Volk und half ihm, und er stellte sich immer für Angelegenheiten des Stammes zur Verfügung. Seine zweite Frau Kate, die er 1958 geheiratet hatte, war ihm eine treue Stütze und Hilfe, obwohl sie im späteren Leben an verschiedenen Krankheiten litt, die sie zunehmend behinderten. Darüber war er sehr betrübt, besonders, da sie ihn nie auf die traditionelle Weise mit Tabak um Heilung bat. Er wusste nicht, warum sie dies nicht tat, hatte sie ihn doch Hunderte von Menschen mit ähnlichen oder schlimmeren Leiden heilen sehen und war tatsächlich bei den meisten Dingen zugegen, die ich ihn tun sah. Aber er liebte sie sehr und erzählte mir, dass viel von seiner Motivation weiterzumachen verloren ginge, wenn er sie verlieren würde, was, wie er ahnte, bald geschehen würde.

Fools Crow selbst zog sich eine Arthritis in den Knien zu, die seine Bewegungsfähigkeit etwas einschränkte. Es fiel ihm schwer, aus einer sitzenden Position auf die Füße zu kommen, und weil ihm das Hinsetzen ebenso Mühe bereitete, ließ er sich stattdessen hinfallen. War er erst einmal auf den Füßen, dann bewegte er sich allerdings so gut wie immer.

Eines Tages sagte ich zu ihm: »Frank, wenn du wolltest, könntest du deine Knie heilen.«

»Ja«, antwortete er, »aber *Wakan Tanka* ist immer so gut zu mir gewesen, dass ich es nicht über mich bringe, ihn um mehr zu bitten.«

Ein kanadischer Freund, der aus persönlichen Gründen anonym bleiben möchte, schrieb mir einen langen Brief über zwei Besuche bei Fools Crow – 1985 mit seiner kranken Mutter und 1987 mit seiner Frau. Das meiste seines schönen Briefes ist vertraulich, und ich respektiere seinen Wunsch, es nicht zu veröffentlichen. Aber es ist einiges Aufschlussreiches dabei. Dem Brief lagen auch zwei Fotografien von Fools Crow aus dem Jahr 1987 bei, die ihn sehr gepflegt zeigten, aber viel dünner als zu der Zeit, als ich ihn das letzte Mal gesehen hatte.

Dieser Kanadier, den ich »Y« nennen will, erfuhr zu der Zeit, als die Fotografien gemacht wurden, von einem Verwandten aus der Umgebung Fools Crows, dass der heilige Mann keine Zeremonien mehr ausführte und sein Medizinbündel an einen jüngeren Mann weitergegeben worden war. Allerdings hatte der Empfänger seitdem »sein Recht verloren, ein Medizinmann zu sein, und war gestorben.« Anscheinend hatte er die Übertragung der Kraft nicht ernst genommen und musste so die Konsequenzen tragen. Zu meiner Bestürzung wurde nicht erwähnt, was mit dem Medizinbündel geschah, und ich kann mir vorstellen, dass viele meine Betroffenheit teilen, wenn sie in diesem Buch lesen, welche wunderbaren Dinge darin aufbewahrt wurden und wie sie Anwendung fanden.

Y brachte Fools Crow einige Exemplare von *Das Leben des Fools Crow,* die er »glücklicherweise« ein paar Monate zuvor in Toronto gefunden hatte. Y schrieb: »Fools Crow küsste das Buch und schien darüber sehr erfreut. [Die zahlreichen Exemplare, die ich Fools Crow schenkte, verschwanden immer sehr schnell.] Er rückte zur Seite, damit ich mich neben ihn setzen konnte, und suchte darin die Zeichnung, die Du von seiner Visionserfahrung in der Felsenklippe am Bear Butte machtest. Dann erzählte er mir in Englisch, wie er zu den Tieren sprach, und er schien erneut darüber sehr aufgeregt zu sein. Fools Crow freute sich über die erhaltenen Bücher und sagte, er wolle sie einigen Freunden schenken. Beim zweiten Besuch erfuhr ich, dass er eines Matthew King gegeben hatte, auf den Du Dich in dem Buch verschiedentlich beziehst.«

Obwohl Fools Crow schon zu der Zeit, als Y ihn besuchte, keine Genesungszeremonien mehr abhielt, ging der heilige Mann in sein Schlafzimmer, welches er unglücklicherweise sogar, wenn er zu Hause war, abschließen musste, und kehrte mit Stücken einer unbekannten Wurzel zurück. Beim ersten Mal, 1985, »zündete er das Ende der Wurzel mit einem Streichholz an und schwenkte sie vor dem Gesicht meiner Mutter, ließ sie einatmen und erzählte ihr, dass dies helfen würde. Es wurde mir klar«, schrieb Y, »dass Fools Crow eine Zeremonie ausführen konnte, ohne eingewickelt zu sein. Er war jetzt zu einer spirituellen Ebene fortgeschritten, auf der das möglich war.«

Fools Crow gab ihm eine getrocknete Pflanze und zeigte ihm, wie sie verwendet wurde. »Fools Crow erklärte nicht, wofür die Pflanze sei, erwähnte aber mehrmals, sie solle ganz genau so benutzt werden, wie angewiesen.« Als Y mir drei Jahre später schrieb, hatte die Pflanze ihren Zweck erfüllt, und er war noch am Leben.

Dass Fools Crow sein Medizinbündel weitergegeben haben sollte, wunderte mich sehr. Ich habe jedoch meine Zweifel, dass er es selbst tat, da ich seine Wahrnehmungsfähigkeit kenne, die ihm erlaubte, jedem, den er für diese Ehre in Betracht gezogen hätte, in die Tiefe seines Herzens zu sehen. Vielleicht war etwas anderes damit geschehen, und jemand hat ein Interesse daran, es zu verbergen. Bei meinem letzten Besuch bei ihm hatte ich erfahren, dass er noch niemanden gefunden hatte, dem er die alleinige Verantwortung für die Leitung des Sonnentanzes anvertrauen konnte.[6] Das muss natürlich nicht heißen, dass er nicht nach diesem Besuch jemanden gefunden hat. Aber wenn irgendjemand diesen Anspruch erhebt, würde ich die Gelegenheit begrüßen, ihn über einige Aspekte des Tanzes zu befragen, um mir Gewissheit zu verschaffen, ob er tatsächlich über die Gabe und das Wissen dazu verfügt.

Am meisten würde mich jedoch freuen, wenn es tatsächlich einen rechtmäßigen Erben gäbe, denn der Sonnentanz, wie die Vertreter der neuen Theologie erkannt haben, muss weitergehen und in der richtigen Art und Weise ausgeführt werden. Wie es aussieht, haben Fools Crow und sein Schüler Eagle Feather bei ihrem Tod unter den Sioux bestenfalls einige wenige zurückgelassen, welche die nötigen Kenntnisse besitzen – eine Tatsache, die zeigt, wie weise es war, dass sie mich die Einzelheiten des Sonnentanzes in seiner Vollständigkeit lieber aufzeichnen ließen, als sie verloren zu geben. Ähnliches gilt übrigens für alle indigenen traditionellen Rituale, denn mit jedem weiteren Tag wird es schwieriger, sie zu bewahren, und sie werden immer spärlicher. Auch wenn es bei den Stämmen ein gewisses Interesse am Wiederaufleben der alten Riten gibt, wird, mit Ausnahme der Zuni und der östlichen Pueblos, von den wesentlichen Dingen bald nur noch das bekannt sein, was in Büchern aufgezeichnet wurde. Sogar bei den Hopi, einer der letzten und größten Bastionen des traditionellen Lebens, zerbröckeln die alten Strukturen. Für uns mag es lohnend sein, einen Blick auf das Verschwinden ihrer Religion zu werfen, um zu begreifen, wie es den Sioux und so vielen anderen indigenen amerikanischen Stämmen ergangen ist.

---

6) Im Buch *Fools Crow* führe ich auf Seite 137 die Männer auf, denen Fools Crow beibrachte, Teile des Sonnentanzes zu leiten. (Deutsche Ausgabe: *Das Leben des Fools Crow* auf den Seiten 189 und 190.) Auf Seite 169 drückt Fools Crow seinen Optimismus aus, dass jemand seinen Platz übernehmen würde, aber über die Monate hinweg schwankten wir zwischen Optimismus und Pessimismus, ohne Gewissheit darüber zu erlangen, wie die Sache ausgehen würde. (Deutsche Ausgabe: *Das Leben des Fools Crow* auf Seite 230.)

Nachdem sie Jahrtausende mit mageren Ernten und großartigen Regentänzen überlebt hatten, was ihnen eine ruhige und friedliche Gesellschaft sicherte, begaben sich die Hopi erst vor wenigen Jahrzehnten vollends in das moderne Zeitalter. Zusammen mit ihren Nachbarn, den Navajo, verkauften sie die Schürfrechte für Kohle und die Wasserrechte der Black Mesa an eine Tagebau-Minengesellschaft, die Brennstoff an die Kraftwerke liefert, welche Südkalifornien, Phoenix, Arizona und Nevada mit Elektrizität versorgen. Während die Stammesregierung von den Zahlungen der Peabody Coal Mine abhängig geworden ist, schwinden bereits die Wasservorräte der Hopi rapide. Quellen sind ausgetrocknet, Brunnen ausgefallen, und der einzige durch das Reservat fließende Fluss führt nur noch wenig Wasser und ist versalzen. Der Grundwasserspiegel von Kayenta, einer Gemeinde nahe der Mine, fiel seit der Erschließung der Mine um fast 13 Meter.

Unterdessen hat sich der Stamm der Hopi schon länger in diejenigen gespalten, die gegen die Mine sind, und in jene, die das Geld daraus wollen. Für die wenigen in der Mine arbeitenden Hopi gibt es Wohnwagen, Telefon, Fernsehen, Autos und Fast Food. Ihnen bleibt weniger Zeit als früher, um an religiösen Zeremonien teilzunehmen. Die Veränderungen brachten Verbrechen, Alkohol und Drogen mit sich, Dinge, die vorher bei ihnen unbekannt waren. Die Ältesten, wie Thomas Banyacya, führen nahezu alle Probleme auf die Mine zurück. Wie er glaubt, wird das religiöse Leben des Stammes durch sie ernstlich geschwächt, und der althergebrachten Kultur, die ihr Überleben gesichert hat, droht die Auslöschung.

Die Befürworter der Mine sind der Meinung, dass die Annehmlichkeiten des Lebens wichtiger sind als Kultur – besonders, wenn sich diese Kultur durch verhältnismäßige Armut auszeichnet. Doch sogar sie müssen zugeben, dass die Arbeitslosigkeit immer noch vierzig Prozent übersteigt und das durchschnittliche Familieneinkommen nur 5000 US-Dollar pro Jahr beträgt.

Außerdem muss noch in Betracht gezogen werden, dass nach der Stilllegung der Mine und der fortschreitenden Erosion ihrer Kultur unausweichlich der Tag kommen wird, an dem die Hopi, wie die Sioux und andere Stämme auch, der Tatsache ins Gesicht sehen müssen, dass ihre Wurzeln, ihre Mitte und ihre Selbstachtung ebenso dahin sind. Wenn das eintrifft, wird das Geld nicht mehr so sehr von Belang sein, und auch Menschen wie Fools Crow wird es nur noch wenige unter ihnen geben. Im Übrigen mag man glauben, dass die westlichen Sioux keine Mine zu verkaufen hatten. Sie hatten. Es sind die Black Hills in South Dakota, und sie sind heute wertvoller, als es die Black Mesa Mine jemals sein wird. Die Berge waren für die Sioux zu heiligem Land geworden, und nachdem sie sie 1868 für ein armseliges Stück Reservationsland an die Regierung der Vereinigten Staaten verkauft hatten, gingen die Dinge für sie stetig bergab.

(Mails stellt das nicht richtig dar: Die Black Hills wurden von der US-Regierung schlichtweg annektiert, ein Tausch oder eine Abtretung fand nicht statt. Anm. d. Übers.)

Mindestens siebenhundert Trauernde kamen zu Fools Crows Beerdigung – eine ungewöhnlich große Zahl für ein Begräbnis in Pine Ridge und ein weit hallendes Zeugnis dafür, dass er in hohem Maße respektiert und geliebt wurde. Ich bin mir sicher, dass jeder der Anwesenden in irgendeiner Weise von ihm getröstet oder behandelt worden war und dass die siebenhundert nur ein Bruchteil derer waren, denen er geholfen hatte. Die Größe der Trauergemeinde steht aber auch für etwas anderes, das wir nicht außer Acht lassen dürfen, etwas, das im Laufe der Zeit jedem schmerzlich bewusst werden wird. Die Sioux und andere indigene Amerikaner haben in den letzten Jahren aufgezeigt, dass vor dem Eindringen der Weißen ganzheitliche Gesundheit und Heilung ein Markenzeichen indigenen amerikanischen Lebens waren. Auch auf die großen Vorteile des traditionellen Lebens und der Weisheit wurde hingewiesen. Das Problem besteht darin, dass zwar noch die mündlich überlieferten Zeugnisse dafür verfügbar sind, aber die lebenden Zeugnisse dieser Kultur nach und nach aussterben. Für die Sioux mag Fools Crow einer der letzten lebenden Beweise für das gewesen sein, was ihnen wichtig ist. In den letzten hundert Jahren hat er durch sich selbst und seine Art zu leben alles verkörpert, was seinem Volk an Größe beschert gewesen ist.

Fools Crow in vollem Ornat

Kleine hohle Knochen

Black Elk, der große heilige Mann, sagte: »Ich heilte mit der Kraft, die durch mich hindurchfloss. Es war natürlich nicht ich, der heilte; es war die Kraft der jenseitigen Welt. Die Visionen und Zeremonien hatten aus mir lediglich so etwas wie eine Öffnung gemacht, durch welche die Kraft zu den Zweibeinern gelangen konnte. Wenn ich geglaubt hätte, dass ich selbst derjenige bin, der heilt, hätte sich die Öffnung geschlossen, und die Kraft wäre ausgeblieben. Dann hätte ich nichts Gescheites zustande gebracht.«

Als Fools Crow und ich darüber diskutierten, wie ein Mensch den Höheren Mächten dienen kann, fragte ich ihn: »Stimmst du Black Elk zu, dass Medizinleute eine Öffnung darstellen, durch die *Wakan Tanka* und die Helfer hindurch wirken, um den Menschen zu helfen?«

»Wir [Black Elk und er] haben mehrfach darüber gesprochen. Wir waren uns einig, dass die Höheren Mächte uns in dieser Hinsicht das Gleiche gelehrt hatten. Wir sind lediglich Öffnungen. Aber als ich zum Heilen hohle Knochen verwendet habe, beschloss ich, dass es besser ist, sich die Medizinleute als kleine hohle Knochen vorzustellen.«

»Also sind alle Medizinleute hohle Knochen, durch die *Wakan Tanka*, *Tunkashila* und die Helfer wirken?«

»In ihnen und durch sie. Zuerst kommt die Kraft zu uns und macht uns zu dem, was wir sein sollen. Dann fließt sie durch uns hindurch zu anderen.«

Ich erzählte ihm, dass Medizinmänner der Pueblo-Indianer sich selbst als Röhren verstehen und sie mir schilderten, wie sich das auf ihr Leben auswirkte. Ich fand es faszinierend, dass er die gleichen Begriffe gebrauchte, und fragte mich, ob er dieselben vier Stufen auf seinem Werdegang zu einem hohlen Knochen durchlaufen hatte: zuerst *Wakan Tanka* herbeizurufen, um all das loszuwerden, was einen irgendwie behindern könnte – so etwa Zweifel, Fragen oder Widerstreben; dann sich selbst als eine saubere Röhre erkennen, die dazu bereit ist, mit Hoffnung und Möglichkeiten angefüllt zu werden, und darauf bedacht ist, von Kraft erfüllt zu werden; als dritte Stufe zu erleben, wie man von Kraft durchströmt wird; und schließlich das Weitergeben der Kraft an andere in der Gewissheit, dass man, einmal entleert, von den Höheren Mächten mit noch größerer Kraft angefüllt werden wird.[7] Während wir darüber sprachen, überlegte ich – obwohl ich es nicht aussprach –, ob ich hier auf den Great Plains möglicherweise dasselbe Konzept vorfinden würde. Wenn Fools Crow dies kannte und ausübte, so wäre das ein weiterer Beleg für unsere gemeinsame Überzeugung gewesen, dass wir denselben Gott kennen und verehren und deshalb natürlicherweise annehmen dürfen, dass er all denen, die ihn lieben, dieselben grundlegenden Lehren erteilt.

Fools Crow beantwortete die meisten meiner Fragen am nächsten Morgen, nachdem er mich eingeladen hatte, mit ihm zum Beten hinauszugehen. Über seinem linken Arm trug er eine gefaltete Decke, in der linken Hand eine Trommel mit Schlegel und in der rechten Hand seine Pfeife, seine Räucher-Materialien – dieses Mal eine gefüllte Meeresmuschel – und eine Steinadlerfeder.

Vielleicht sollte ich erläutern, dass Fools Crow sein Räuchern (er nannte es »Rauch machen«) auf zwei Arten praktizierte. In persönlichen Situationen, wie etwa beim Räuchern von rituellen Gegenständen, entzündete er einfach das Ende eines geflochtenen oder gedrehten Süßgraszopfes und schwenkte das Süßgras über die Gegenstände und um sie herum. Hatte er gerade kein Süßgras zur Hand, so verwendete er getrockneten Salbei. Wurde bei anderen Gelegenheiten eine größere Menge Rauch benötigt, mischte er Süßgras, getrockneten Salbei[8] und Tabak in einer großen Meeresmuschel und entzündete dies. Sobald genügend Rauch hervorkam, blies er gelegentlich auf die heiße Asche und fächelte den Rauch mit der Adlerfeder den an der Zeremonie beteiligten Personen zu und auch über die verwendeten rituellen Gegenstände. Dabei flatterte er mit der Feder in einer so wunderbaren Weise, dass man bei geschlossenen Augen den deutlichen Eindruck hat-

---

7) Vergleichsweise glaubte der Cahuilla-Stamm aus Kalifornien, die Medizinleute würden ihr Selbst ablegen, »als ob sie ihre alten Gewohnheiten wie die Schalen einer Orange abpellen«, sobald sie in ihre Kraft hineinfinden. Sie müssen aufhören zurückzuschauen und ihren Blick nach vorne richten und dabei stark sein, »da der Strom des Lebens zuweilen rau wird.« Modesto and Mount, 1980, Seite 40.

8) *Sage*, auch *sagebrush* genannt, lat.: Familie genus artemisia, z. B. artemisia vulgaris – Gemeiner Beifuß, oder artemisia tridentata (big sagebrush); nordamerikanische Beifuß-Pflanze mit einem bitteren, wermutähnlichen Saft und einem salbeiähnlichen Duft, die auf den kalkhaltigen Böden der westlichen Vereinigten Staaten weit verbreitet ist. Auf Lakota heißt diese Pflanze *peji hota* (gespr.: peschi chota) was etwa „graues Kraut" bedeutet. (Anm. d. Übers.)

te, ein Adler flöge dicht um einen herum. Machte er das in einer Schwitzhütte, dann hörte man sogar den schrillen Schrei des Adlers.

Als wir an seinen gewohnten Gebetsplatz gelangten, faltete er die Decke zu einem Rechteck auf etwa ein Viertel ihrer ungefalteten Größe zusammen und legte sie so auf das Gras. Er stellte die gefüllte Meeresmuschel an den östlichen Rand der Decke und dann auf die nordöstliche Ecke, nahm ein Streichholz und entzündete das Räucherwerk. Sobald es gut qualmte und der süße Geruch sich ausbreitete, räucherte er mit der Feder zuerst mich, dann sich und schließlich die Decke ab. Dann wandte er sich nach Osten, legte seine Brille ab und kniete auf der Decke nieder. Es war sieben Uhr früh, die Sonne stand bereits am Himmel und tauchte die Gegend und Fools Crow in ihr morgendliches Licht. Sein Gesicht leuchtete, und die Sonnenstrahlen glätteten seine Falten. Er schien wieder jung zu werden. Mit geschlossenen Augen atmete er siebenmal tief ein und aus, um sich in das gerade begonnene Ritual zu versenken. Als er sich so eingestimmt hatte, ließ er die offenen Hände im Schoß ruhen und lauschte auf *Wakan Tankas* Antwort.

Während er so dasaß, machte ich mir Gedanken über die Versenkung und wie sie das Bewusstsein verändert. Der alte heilige Mann und andere Medizinleute hatten mir gezeigt, dass die Suche umso erfolgreicher wird, je mehr Zeit man damit verbringt und je mehr man sich darin vertieft. Der Grundgedanke dabei ist das Erreichen eines Zustandes vollständiger Gemeinschaft mit *Wakan Tanka* und den Helfern. Ist dieser einmal erreicht, können Sie uns erleuchten und führen, indem Sie uns Beistand, Stärke, Hoffnung und Kraft geben. Die in der Versenkung verbrachte Zeit ist immer ein Gewinn und kehrt unsere typischen Verhaltensweisen um, die wir bei zeitraubenden und notwendigen Arbeiten an den Tag legen. Für gewöhnlich meinen wir, dass wir uns beeilen und alles geordnet bekommen müssen, um uns an die Arbeit zu machen, weil die Zeit knapp ist. Wenn überhaupt, dann beten wir angesichts einer Situation nur noch kurz, weil wir schließlich so viel zu tun haben. Daraufhin verbringen wir den ganzen Tag mit der Erledigung unserer Arbeit und sind am Ende frustriert und erschöpft. Bei der Kontemplation jedoch verbringt man lange Zeit im Gebet und erhält von den Höheren Mächten die notwendige Stärke und Führung. Man verrichtet dann dieselben Arbeiten in einem Bruchteil der Zeit und fühlt sich hinterher ausgefüllt und munter.

Mit immer noch geschlossenen Augen begann Fools Crow beidhändig an seiner Brust und seinem Bauch zu ziehen, als zöge er Schlechtes oder Negatives heraus. Er nahm davon viele Hände voll und warf es weg.

Danach streckte er beide Arme und Hände so hoch er konnte zum Himmel und hielt sie so für mindestens zwei Minuten, während er aufschaute und über das ganze Gesicht ein breites Lächeln ging.

Daraufhin begann er über sich in die Luft zu greifen, wobei er unsichtbare Dinge fasste und sich ganze Hände voll davon in seinen Kopf und Körper schob.

Schließlich begann er, unsichtbare Dinge aus seiner Brust und seinem Körper zu ziehen, aber dieses Mal hielt er beide Hände seitlich vor sich hin und warf das Herausgegriffene einem unsichtbaren Publikum zu … unsichtbar für mich, aber sichtbar für ihn, da bin ich mir gewiss.

Während Fools Crow diese Gesten ausführte, sprachen wir kein Wort, aber im Anschluss daran nahm er seine Trommel auf, schlug sie sanft und stimmte dazu ein Klanglied an – ein Lied, bei dem Silben die Melodie tragen, ohne selbst eine Bedeutung zu haben. Der langsame und gleichmäßige Trommelschlag wird von den Lakota »Paradeschlag« genannt und findet bei ernsten Anlässen Verwendung. Wäre Kate da gewesen, so hätte sie »getrillert«, um ihrer Freude und Dankbarkeit Ausdruck zu verleihen.

Nach dem Lied deutete Fools Crow, immer noch kniend, mit dem Stiel seiner Pfeife in die vier Himmelsrichtungen, dann hoch zu *Wakan Tanka* und *Tunkashila* und schließlich hinunter zu Großmutter Erde. Dann wendete er sich mir zu und sagte: »*Wakan Tanka* und die Helfer machten mich gerade zu einem sauberen neuen hohlen Knochen. Wann immer ich die Zeit dafür habe, bevor ich die Behandlung oder Heilung einer Person beginne, oder bevor ich eine Zeremonie leite oder an ihr teilhabe, sondere ich mich ab und bitte Sie, mich in dieser Weise vorzubereiten.«

»Du sprichst von *Wakan Tanka* und *Tunkashila*. Die meisten Experten halten dies für unterschiedliche Namen für dieselbe Wesenheit«, sagte ich.

»Nein!« widersprach Fools Crow entschieden. »Wir haben drei Hauptgottheiten, genau wie die Christen. *Wakan Tanka* ist wie der Vater, *Tunkashila* wie der Sohn. Die Mächte und Großmutter Erde zusammen sind wie der Heilige Geist, und ich nenne diese fünf ›*Wakan Tankas* Helfer‹. Wenn ich von allen sieben Wesen zusammen spreche, nenne ich sie manchmal die ›Höheren Mächte‹. Bete ich mit meiner Pfeife, so richte ich den Stiel hoch zu *Wakan Tanka* und dann ein bisschen tiefer zu *Tunkashila*. Aber *Wakan Tanka* und *Tunkashila* denken, handeln und wachen über uns wie einer. Es gibt also nur einen Gott. Wann immer ich *Wakan Tanka* sage, meine ich auch *Tunkashila*.«

Fools Crow beim Beten mit Pfeife

»Es schien mir so, als hättest du vier verschiedene Gesten gemacht«, sagte ich mit ungespielter Begeisterung.

»Ho«, erwiderte er und streckte seine geballten Fäuste nach vorn. »Zuerst dachte ich darüber nach, welche Stolpersteine es im Zusammenhang mit mir gibt, die *Wakan Tanka* und den Helfern im Weg stehen könnten, wenn ich Sie bitte, in mir und durch mich zu wirken. Dann bat ich sie, diese Dinge zu beseitigen, damit ich ein sauberer Knochen sein kann. Das taten Sie, und als ich die Hindernisse herauskommen fühlte, ergriff ich diese und warf sie fort. Nach all dem fühlte ich mich erfrischt und gereinigt. Ich sah mich selbst als einen im Inneren glänzenden und leeren hohlen Knochen. Ich schaute in meinem Inneren nach, ob noch irgendein Hindernis oder Unrat zurückgeblieben war, doch da war nichts mehr. Nun wusste ich mich bereit, *Wakan Tanka* gut zu dienen; ich erhob meine Hände und drückte so meinen Dank und meine Freude aus. Sofort fühlte ich die Kraft in mich hineinströmen und reckte mich nach oben, um sie leichter hereinzulassen. Es war wunderbar, und meine Energie wuchs an, bis ich vollständig mit Kraft erfüllt war. Innerhalb kürzester Zeit glaubte ich explodieren zu müssen! Dann sah ich Menschen aller Hautfarben um mich herum und gab die Kraft an sie weiter. Sie waren alle sehr dankbar, und das alles mit ihnen zu teilen gab mir ein gutes Gefühl. Als ich mich leer machte, fühlte ich, wie ich mit mehr Kraft erfüllt wurde, und es war wundervoll!« Er beobachtete aufmerksam, wie ich darauf reagieren würde. »Auf diese Weise werde ich zu einer kleinen hohlen Röhre«, sagte er.

Ich war natürlich erfreut und ließ mich zurücksinken, um tief Atem zu holen, denn mir schien, als hätte ich während des gesamten Ritus zu atmen vergessen. Schließlich fragte ich: »Und wenn du damit Behandlungen oder Heilungen vorbereitest …?«

Er ließ mich nicht ausreden: »Dann sehe ich anstatt der vielen Menschen nur denjenigen, den ich behandle. Bin ich aber hier allein, bereite ich mich damit darauf vor, allen Menschen zu dienen – Roten, Schwarzen, Weißen, Braunen und Gelben.«

»Kann jeder zu einem kleinen hohlen Knochen werden, damit *Wakan Tanka* in und durch ihn wirken kann?« fragte ich.

»Nicht alle Menschen können zu heiligen Leuten oder Medizinleuten werden, weil wir dazu berufen werden. Aber jeder kann ein Knochen werden, um anderen zu dienen. Und wenn dies der Fall ist, wird derjenige herausfinden, dass er in einem Notfall alles in der Hälfte der sonst üblichen Zeit erledigen kann. So kann er sich auch augenblicklich darauf einstellen, große Dinge auszuführen. Wenn ich vor einer Behandlung keine Zeit für eine Vorbereitung habe, tue ich zumindest das hier, denn notfalls kann ich es sogar in Gedanken tun.«

»Worin unterscheiden sich Medizinleute oder heilige Leute und gewöhnliche Menschen hinsichtlich der Knochen-Idee?«

»Die reinsten Knochen dienen *Wakan Tanka* und den Helfern am besten, und Medizinleute und heilige Leute arbeiten am härtesten daran, zu sauberen Knochen zu werden. Je sauberer der Knochen ist, desto mehr Wasser kann umso schneller hindurchfließen. So ist es mit uns und der Kraft bestellt und ein heiliger Mensch ist derjenige, der von allen am saubersten wird.«

Später saßen wir vor Fools Crows Haus und sprachen über die Medizinmänner in Pine Ridge, Rosebud und in den anderen Sioux-Reservaten. Wir unterhielten uns hier zum ersten Mal darüber, wodurch sich ein authentischer Medizinmann von einem Nachahmer unterscheidet. Später diskutierten wir noch öfter darüber, und schlussendlich hatte ich alle dieses Thema betreffenden Gedanken zusammengetragen. Ich fasse sie auf den folgenden Seiten zusammen. Jeder Gedanke wurde in einem jener Momente der »erhobenen Hände« ausgesprochen, und ich vermute, dass sowohl authentische als auch Pseudo-Medizinleute sich ernsthaft für diese Informationen interessieren werden.

»Auf welche Art und Weise werden Sioux-Indianer oder -Indianerinnen zu einem Medizinmann oder zu einer Medizinfrau?« fragte ich.

»Einige glauben, dass wir bereits dafür ausgewählt werden, während wir uns noch im Bauch unserer Mutter befinden. Das mag sein, denn die meisten von uns fangen schon als Kinder an, sich zu Medizinleuten zu entwickeln. <u>Wir haben merkwürdige Gefühle und denken mehr über die Höheren Mächte nach als andere Kinder. Wir vernachlässigen das Spielen und auch andere Dinge. Wir sondern uns ab und überlegen, was mit uns vorgeht.</u> Natürlich ist all dies *Wakan Tankas* Werk. Er schaut in uns hinein und sieht, was für Menschen wir sind. Tatsächlich ist es so, dass Er und *Tunkashila* uns rufen.[9] Dadurch öffnen wir uns mehr und mehr den höheren Mächten. Es ist, als ob unsere Körper mit Öffnungen versehen sind, durch welche sie in uns eintreten und uns ausfüllen und durch welche unsere Gebete und Wünsche zu ihnen hinaufsteigen. Damit wir Medizinleute werden können, sind wir aber auch bereit, auf viele gewöhnliche Vergnügen zu verzichten. Wir wissen, dass wir uns die nötige Zeit nehmen müssen, um zu lernen, wie die zu uns kommende Kraft angewendet wird, damit wir behandeln, heilen und unserem

---

9) Anders als die meisten anderen heiligen Leute und Medizinleute der Lakota betrachtete Fools Crow *Wakan Tanka* und *Tunkashila* nicht als ein und dieselbe Wesenheit. Für ihn waren sie im Geist und Denken eins, aber demnach individuelle Wesen. Als er ihre Rollen definierte, sah er *Wakan Tanka* der biblischen Vaterfigur verwandt und *Tunkashila* ähnlich dem Sohn Jesus Christus. »Warum«, fragte er, »würden wir denn zwei Namen für ein und dieselbe Wesenheit haben, und warum ist in den Geschichten von unseren Anfängen die Rede von einer Person wie *Tunkashila*, die vor langer Zeit in unser Land kam und sich unter uns bewegte? Es hat niemals jemand behauptet, dass diese Person *Wakan Tanka* war. Darum deute ich, wenn ich mit meiner Pfeife bete, zuerst auf *Wakan Tanka*, dann auf *Tunkashila*, dann auf die Vier Himmelsrichtungen und letztendlich auf Großmutter Erde.«

Fools Crow entfernt Unreines aus seinem Körper

Volk auf jede uns mögliche Art helfen können. Während all dies geschieht, werden wir verwandelt (transformiert) und somit jeden Tag mehr zu dem, was wir werden sollen. Dies entbindet uns jedoch nicht von unseren regulären Pflichten. Wir beteiligen uns weiterhin an den täglichen Hausarbeiten, und wir müssen auch bei den Gemeinschaftsarbeiten mitwirken. Tatsächlich verrichten Medizinleute ihre Arbeit für ihre Gemeinden und ihre Nation. Wir sind dazu berufen, hohle Knochen zu sein, für unser Volk und für jeden, dem wir helfen können und wir sollen die Kraft nicht für unsere persönlichen Zwecke oder zur Erlangung von Ehre verwenden. Wir Knochen werden eigentlich zum Verbindungsrohr zwischen *Wakan Tanka*, den Helfern und der Gemeinde. Dadurch wird die Richtung für unsere Heilarbeit vorgegeben und die Art der Lebensführung für uns festgelegt. Wir werden auch veranlasst, an Dingen zu arbeiten, die uns kein großes Einkommen bescheren. Deshalb müssen wir stark sein und uns der Sache verpflichten, oder wir erlangen nur sehr wenig spirituelle Kraft und geben dann möglicherweise die Heilarbeit auf. In den Lektionen, die wir von unseren menschlichen Lehrern – wie Stirrup für mich einer war – erhalten, wird betont, dass es wichtiger ist, ein Ritual auf traditionelle Weise abzuhalten, als jemanden gesund zu machen. Die Heilung eines einzelnen Menschen ist nur in der Hinsicht bedeutsam, was es die gesamte Gemeinde lehrt. Die Gemeinde muss weiterhin wissen, dass *Wakan Tanka* und die Helfer immer mit ihr sind und es keinen Grund gibt, Angst zu haben. Einen Menschen geheilt zu sehen gibt ihr diese Sicherheit und verleiht der Gemeinde

Stärke, um weiterzumachen, wenn sie von Not und Unheil bedroht ist. Deswegen befinden sich die Medizinleute im Zentrum von allen wichtigen Vorgängen, die ihre Gemeinde oder Nation betreffen. Und wenn die Kraft in Bewegung gesetzt und verteilt wird, bringt uns dies mehr und sogar größere Kraft. Wir betonen, dass Vorbeugung wichtiger als Behandlung ist, soweit es die Gemeinde und einzelne Menschen angeht. Gute Vorbereitung mag uns nicht vor Verletzung bewahren, aber sie schützt uns davor, zerstört zu werden. Es ist bedauerlich, aber unsere Leute haben angefangen all das zu vergessen und sie zahlen einen hohen Preis dafür. Sie werden in die Knie gezwungen, und ihnen fehlen Kraft und Mittel, sich wieder aufzurichten.«

»Auf welche Weise«, so wollte ich weiter wissen, »wirkt sich der Unterschied zwischen heiligen Leuten und Medizinleuten aus?«

»Die Kraft vereinnahmt das Leben heiliger Leute. Sie beeinflusst alles, was mit uns zu tun hat. Auf diese Weise wächst unser Wissen und Verstehen schneller und schon bald unterscheidet sich unsere Beziehung zu den Höheren Mächten und zu der Kraft selbst von derjenigen der Medizinleute. Auch verfügen die heiligen Männer und Frauen über mehr Möglichkeiten, Kraft zu erlangen und sie in Bewegung zu setzen. Wir können viel leichter und schneller andere und uns selbst heilen. Wir sind häufiger zu Höchstleistungen fähig und die damit verbundenen Erfahrungen sind tief gehender und viel intensiver. Heilige Menschen können Geistreisen zu den Wohnstätten der Höheren Mächte unternehmen, und wir können in Tier- oder Vogelgestalten verwandelt werden und uns so unter die Leute mischen, um herauszufinden, was vor sich geht. Es sind die heiligen Leute, die von den Menschen und der Gemeinde bei sehr ernsten Situationen gerufen werden, und sie erzielen die eindrucksvollsten Resultate. Deshalb gibt es zur selben Zeit nur wenige von uns und wir sind diejenigen, die dem Volk die Fülle der Kraft in Bewegung zeigen können. Darum werden wir heilige Männer oder heilige Frauen genannt. Aber alle Medizinleute unterscheiden sich von den gewöhnlichen Menschen. Die meiste Zeit mögen sie wie jeder andere aussehen oder sich verhalten, aber dem ist nicht so. Sie unterscheiden sich in ihrer Denkweise und dem, was mit ihnen passiert. Sie verfügen über Einsichten, die andere Leute nicht haben. Durch diese Gedanken und Einsichten werden sie in die Lage versetzt, die für ihre Arbeit erforderlichen Höchstleistungen zu vollbringen. Verglichen mit Menschen, die nicht behandeln oder heilen, oder selbst mit Medizinleuten, sind wir emotionaler. Deswegen können wir einfacher und schneller Höchstleistungen erreichen. Beim Durchführen eines Rituals oder beim Behandeln eines Menschen können wir aufgrund unserer Gefühle die Intensität unseres Tuns schnell ändern, wenn wir uns auf einen Höhepunkt zubewegen.

Uns heiligen Menschen ist zudem bewusst, wer wir sind. Wir verfügen über ein klares Selbstbild. Das ist keine Prahlerei, sondern entspricht der Wahrheit. Wir sehen uns als ein Teil der Sioux-Geschichte, und indem wir hohle Knochen geworden sind, wissen wir, dass es in spirituellen Dingen keine Grenze für das gibt, was die Höheren Mächte in und durch uns tun können. Selbst unser physischer Körper vermag uns nicht zu begrenzen, weil unser Geist aus unserem Körper heraustreten und sich auf eine Geistreise begeben kann. Wir träumen, haben Visionen und fantastische Gedanken. Das beginnt schon im Kindesalter. Deswegen sind wir immer dafür bereit, dass *Wakan Tanka* und die Helfer uns zu Orten führen und uns Dinge zeigen, die anderen möglicherweise für immer verborgen bleiben, da ihr Geist verschlossen ist. Die Kraft kommt zu uns zum Behandeln, Heilen, Prophezeien, um Probleme zu lösen und um vermisste Menschen oder verlorene Dinge wiederzufinden. Sie dient auch dazu, Liebe zu verbreiten, Veränderungen herbeizuführen und Frieden und Fruchtbarkeit zu gewährleisten. Sie ist jedoch nicht dazu da, uns Macht über andere zu geben, weil die Quelle der Kraft nicht aus uns selbst kommt. Sie kommt zu uns und geht durch uns hohle Knochen hindurch, aber sie gehört *Wakan Tanka* und den Helfern. Sie sind die Quelle, und jeder Dank sollte an sie gerichtet werden.

Trotzdem wird das Leben von heiligen Leuten mit Kraft durchtränkt. Man könnte sagen, wir seien wie vollgesogene Schwämme. Wir denken unablässig über die Kraft nach, und die uns gegebene Kraft ist leicht in Bewegung zu setzen. Unser Leben ist ein Tanz der Kraft, und da unser Volk das sieht, ehrt es uns. Infolgedessen befinden wir uns ständig im Blickpunkt der Öffentlichkeit, und unser Verhalten darf nichts zu wünschen übrig lassen. Ich streite mich nicht, kämpfe nicht, hasse niemanden, klatsche nicht und habe niemals geflucht. Auch habe ich den Frauen nicht nachgestellt und mein Verlangen nach ihnen gezügelt. Ich habe nie eine Patientin berührt, außer wenn es zu ihrer Behandlung oder Heilung notwendig war. Ich habe niemanden ausgenutzt. Für Behandlung, Heilung oder Beratung habe ich keine Bezahlung gefordert, obwohl ich die Geschenke akzeptiert habe, die man mir aus Dankbarkeit gemacht hat. Ich habe nie Alkohol oder Drogen angerührt; ich habe nicht einmal Peyote benutzt, wie sie es in der Native American Church tun. *Wakan Tanka* kann mich auf eine viel höhere Stufe bringen, als irgendeine Droge es jemals vermag. Wegen all dem und meinem spirituellen Leben werde ich respektiert. Aber das Wichtige ist, dass ich für sie *Wakan Tanka* und die

Helfer widerspiegle. Ich bin nicht mit ihnen identisch, aber die Leute sehen, wie sie sich in mir und dem Leben, das ich führte, ausdrücken. Dieses Leben war sehr glücklich und erfüllt. Ich weiß nicht, wie es hätte besser sein können. *Wakan Tanka* sagte mir nicht, dass ich auf die erwähnten Dinge verzichten soll. Ich habe einfach herausgefunden, dass ich ohne sie ein besseres Leben führen würde. Einer der Gründe, warum ich Schwierigkeiten hatte, Menschen zu finden, an die ich meine Medizin weitergeben kann, ist, dass es so wenige gibt, die tugendhaft und genügsam leben wollen. Sie reden zwar viel darüber, dass sie es tun wollen, möchten aber auf Vergnügungen und materielle Dinge nicht wirklich verzichten. Echte Medizinleute und Imitatoren kann man auch daran unterscheiden, was sie als Entgelt für ihre Hilfe fordern. Je nachdem, wo jemand lebt, braucht jeder genug, um den Lebensunterhalt zu bestreiten und die Rechnungen zu bezahlen. Aber nehmt Abstand von ihnen, sobald sie mehr als eine angemessene Bezahlung verlangen. Sie sind nur Imitatoren und ihre Kraft ist sehr begrenzt. Sie mögen schön daherreden und vielleicht Zeremonien machen, die euch verzaubern, aber dies sind keine traditionellen Zeremonien, die von den Höheren Mächten kommen. Vergesst nicht, dass auch das Böse Zeremonien ausrichten kann. Den stärksten Schutz gegen das Böse gewährt uns unsere Pfeife. Ich benutze meine nahezu jedes Mal, wenn ich eine Zeremonie leite. Die Pfeife ist ein heiliges Geschenk an die Sioux, und sie repräsentiert für uns die Gemeinschaft, die uns mit *Wakan Tanka* und den Helfern verbindet. Wenn wir die Pfeife in unseren Händen halten und in den Zeremonien verwenden, ist es für uns dasselbe wie für einen Christen, könnte er beim Beten Jesus Christus in den Händen halten.«

Fools Crow hatte mir erzählt, dass seine gesamte Arbeit als heiliger Mann ein »Tanz des Lebens« sei, auch wenn sie ihm viel abverlange. Und er fügte hinzu, dass er nur sein wahres Selbst war, wenn er diesen Tanz lebte. Er war ein kraftvoller und charismatischer Mann, und allein schon seine Gesellschaft war ein spirituelles Erlebnis. Jeder, der ihn getroffen hat, ob Indianer oder Außenstehender, wird das bestätigen. Man erzählte mir, dass der bekannte Schauspieler Robert DeNiro Fools Crow besuchte, als der heilige Mann 89 Jahre alt und außerstande war, eine gesellige Unterhaltung zu führen. Der Schauspieler saß einfach zwei Tage lang bei ihm, aber das beschrieb er als eines der krönenden Erlebnisse seines Lebens.

Was in und durch Fools Crow verwirklicht wurde, vergrößerte natürlich sein Charisma. Aber er betonte immer, dass ihm sowohl seine eigene Kraft als auch die zu seiner eigenen hinzukommende Kraft zum Segen für andere gegeben wurde.

Das betrachtete er als eine ganz normale Sicht der Dinge und keinesfalls als etwas Ungewöhnliches. Wenn ihm dabei irgendwas Kopfzerbrechen bereitete, dann, dass er nicht begreifen konnte, warum nicht jeder andere genauso fühlte und den gleichen Weg ging wie er selbst.

Ich fragte Fools Crow, ob er denjenigen einen Rat geben könne, die bereits Heilungskräfte in sich fühlten oder die sich zum Heilen berufen fühlten.

Er gab zur Antwort: »Sie müssen nach den Sternen greifen und sich selber Maßstäbe und Ziele setzen, die anfangs unerreichbar scheinen. Aber sie sollen auch die Herausforderung genießen, die dies mit sich bringt, und nicht nach Perfektion streben. Eines Tages könnten sie ihr nahe kommen. Wenn sie andererseits ihr Ziel niedrig ansetzen, werden sie auch auf dieser Ebene bleiben. Sogar Fehlschläge leisten einen positiven Beitrag. Sie halten uns demütig und helfen uns, unsere Fehler herauszufinden und zu korrigieren. Niederlagen spornen uns an weiter zu üben, bis wir es besser können. In unserer Beziehung zu *Wakan Tanka* laufen die Dinge niemals automatisch ab. Er möchte, dass wir selbst erkennen, wie wir beschaffen sind, damit wir umfassende Erfahrungen machen können. Die Flinte ins Korn zu werfen ist der größte Fehler überhaupt. Tu es nicht. Wenn es nicht anders geht, so leg die Arbeit beiseite, aber dann nimm sie wieder auf. Durch die Übung bekommen wir Vertrauen und bereiten uns auf den Moment vor, wo die Zeit dafür reif ist, den großen Prüfungen zu begegnen.«

»Wie übst du das, was mit dem Behandeln zu tun hat? Das wäre doch gefährlich für die Patienten.« wollte ich von ihm wissen.

Er lachte und antwortete: »Ich übte in jüngeren Jahren an kleinen Sachen, an kleinen Wunden und in Situationen, die nicht kritisch waren.«

»Das verwirrt mich«, sagte ich. »Wenn *Wakan Tanka* und die Helfer dir mitteilen, was zu tun ist, wozu ist dann Übung nötig?«

Fools Crow ächzte und setzte sich aufrechter hin. »Auch wenn die Kraft in uns hinein und durch uns hindurchfließt«, sagte er, »ändert dies nichts an der Tatsache, dass wir menschliche Wesen mit Grenzen sind. Die Höheren Mächte müssen mit uns so arbeiten, wie wir sind. Allerdings verbessern wir uns mit der Zeit und sind dann keine so große Bürde mehr für sie.«

»Gibt es irgendwelche Grundregeln, die Lernende beherzigen sollen?«

»Um ein sauberer hohler Knochen zu werden, muss man zuerst so leben, wie ich es getan habe, oder wenn man es noch nicht getan hat, damit anfangen. Man muss jeden lieben, an andere zuerst denken, tugendhaft sein, sein Leben in Ordnung halten, darf nichts Kriminelles tun und sollte einen guten Charakter an den

Tag legen. Wenn man diese Dinge nicht befolgt, wird man leicht getäuscht und zu einem hohlen Knochen der Mächte des Bösen. Wie ich bereits sagte, wenn man den höheren Mächten dient, sollte man keine Forderungen stellen, die über ein vernünftiges Maß hinausgehen. Wenn man von den Menschen, denen man hilft, mehr als das verlangt, wird die Kraft, die man erhält, vom Bösen her kommen und den guten Bemühungen schaden. Man sollte auch Leute ignorieren, die nur aus Neugierde zu einem kommen und Wunderdinge vorgeführt bekommen wollen. *Wakan Tanka* und die Helfer haben Besseres zu tun, als die Neugierde ungläubiger Leute zu befriedigen. Das größte Wunder ist nicht irgendetwas Unglaubliches, sondern sind Tausende veränderte Leben. Wunder schaffen niemals Gläubige. Ein Priester erzählte mir, dass Jesus einst fünftausend Menschen mit ein wenig Fisch und etwas Brot speiste. Aber als sie am nächsten Morgen zum Frühstück kamen und glaubten, jetzt ein Restaurant mit Gratis-Essen gefunden zu haben, gab er ihnen nichts zu essen und sie kehrten sich von ihm ab. Durch Wunderdinge wird niemand zum Gläubigen bekehrt.«

»All dieses hat also mit Glauben zu tun«, bemerkte ich.

»Ho«, erwiderte Fools Crow. »Wer eine wahrhaftige Medizinperson werden möchte, muss ein Mensch des Glaubens sein, und man kann nur mit solchen Menschen erfolgreich arbeiten, die auch Glauben besitzen. Gute Absichten reichen ebenso wenig wie Entschuldigungen aus. Medizinleute und Patienten müssen im Glauben fest miteinander verbunden sein, damit die Heilung eintritt.«

»Gibt es noch mehr zu beachten?«

»Ja. Wahre Medizinleute und heilige Leute versuchen nicht zu betrügen, sich durchzumogeln oder jemanden zum Narren zu halten. Stattdessen sind sie diejenigen, die immer arbeiten und am meisten lernen. Solange wir über die Stärke verfügen, um *Wakan Tankas* Willen zu tun, erfüllen wir beständig unsere Aufgabe. Obwohl wir unser Leben ausgeglichen halten, verschwenden wir keine Zeit. Die Menschen können alles erreichen, wenn sie es nur ernsthaft genug wünschen. Natürlich müssen Medizinleute sich die Zeit nehmen, die Dinge selbst zu erfahren, um zu wissen, wie sie wirklich beschaffen sind. Können wir etwa wissen, wie sich Regen oder Schnee wirklich anfühlen, ohne ihnen je ausgesetzt zu sein? Können wir wissen, wie man sich im Sonnentanz fühlt, ohne die Erfahrungen eines Tänzers zu machen? Können wir etwas über das Leid erfahren, ohne selbst zu leiden? Medizinleute brauchen obendrein noch einen ausgeprägten Sinn für Humor. Du weißt, mir macht das Leben Freude, und ich lache gern. Das Lachen löst die Anspannung. Es ist ein sehr guter Heiler und hindert uns daran, das Leben zu ernst zu nehmen. Schließlich sind *Wakan Tanka* und die Helfer die Herren der Ewigkeit. Es gab sie immer und wird sie immer geben. Wir kommen und gehen, aber der heilige Reifen hat sich schon vor uns gedreht, und wenn wir das tun, was *Wakan Tanka* von uns wünscht, wird er sich auch dann noch drehen, wenn wir gegangen sind.«

»Aber ist es nicht wahr, dass die heiligen Leute und Medizinleute gewöhnlich länger als andere Menschen leben?«

»Es hat viele Medizinleute mit grauem Haar gegeben.«

»Wie erklärst du das?«

Fools Crows Augen zwinkerten, wie sie es gewöhnlich taten, wenn er anhob, etwas für ihn Amüsantes zu erzählen. »Auch ich habe vom Jungbrunnen gehört, aber das ist nur ein Traumbild. Für Menschen, die sich wirklich gute Gesundheit erhalten und lang leben wollen, gibt es einen realen Weg. Sie müssen sich *Wakan Tanka* überantworten und ein spirituelles Leben führen. Sie werden den Frieden finden, der sie von Angst befreit. Sie werden gewahr, dass *Wakan Tanka* und die Helfer um sie herum sind und nichts sie derart verletzen kann, dass sie sich nie mehr davon erholen können. Deswegen hat die Angst keinen Platz. Sie bleiben gelassen und hetzen nicht. Sie werden in jungen Jahren keine Magengeschwüre oder plötzliche Herzattacken bekommen. Ich habe schon zwei gehabt, aber als es mich das erste Mal traf, war ich bereits 85 Jahre alt. Spirituelle Menschen leiden nicht so sehr unter Angstzuständen wie andere. Sie sorgen sich nicht so sehr darum, ob sie der Häuptling sind oder welche Gefälligkeiten sie im Leben weiterbringen. Stattdessen beschäftigen sie sich mit Dingen, die sie persönlich zufriedenstellen. Sie sind mit sich zufrieden und sorgen selbstverständlich für sich selbst, so wie sie es sollen.«

»Du malst da ein ideales Bild, aber ist es auch realistisch?« gab ich zurück.

»Was bedeutet realistisch?« wollte er wissen.

»Möglich, wahrscheinlich ... etwas, das wirklich geschehen kann.«

Er dachte für einen Moment darüber nach und antwortete mir dann mit einer anderen Frage. »Sollten wir uns nicht immer daran erinnern, dass *Wakan Tanka* nicht von uns verlangt, diese Dinge allein zu tun? Er begleitet uns auf dem Weg des Lebens, und er vermag für uns zu tun, was wir allein niemals zuwege bringen könnten.«

»Kannst du Beispiele für Langlebigkeit aufgrund eines spirituellen Lebens geben?« fragte ich.

»Ich bin eins«, gab er mir ohne den leisesten Anflug von Überheblichkeit zu verstehen. »Black Elk ist ein weiteres Beispiel … Charles Red Cloud ist 89 … Iron Cloud und mein Vater. Da sind viele gewesen, deren Namen ich nennen könnte, und tatsächlich habe ich dir einige genannt. Aber ich muss zugeben, dass die Dinge sich ändern. Die meisten meines Volkes haben angefangen, sich von *Wakan Tanka* abzuwenden und mit jedem weiteren Tag lassen sich Beispiele schwerer finden.«[10]

---

10) Das Thema Langlebigkeit streife ich im vierten Kapitel wieder: „Das Zeitlose Zeitalter", Seite 65 ff.

Fools Crow umgeben mit vielen hohlen Knochen.

3 Die heilende Kraft

Für Stammesvölker ist alles, was Leben und Tod betrifft, eine Frage der Kraft. Eines der kompakteren und leicht verständlichen Konzepte von Kraft ist das des !Kung-Stammes aus der Kalahari-Wüste in Südafrika. Er wird von einigen Schriftstellern als der heutzutage primitivste in diesem Landstrich lebende Stamm dargestellt, obwohl andere die Kultur der !Kung als außergewöhnlich und reichhaltig beschreiben. Als Jäger und Sammler repräsentieren sie eine Lebensweise, wie sie vor zwanzigtausend Jahren vorherrschte. Die !Kung glauben, dass ihr Gott *Gao Na* bei der Geburt jedes Menschen in den Füßen und Fußgelenken eine Kraft, oder Energie, einpflanzt, die »Num« genannt wird. Um diese Kraft aufzuwecken und freizusetzen, führen sie einen besonderen Heilungstanz durch und »tanzen sie hoch«. Obwohl alle die alltäglichen Gedanken und menschlichen Schwächen teilen, vermag »Num« während des Tanzes unter jenen aufzusteigen, welche besonders geübt und darauf eingestimmt sind. Die Kraft kann einen Siedepunkt erreichen, wo sie zu »Kia« wird, was einem tranceartigen Zustand der Erhabenheit gleichkommt. Wer dies zuwege bringt, kann als Kanal für Gao Na dienen, um zu heilen, zu prophezeien und andere wertvolle Beiträge für die Dorfbewohner und die mittanzenden Besucher zu leisten.[11]

Fools Crows Verständnis der Kraft glich dem der !Kung; allerdings war seine Gliederung differenzierter und sicherlich umfassender. Tatsächlich unterscheidet sich seine Auffassung auch von der einiger indigener Amerikaner und außenstehender Beobachter – wenn auch die von Neihardt und Brown aufgeschriebenen Berichte Black Elks deutlich machen, dass Black Elk und Fools Crow über die Natur und Funktion der Kraft weitgehend einer Meinung waren. Die Idee der »kochenden Energie« erinnert an das, was Fools Crow sagte: »Wenn ein Mensch mit Gott in Einklang ist, gibt ihm das immer ein besonderes Gefühl. Wenn ich heile, dann fühle ich mich mit Energie geladen und bin enthusiastisch! Ich weiß um die-

---

11) Katz, *Boiling Energy*, 1982.

se Dinge, weil sie sich in mir abspielen. Wenn Leute zu mir kommen und mich wegen eines Leidens, einer Heilung oder etwas anderem um Hilfe bitten, fühle ich, wie sich die Kraft und Energie aufbaut, während ich die Zeremonie durchführe. Ich weiß dann, dass ich sie heilen kann. Die Geister lassen mich das wissen. Sie dringen sogar in mein Inneres ein und verleihen mir Zuversicht und Kraft. Es gibt mir ein gutes Gefühl, wenn sich all das in meinem Inneren aufbaut.«

Es gibt keine Übereinstimmung unter den indigenen Amerikanern oder außenstehenden Beobachtern über die Definition der Kraft, aber die allgemeine Sicht ist anscheinend so, dass die Kraft anfänglich von einer oder mehreren übernatürlichen Quellen kommt und am besten als eine verblüffende und der Elektrizität ähnlichen Energie beschrieben werden kann, die das Weltall durchzieht. Kraft ist überall präsent und in verschiedenen Graden in allem enthalten. Einige haben dies sogar bis dahin weitergedacht, dass Gott die Summe all dieser Energie darstellt. Er existiert in allem, sodass man berechtigterweise behaupten kann, dass jeder von uns gewissermaßen ein Teil Gottes ist.

Aber dies war nicht Fools Crows Verständnis von Kraft.

Er gebrauchte im Verlauf unserer Gespräche oft das Wort »Kraft«, weswegen ich ihn bat zu erklären, was das Wort für ihn bedeutete.

Es war wieder einer der Bereiche, die er für selbstverständlich hielt und die keiner persönlichen Erklärung bedurften, weshalb ihm die Formulierung der Antwort einige Schwierigkeiten bereitete. Mir war klar, dass seine Antwort nichts mit dem zu tun haben würde, was man sich gemeinhin in der Außenwelt unter persönlicher Kraft vorstellt. Fools Crow scherte sich wenig um Status und Position. Politiker, Wirtschaftsgrößen, Sportidole oder Filmstars konnten ihn nicht beeindrucken. Nachdem er einige Zeit in die Luft gestarrt hatte, begann er: »Zu allererst verfügte *Wakan Tanka* in sich selbst über alle spirituelle Kraft. Aber er liebt es, die Dinge zu teilen, und deshalb gab er etwas von der Kraft an Großmutter Erde ab und auch etwas an die Wesenheiten, die er in die Haupt- und Nebenhimmelsrichtungen, wie etwa den Südosten, gestellt hat. Dann wies er sie an, sie müssten getreuen Menschen oder anderen Geschöpfen, die sie um Hilfe baten, ihre Kraft senden und ihnen beistehen.«

»Ich weiß«, bemerkte ich, »dass einigen Stämmen wie den Hopi gelehrt wurde, dass die vier Wesenheiten in den Nebenhimmelsrichtungen leben.«

»Ho«, gab Fools Crow zurück, »*Wakan Tanka* lehrte jeden Stamm, auf die für ihn beste Art zu glauben. Es hing davon ab, wo sie lebten und wie sie über die spirituellen Angelegenheiten dachten.«

»Deine Ansichten«, sagte ich, »werden von den Medizinleuten vieler Stämme geteilt.«

»Einmal«, antwortete Fools Crow, »ging ich zu einer Konferenz indigener Amerikaner nach Minneapolis. Dort unterhielt ich mich mit einem Medizinmann eines Stammes aus dem Bundesstaat Washington. Er lebte 3200 Kilometer von meinem Land entfernt. Aber sein Gott hatte seine Ahnen gelehrt, dass Er die Quelle aller Kraft ist. Dem Mann wurde auch gelehrt, dass alles einen Geist hat. Sogar die Steine und die Pflanzen haben einen Geist. Und er sagte, dass viele weiße Leute nicht wissen, wie sie das nachvollziehen können, weil sie keine Verbindung mit den Geisteskräften von Großmutter Erde haben. Das alles sind Dinge, die auch mir beigebracht wurden.«

»Kann man sagen, dass die spirituelle Kraft überall vorhanden ist?« fragte ich.

»Nein, *Wakan Tanka*, *Tunkashila*, Großmutter Erde und die Wesenheiten der Vier Himmelsrichtungen haben alle ihre eigene Kraft. Die Kraft ist nicht überall vorhanden, aber sie ist dort, wo sie sind und umgibt uns daher. Sie ist über uns, unter uns und an allen vier Seiten. Ebenso wurde jedem Teil im Universum bei seiner Erschaffung etwas Kraft gegeben – der Sonne, dem Mond, den Sternen, den Steinen, den Tieren, den Vögeln, den Fischen, den Pflanzen, den Menschen …«[12]

»Ist die Kraft überall in der Luft vorhanden?«

»Nein«, antwortete er und zog mit seinen Händen einen Kreis. »Sie umgibt uns lediglich.«

An dieser Stelle nahm er einen Stock zu Hilfe und zeichnete ein kleines Diagramm auf den Boden und verdeutlichte mir, was genau er mit »umgeben« meinte.

»Du sprachst von ›etwas‹ Kraft«, sagte ich. »Bedeutet es, dass den einzelnen Dingen verschieden große Kräfte gegeben sind?«

»Je nachdem, wie viel sie zum gewöhnlichen Überleben benötigen.«

Mir fiel auf, dass er das Wort »gewöhnlich« offenbar in bewusstem Gegensatz zu »außergewöhnlich« benutzte, und ich fragte weiter nach: »Du hast kein ge-

---

12) Brown hat Black Elks Worte niedergeschrieben, »dass der Große Geist (*Wakan Tanka*) in allen Dingen ist: in den Bäumen, den Gräsern, den Flüssen, den Bergen und all den vierbeinigen Tieren und den geflügelten Völkern; und was noch wichtiger ist: wir sollten verstehen, dass Er auch über all diesen Dingen und Wesen ist.« Aus: *Die heilige Pfeife*, Seite 10. Fools Crow benutzte nicht die Anrede »Großer Geist« für *Wakan Tanka*, sondern er bevorzugte statt dessen »The Highest and Most Holy One« (»Der Höchste und Heiligste«).

wöhnliches Leben geführt. Wie würdest du also das, was du gerade gesagt hast, auf deine eigene Erfahrung beziehen?«

Er erwärmte sich für das Thema und seine Augen blinzelten, als er sich auf seinem Stuhl nach vorne beugte und sagte: »Nun sprichst du von menschlichen Wesen. *Wakan Tanka* gibt jedem Menschen bei seiner Geburt natürliche Kraft. Wenn er aufwächst, kann er diese Kraft für Gutes oder Böses verwenden. Er kann große Städte, große Schiffe, Flugzeuge und Bomben bauen oder Armeen aufstellen. Er kann alle möglichen wundervollen Dinge wie Kühlschränke, Fernseher und Telefone erfinden. Jeder kann mit entsprechendem Wissen und Talent alle diese Dinge hervorbringen, ob er an *Wakan Tanka* glaubt oder nicht. Dies ist ein Geschenk von *Wakan Tanka*, über das wir frei verfügen können.«

(Ich merke hier an, dass er den Ort der Kraft nicht, wie die !Kung, auf die Füße und Fußknöchel beschränkt. Das deutet daraufhin, dass er gelehrt wurde, dass die bei unserer Geburt mitgegebene Kraft auf unseren Verstand und Körper verteilt ist und Atheisten wie Gläubigen gleichermaßen mitgegeben ist.)

»Wie unterscheidet sich die Kraft bei Menschen, die an *Wakan Tanka* glauben?« fragte ich.

»Gläubige Menschen können sich über das gewöhnliche Leben hinaus erheben. Sie können das vollbringen, was die weißen Leute ›Wunder‹ nennen. Wenn sie etwas von dem Wissen und den Fähigkeiten von *Wakan Tanka, Tunkashila,* der Großmutter Erde und den Wesenheiten erhalten möchten, können sie die spirituelle Kraft herbeirufen und sie ihrer eigenen hinzufügen.«

»Dann gibt es einen wichtigen Unterschied zwischen den mit dem säkularen Leben verbundenen Kräften, und denjenigen, die dem spirituellen Leben zugehören«, antwortete ich.

»Was bedeutet ›säkular‹?« fragte er.

»Das Alltagsleben im Gegensatz zum spirituellen Leben.«

Bevor er sprach, strich er sich übers Kinn. »Es gibt natürliche Kraft und es gibt spirituelle Kraft, aber in den alten Zeiten unterschied mein Stamm nicht zwischen Alltagsleben und spirituellem Leben. Alles war spirituell. Wir waren damit durchtränkt. Nur heutzutage sehen wir einen Unterschied. Unsere innere Einstellung war spirituell und *Wakan Tanka* und seine Helfer waren an all unserem Denken und Handeln beteiligt. Dies hat bei mir und im Leben anderer traditioneller Menschen seine Fortsetzung gefunden.«

»Sage mir, wie die spirituelle Kraft wirkt und was sie genau genommen ist. Wie rufst du sie herbei? Was passiert daraufhin?«

»Wird sie nicht gerade in einer Zeremonie angewendet, so befindet sich die spirituelle Kraft weder in einem Menschen noch in einem rituellen Gegenstand. Darum können wir nicht sagen, wir selbst seien kraftvoll oder ein Ritual oder ein ritueller Gegenstand hätten Kraft. Wir können niemals einen Patienten heilen und daraufhin behaupten: ›Ich habe das vollbracht und du sollst mir dafür danken‹.[13] Es sind die Höheren Mächte und ihre Helfer, die dies in und durch uns bewerkstelligen. Auch wir sind Helfer, aber nur in der Gestalt hohler Knochen, durch die sie wirken. Die meisten Menschen denken, nur große Dinge zu vollbringen oder zu bauen würde wirklich zählen, aber unser größtes und einzig anhaltendes Privileg ist, dass trotz einiger Dinge, die wir denken, sagen und tun, die Mächte und ihre Helfer dennoch gewillt sind, durch uns zu arbeiten. Was könnte es hier auf Erden Größeres geben, als *Wakan Tankas* Verstand, Augen, Ohren, Nase, Mund, Arme, Hände, Beine und Füße zu sein?«

»Wie würdest du die spirituelle Kraft beschreiben? Können wir sie als Energie oder Elektrizität bezeichnen?«

»Wenn sie in und durch uns fließt, fühlt sich die Kraft manchmal wie Energie oder Elektrizität an. Aber in Wirklichkeit ist die spirituelle Kraft eine besondere Art der Erkenntnis, die wie ein Schlüssel die Tür öffnet oder den Schalter umlegt, der die Energie in Bewegung setzt. Wir benötigen diese spezielle Art der Einsicht, um eine hinderliche Wissensblockade aufzubrechen. Andere Menschen haben sich vielleicht genau dieselben Informationen wie wir angeeignet, aber sie können sie nicht zum Fließen bringen. Sie erreichen nichts, weil sie nicht die Kraft herbeigerufen haben und ihnen der Schlüssel oder Schalter zum Einschalten fehlt.«[14]

Ich verstand, was Fools Crow damit meinte: Wir alle haben schon einmal die Erfahrung gemacht, dass wir Informationsmaterial über etwas gesammelt haben, dann aber nicht imstande sind, irgendwas Nützliches damit anzustellen. Immer wieder denken wir darüber nach, und dennoch passiert nichts. Dann kommt uns

---

13) Bitte denken Sie daran, dass ich im größten Teil des Buches zum besseren Verständnis das Wort »Patient« verwende, Fools Crow es jedoch nicht benutzte. Immer, wenn er diejenigen erwähnte, die ihn aufsuchten, nannte er ihre Namen oder bezeichnete sie als der »Mensch«. Sie hatten eine Persönlichkeit und er wollte nicht, dass sie dachten, er würde sie als eine Nummer oder auf ähnlich unpersönliche Weise betrachten.

14) Black Elk stimmt auch diesem zu, als er zu Neihardt sagt: »Aus dem Verständnis erwächst die Kraft; und die Kraft im Ritus kam aus dem Verstehen seines Sinnes; denn nichts kann recht leben, es sei denn auf eine Weise, die mit der Weise der Welt übereinstimmt: so wie die heilige Kraft der Welt lebt und sich regt.« Aus: *Schwarzer Hirsch: Ich rufe mein Volk*, Neihardt, 1995, Seiten 195-196.

eines Tages plötzlich ein »Aha!« – ein Licht blitzt auf, und vor uns liegt der gangbare Weg … und alles geht nun voran. Die spirituelle Kraft ist also keine jederzeit und überall vorhandene Energie, sondern sie stellt den auslösenden Moment dar – eben diese Schlüsseleinsichten, die uns von *Wakan Tanka* und seinen Helfern gegeben werden. Aber auf welche Weise kommen wir nun zu diesen Einsichten? Deswegen fragte ich: »Was gehört dazu, um diese Schalter oder Schlüssel zu erhalten? Was müssen wir tun?«

»Zuerst reinigen wir uns rituell mit Rauch oder Wasser. Dann lassen wir *Wakan Tanka* aus uns saubere Knochen machen, in denen Er und durch die Er zum Wohlergehen anderer wirkt. Du kennst diese von Schmutz oder mineralischen Ablagerungen verstopften Rohre. Mit den Menschen verhält es sich so ähnlich, außer dass die Ablagerungen aus den Dingen bestehen, die wir *Wakan Tanka* in den Weg legen, wenn wir ihn darum bitten, uns zu helfen.«

»Was stellen wir ihm in den Weg?«

»Zweifel, Schuld, Widerstreben, Angst, Selbstsucht, den Wunsch, *Wakan Tanka* vorzuschreiben, wie und wann etwas gemacht werden sollte …«

»Du sagst, dass wir zum Wohl anderer wirken müssen. Was ist, wenn wir es für unser eigenes Wohlergehen tun? Ist es falsch, eigennützig um Hilfe zu bitten?«

»Natürlich werden wir auch um persönliche Hilfe bitten, aber unser Anliegen muss sein, dass uns geholfen wird, damit wir anderen beistehen können. Es darf nichts Selbstsüchtiges dabei sein. *Wakan Tankas* Wunsch ist, dass wir für andere da sind, und wir werden selbst umsorgt, indem andere für uns da sind. Dies ist eine gemeinschaftliche, zu einer starken und geeinigten Gruppe führende Einstellung. Die Stimme der Gruppe ist lauter und wird eher von *Wakan Tanka* und seinen Helfern gehört, als es bei einer einzelnen Stimme der Fall wäre. Diese Methode gibt uns größere persönliche Befriedigung, als wenn wir nur versuchen, uns selbst zu helfen. Ich habe im Radio ein Lied mit dem Refrain: ›I did it my way‹ (›Ich machte es auf meine Art‹) gehört. Das ist nichts, worauf man stolz sein könnte, und wer nach diesem Motto lebt, wird nicht über längere Zeit glücklich sein können. Wenn wir jedoch füreinander da sind, lernen wir, dass Liebe die Verbindung einer perfekten Gemeinschaft ist. Die perfekte Gemeinschaft entsteht dann, wenn man das Wohl anderer Menschen über das eigene stellt. Wenn sie dann wiederum unser Wohl über das ihre stellen, entsteht vollkommene Liebe – eine perfekte Einheit –, und niemand muss sich Sorgen um die Gleichheit machen. Man hat etwas viel Besseres. Abgesehen davon kann man niemals Gleichheit herstellen, denn der Mensch, mit der man sich gleichstellen möchte, wird nicht stillstehen und darauf warten, dass man aufholt. Wenn man dort ankommt, wird er oder sie wiederum woanders sein.«

»Wie führst du das Herbeirufen von *Wakan Tanka*, den Wesenheiten oder der Großmutter Erde im Einzelnen durch?« wollte ich wissen.

»Komm mit«, sagte er, nahm ein kleines Medizinstoffbündel und einen Halbliterkrug und führte mich zum Fluss hinunter. Dort füllte er den Krug mit Wasser. Dann schnitt er mit seinem Taschenmesser einen halbzentimeter dicken Weidenzweig und kürzte ihn auf etwa 30 Zentimeter Länge. Daraus bog er einen kleinen Reifen und band die überstehenden Enden mit einem Rindenstreifen zusammen.

»Dies ist nicht die einzige Weise der Anrufung«, sagte er. »Ich verwende auch meine Pfeife und während des Sonnentanzes farbige Stoffstücke. Aber wenn ich allein hier zu Hause bin oder am Bear Butte oder an einem anderen Ort für die Visionssuche, mache ich es auf diese Weise.«

Er kniete sich ins Gras und richtete vor sich einen 30 Zentimeter großen quadratischen Flecken auf dem Boden her. Er pflückte eine Handvoll Salbeipflanzen, die dort wuchsen, und streute sie auf die vorbereitete Fläche. Auf jede Ecke legte er ein Stückchen farbigen Filz, um die Wesenheiten aus den Haupthimmelsrichtungen darzustellen. Auf diesen Altar stellte er das kleine mitgebrachte Medizinstoffbündel, aus dem sechs Wildlederbeutel zum Vorschein kamen, jeder von ihnen mit Pulver in der Farbe einer der sechs Himmelsrichtungen gefüllt. Das Bündel enthielt außerdem noch einige kleine Pinsel aus entrindeten Stöcken mit gespitzten Enden. Er setzte sich auf den Boden und prüfte mit einem kurzen Blick, ob ich jedem Detail genügend Aufmerksamkeit schenkte. Dann legte er beide Hände auf den Schoß, rechts hielt er den Reifen und mit der Linken formte er eine Schale, um die Geschenke aufzunehmen, die ihm, wie er wusste, *Wakan Tanka* und die Helfer geben würden. Er schloss die Augen und holte siebenmal tief Luft, um sich zu entspannen und vorzubereiten. Weil er es mir vorher gezeigt hatte, wusste ich, dass er sich bei jedem Einatmen bildlich vorstellte, dass die Luft durch die Fingerkuppen einströmt, dann in die Brust aufsteigt, kurz angehalten und dann wieder losgelassen wird und wie sie dann beim Ausatmen durch den Rücken, durch seine Beine und Füße fließt, bis sie aus den Zehen austritt. Am Ende des siebten Atemzuges würde er ganz entspannt und voller Aufmerksamkeit sein. Diese Atemtechnik war ein Mittel, sich gegen Eindringlinge und böse Kräfte abzuschotten, so wie die Pueblo-Indianer Pollen oder weiße Schnüre über die Eingangspfade streuen oder legen, solange in ihren Dörfern Zeremonien im Gange sind.

Nachdem er mit dem vorbereitenden Atmen fertig war, fing er sanft zu singen an und legte seine Stirn in Falten, während er aufmerksam und konzentriert *Wakan Tanka* und die Helfer herbeirief. Es vergingen mehrere Minuten, bis er wieder die Augen öffnete. Dann nahm er einen der Pinsel, tauchte ihn ins Wasser und dann in das rote Pulver. Mit der so gemischten Farbe malte er einen kleinen roten Punkt auf den kleineren Reifen. Als Nächstes benutzte er das gelbe Pulver und malte einen kleinen gelben Punkt auf den Reifen. Ich hatte erwartet, dass er alle vier Richtungsfarben sowie Blau und Grün benutzen würde, aber genau das tat er nicht.

Als hätte er meine Gedanken gelesen, hielt er mir den Reifen hin und sagte: »Ich benutze den kleinen Reifen, um mich selbst als Hindernis für *Wakan Tanka* und den Helfern aus dem Weg zu räumen. Da ich weiß, wie die Kräfte in den jeweiligen Himmelsrichtungen beschaffen sind, würde ich aus menschlicher Sicht diejenigen herausgreifen, die nach meinem Erachten am engsten mit meinem Problem verbunden sind. Aber ich verfüge nicht über *Wakan Tankas* Weisheit. Nur Er und die Helfer wissen, welche der Farben am besten für die jeweilige Situation geeignet sind. Sie teilen es mir durch diesen kleinen Reifen mit, indem sie die Wahl für mich treffen. Wenn ich ihrer Führung folge, so dauert es bloß eine kleine Weile, bis ich sehe, warum sie diese und keine anderen Farben ausgesucht haben.«

Ich nahm den Reifen und betrachtete ihn, aber ich brauchte noch mehr Information. »Aber wie ist denn genau die Vorgehensweise, mit der sie die Himmelsrichtungen für dich auswählen?« fragte ich.

»Wenn ich singe und meine Augen schließe, rolle ich sie ein wenig hoch und schaue auf die Innenseite meiner Stirn. Dort bildet sich eine kleine schwarze Leinwand, und wenn ich mich darauf konzentriere, so blitzen schon bald Farben hinein. Sie kommen auf unterschiedliche Weise zu verschiedener Zeit. Stirrup brachte mir bei, entweder die beiden Ersten oder die zwei Leuchtendsten zu erinnern. Dann muss ich diese auf meinen Reifen als Erkennungszeichen dafür malen, welche der Himmelsrichtungen ich zu Beginn meiner Suche nach Antworten anrufen soll. *Wakan Tanka* weiß, dass es verwirrend sein kann, mehr als zwei Farben herbeizurufen. Wenn ich eine andere Farbe als die der Richtungen oder für *Wakan Tanka* oder Mutter Erde bekomme, so ist es meine Farbe, und ich weiß dann, dass ich in mich selbst hineinschauen und mich selbst prüfen soll, um der Lösung näher zu kommen.«

»Ist das dasselbe wie eine Vision haben?«

»Nein, aber es ist das, was ich ›visionieren‹ nenne. Später werde ich dir mehr über das Visionieren erzählen.«

»Kommt die Kraft in dem Moment, in dem du die Farbe auf den Reifen malst?«

»Nein, *Wakan Tanka* und die Helfer kommen nicht persönlich, aber der Kontakt mit ihnen wird hergestellt. Du kannst etwa sagen, dass sie das Telefon abgehoben haben und bereit sind, mit mir zu sprechen. Aber nur dann kommt die Kraft zu mir und wird zur Wirkung gebracht, wenn ich die von *Wakan Tanka* gegebenen Konzentrationswerkzeuge – Medizinreifen oder einen Kristall – benutze. Jede der Höheren Mächte hat ihren eigenen Tier- oder Vogelbotschafter, und nachdem wir eines der Konzentrationswerkzeuge verwendet haben, bringt uns dieser Botschafter einen Korb voller Geschenke, welche Antworten in sich bergen.«

»Auf welche Weise reist die Kraft – kommt sie wie Lichtstrahlen daher … oder wie ein Vogel …?«

»Sie kommt zu mir durch die Pfeife. Die Pfeife ist wie ein Wasserschlauch, der mich mit der Quelle verbindet. Wenn ich mit dem Stiel meiner Pfeife auf eine Wesenheit zeige, sendet Er mir seine Kräfte durch diese Wesenheit. Zum Beispiel sind die Kräfte der Wesenheit des Südens Geburt, Leben und Schicksal. Wenn ich zur Problemlösung oder um ein Ziel zu erreichen, mehr über diese Dinge wissen muss, sendet sie mir Auskünfte über Geburt, Leben und Schicksal. Wir sprechen über diese Dinge, und sie zeigt mir, wie mein Problem damit zusammenhängt. Dann zeigt sie mir, was ich tun muss, um diese Information umzusetzen. Wer keine Pfeife besitzt, bekommt die Kraft über die Luft.«

»Draußen in der Welt reden die Leute heutzutage eine Menge über die von dir als ›Konzentrationswerkzeuge‹ benannten Dinge, aber sie nennen sie ›Fokussierungswerkzeuge‹. Hast du etwas dagegen, wenn ich sie für die Leser so bezeichne?« fragte ich.

»Das ist *waste* [gut]«, gab er zur Antwort.

»Meinst du mit ›Konzentrationswerkzeuge‹ die alten Rituale und die individuellen Ritualgegenstände, die deinem Volk am Anfang gegeben wurden?«

»Auch Gedanken. Alles, was uns hilft uns zu konzentrieren und uns mehr und mehr in einen Dialog mit *Wakan Tanka* und den Helfern bringt, ist ein Konzentrationswerkzeug.«

»Du sprachst über das In-Bewegung-Setzen der Kraft. Meinst du damit, dass sie kommt, aber nicht automatisch zu wirken beginnt, auch wenn du sie empfängst?«

»Ja. Auch wenn wir die Kraft empfangen, bewegt sie sich nicht von selbst. Es ist noch etwas nötig, um die Kraft zur Wirkung zu bringen. Wir müssen unseren Glauben und unsere Hingabe zeigen, indem wir die Dinge tun, die uns die Höheren Mächte gelehrt haben. Zuerst lassen wir die Höheren Mächte wissen, dass wir gewillt sind, ihre Diener für andere zu sein. Wir machen dies durch eine Suche. Wir bereiten uns gemäß der alten Vorgehensweise einen Platz für unsere Suche vor und führen dort unser Vorhaben durch. Wenn wir so vorgehen und dabei einen Gedanken oder ein Werkzeug nach dem anderen verwenden, wandeln wir auf den alten Pfaden. Jeder Gedanke oder jedes Werkzeug führt uns weiter, bis das Ziel unserer Suche erreicht ist. Dieses Gehen auf den alten Pfaden nenne ich unseren »Tanz des Lebens«, auch wenn das eigentliche Tanzen nur ein Teil davon darstellt. Wir hören bis zu unserem Tod nicht auf zu gehen. Das Wichtige dabei ist, *Wakan Tanka* und den Helfern die Führung zu überlassen und dann geduldig auf die Antworten zu warten. Nicht immer schicken sie sofort die Botschafter mit den Geschenken los. Manchmal müssen sie uns helfen bereit zu sein, damit wir die uns geschickten Antworten auch erkennen und den besten Nutzen aus ihnen ziehen können.«

Ich dachte über das nach, was Fools Crow mir erzählt hatte, und mir wurde klar, dass die Dynamik der spirituellen Kraft einfach außergewöhnlich ist. Es ist nicht so, dass wir nur eine dienende Funktion haben und dabei selbst keine Rolle spielen; vielmehr wird jede unserer Fähigkeiten und Eigenschaften hinzugezogen und in das Spiel mit eingebracht. Wir erlangen unsere wahre Größe. Unsere Selbstachtung und unser Selbstwertgefühl erreichen einen Höhepunkt und gehen dann noch darüber hinaus.

Fools Crow erhielt von Stirrup, Iron Cloud und direkt von *Wakan Tanka* und den Helfern eine breite Palette von Gedanken und konkreten Fokussierungswerkzeugen, um damit zu arbeiten. Sie zeigten ihm unzählige Methoden, Dinge zu vollbringen, und er konnte ein bestimmtes Ziel auf mehr als eine Art und Weise erreichen. Daher war er auch in Fällen, wo andere Medizinleute versagten, immer erfolgreich, und dieses Geschehen wurde für ihn niemals eintönig oder blieb ohne Herausforderung. Ihm wurden auch zahlreiche Methoden gezeigt, um Kraft zu speichern. Sobald er allein war, beschäftigte er sich mit dem Auftanken oder »Aufladen«. Nachts, oder zwischen den täglichen Behandlungen oder Heilungen, vollzog er Rituale, die ihn als einen hohlen Knochen füllten, sodass zu jeder Zeit Kraft durch ihn verteilt werden konnte.[15]

Zusammenfassend lässt sich über Kraft sagen, dass Fools Crow gelehrt wurde, jeder von uns bekomme bei seiner Geburt natürliche Kraft mit, dass wir aber auch von spiritueller oder übernatürlicher Kraft umgeben sind. Diese übernatürliche Kraft stellt spirituelles Wissen dar, einschließlich des Wissens um die Notwendigkeit, diese Kraft zu empfangen und zur Wirkung zu bringen. Alle menschlichen Wesen sind von Geburt an mit natürlicher Kraft ausgestattet. Aber wenn wir darüber hinauswachsen wollen und wenn in und durch uns das spirituelle Wunder der Transzendenz zum Behandeln und Heilen, Freisein von Angst und zur Fruchtbarkeit in allen Dingen geschehen soll, dann müssen wir uns selbst *Wakan Tanka*, Großmutter Erde und den Wesenheiten der Vier Himmelsrichtungen anvertrauen und sodann die spirituelle Kraft von ihnen herbeirufen. Nachdem wir den Kontakt hergestellt haben, können wir sie darum bitten, ihre jeweiligen Kräfte zu unseren natürlichen Kräften hinzuzufügen. Auf diese Weise erhalten wir das nötige Wissen und gelangen zu einem Verständnis dessen, was uns gegeben wurde – einschließlich der Methoden, um die Kraft zur Entfaltung zu bringen.

Um Kraft empfangen zu können, müssen wir uns zuerst reinigen; zweitens müssen wir zu einem reinen Knochen werden, mit dem die Höheren Mächte arbeiten können. Drittens benutzen wir die Fokussierungswerkzeuge, um den alten Pfaden zu folgen, auf denen wir Führung und die Mittel zum Erreichen von Zielen finden werden; viertens müssen wir diese Kraft an andere weitergeben. Wenn all dies erfolgt ist, treten wir in einen spirituellen Tanz des Lebens ein, der unser gesamtes Leben lang andauert. Wir sollten dessen eingedenk sein, dass dieser Tanz idealerweise eine gegenseitige Angelegenheit sein sollte, an der alle teilnehmen, sodass für alle gesorgt ist. Damit folgen wir dem Muster des Sioux-»Giveaway-Rituals« (»Schenk-Zeremonie«), in welchem eine trauernde oder ihrer Dankbarkeit Aus-

---

15) Zur Anschauung, wie einheitlich und allgemeingültig diese Betrachtungsweise der Ureinwohner Amerikas gewesen ist: Die Wüsten-Cahuilla aus Kalifornien glaubten, dass alle Kenntnis über den Verlust oder die Verletzung einer Seele gottgegeben war. Er sagte den Medizinleuten, was zu tun sei. Es war für jeden, der geheilt werden wollte, unterschiedlich. Es gab keine festgelegte Routine. Manchmal wurden Kräuter verwendet, ein anderes Mal gesaugt und zuweilen wurde massiert. Gott sagte ihnen, wohin der Rauch geblasen oder wo mit Adlerfedern darüber gestrichen werden sollte. Immer zeigte Gott den Weg, wie die jeweilige Heilung durch die Medizinleute vorgenommen werden sollte. Aus: Modesto and Mount, 1980, Seite 49.

druck verleihende Person oder Familie praktisch all ihren Besitz an bedürftige Familien in der Gemeinschaft verschenkt. Während es den Anschein haben könnte, dass die Spender so mittellos zurückbleiben, passiert genau das Gegenteil. Der Tradition nach fahren andere Familien damit fort, Giveaways abzuhalten, durch die all das, was der erste Geber nötig hat, wieder bereitgestellt wird. Dieses schafft Verbundenheit und gegenseitige Abhängigkeit in der Gemeinschaft, in der jeder weiß, dass die notwendige Sicherheit garantiert ist. In den Reservaten werden noch Giveaways abgehalten, obwohl sie nicht so allumfassend wie früher ausfallen. Bei den Traditionalisten ist diese Tradition noch lebendig, und es wird dort zum Ausdruck kommen, wo man es am wenigsten erwartet. Kürzlich war ich eingeladen, einen Abend mit den Indianern vom Leavenworth-Gefängnis in Kansas zu verbringen. Sie erzählten mir, ihr größter Wunsch sei, von den Wärtern die Erlaubnis zu erhalten, rituelle Giveaways abzuhalten. Da ihnen ja nur wenig greifbare Güter zur Verfügung standen, kann ich nur annehmen, dass sie sich so auf rituelle Weise gegenseitig Ermutigung und Unterstützung geben wollten. Fools Crow würde dieser Idee sicherlich als erster Beifall spenden.

Wie Fools Crow die Wesenheiten der Himmelsrichtungen und ihre Eigenschaften herbeirief ...

1. Fertigen Sie einen kleinen Reifen mit einem Durchmesser von 7-10 Zentimetern aus Weide oder anderem Holz oder gedrehtem Papier.

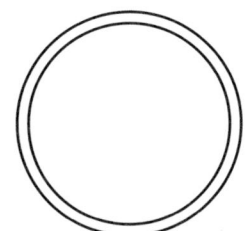

2. Führen Sie die Tiefenatmung aus, um sich zu entspannen und vorzubereiten.

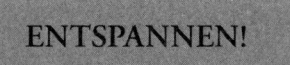

3. Schließen Sie die Augen und schauen Sie hoch auf die Innenseite ihrer Stirn. Denken Sie sich diese als eine leere Leinwand. Lassen Sie die Leinwand so schwarz wie möglich werden.

4. Konzentrieren Sie sich intensiv und beobachten Sie die auf der Wand auftauchenden Farben der Himmelsrichtungen. Achten Sie besonders auf die beiden Farben, die entweder als die ersten erscheinen oder die am hellsten leuchten.* Malen Sie beide auf den Reifen. Dies sind die Himmelsrichtungen, an die Sie sich wenden sollen.

* Beachten Sie, dass Schwarz als eine graue Linie erscheint.

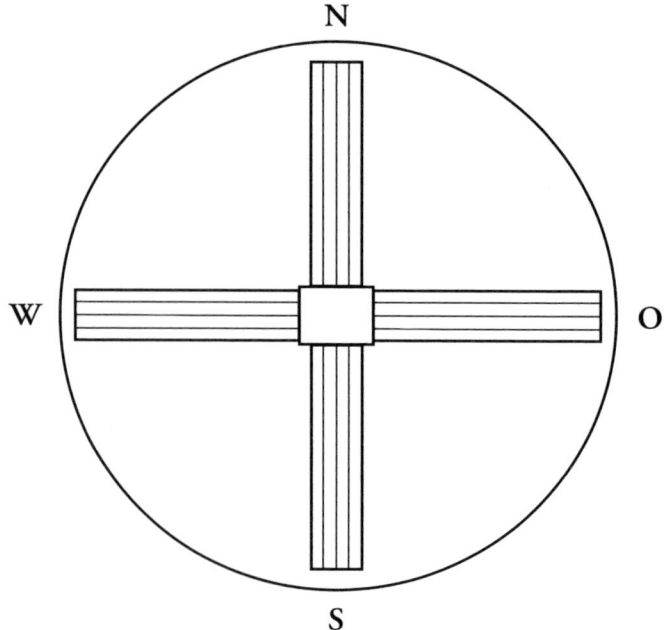

Norden – Roter Stein –

Bote ist der Weißkopfadler – spendet Fortpflanzung, Gesundheit und Kontrolle.

Osten – Gelber Stein –

Bote ist der Steinadler – spendet Dankbarkeit, Weisheit und Verständnis.

Süden – Weißer Stein –

Bote ist der weiße Kranich – spendet Wiedergeburt und ist die Quelle des erneuerten Lebens und des Schicksals.

Westen – Schwarzer Stein –

Bote ist der Schwarzadler – spendet Erneuerung, reinigendes Wasser und Donner.

- Der Platz, wo die bittende Person steht, wird zum Zentrum des heiligen Kreises und es braucht kein Kreis gezeichnet zu werden. Der oder die Bittende sollte aber den Kreis in seiner oder ihrer Vorstellung visualisieren.

- Zuerst wird mit dem Stiel der Pfeife in die Himmelsrichtung gezeigt, um die Wesenheit herbeizurufen.

5. Nachdem er erfahren hatte, welche Himmelsrichtungen er anrufen sollte, reinigte Fools Crow sich und benutzte seine Pfeife, um die vorbestimmten Wesenheiten und ihre Eigenschaften oder Kräfte zurate zu ziehen. Diese kamen unmittelbar durch die Pfeife zu ihm, die als ein Kanal diente. Er entspannte sich, indem er die Augen schloss und tief Atem holte, um sich so in einen Zustand der Abgeschiedenheit und Bereitschaft für das Kommende zu versetzen. Dabei verlegte er sich so weit wie möglich in eine rabenschwarze Dunkelheit. In dieser Haltung ließ er die Wesenheiten seine Gedanken auf ihre eigenen Kräfte ausrichten. Auf diese Weise halfen sie ihm, diese Kräfte in Beziehung zu seinen Fragen oder Problemen zu setzen. Er nahm sich dabei reichlich Zeit und trieb den Vorgang nicht voran, sondern wartete geduldig, bis die Antworten sich deutlich zeigten. Dann bedankte er sich mit einem Dankesopfer.

Wenn man die schwarze Gedankenleinwand und den kleinen Reifen benutzt, um herauszufinden, welche Himmelsrichtungen man in einem bestimmten Fall anrufen soll, dann können die gezeigten Farben zuerst verwirrend sein, da sie auf den ersten Blick keine einsichtige Beziehung zu dem Anlass aufzuweisen scheinen. Hier muss man sich vertrauensvoll auf die Höheren Wesen verlassen, da sie naturgemäß weitaus besser wissen, was wir benötigen. Wenn man sich dann eingehend mit den gezeigten Farben beschäftigt, wird ihre Beziehung vollauf klar werden.

Das Himmelsrichtung- und Farbsystem der Cherokee:

Osten – Rot – Das Sonnenland – Erfolg – Triumph – Kraft

Süden – Weiß – Wa'hala' (ein Berg) – Frieden – Gesundheit – Glück – andere Segnungen

Westen – Schwarz – Das sich verfinsternde Land[16] – Tod

Norden – Braun – Glück verheißend

Unten – Grün – Die Erde – Wiedergeburt – Erneuerung

Unterwelt – Gelb – ungefähr wie blau

Das Himmelsrichtung- und Farbsystem der Apachen:

Südosten – Türkisblau – blauer Reifen – Steinadler – Befreiung von der Angst vor Strafe

Südwesten – Schwarz – schwarzer Reifen – Schwarzbär – Befreiung von der Angst vor dem Tod

Nordwesten – Gelb – gelber Reifen – Berglöwe (Puma) – Befreiung von der Angst vor Ungewissheit

Nordosten – Weiß – Weißer Reifen – Fuchs – Befreiung von der Angst, unrein zu sein

---

16) Das sich verfinsternde Land ist ein jenseitiger Ort, an dem sich verstorbene Cherokee zur Ruhe begeben. (Anm. d. Übers.)

Das Himmelsrichtung- und Farbsystem der westlichen Sioux:

Osten – Gelb – gelber Stein – Steinadler – Dankbarkeit – Weisheit – Verständnis

Süden – Weiß – weißer Stein – weißer Kranich – Wiedergeburt – Quelle des erneuerten Lebens und Schicksal

Westen – Schwarz – schwarzer Stein – Schwarzadler – Erneuerung – reinigendes Wasser und Donner

Norden – Rot – roter Stein – Weißkopfadler – Fortpflanzung – Gesundheit und Kontrolle

Oben – Blau – Obere Wesenheiten

Unten – Grün – Erdmutter

Das Himmelsrichtung- und Farbsystem der Cheyenne:

Südosten – Weiß – Steinadler – Sonnenkraft – Frühling – Leben – Licht – Erleuchtung – Erneuerung

Südwesten – Rot – Maus – Sommer – Unschuld – Wachstum – Wetter und Donner

Nordwesten – Gelb – Braunbär – Herbst – Selbsterforschung – Vollkommenheit – Schönheit und Ernte

Nordosten – Schwarz – Büffel – Winter – Weisheit – Tod – Krankheit – Erstarrung

Das Himmelsrichtung- und Farbsystem der Hopi:

Südosten – Rot – roter Mais – Unterstützung durch die Ahnen

Südwesten – Blau oder Grün – blaugrüner Mais – Jugend und Werbung

Nordwesten – Gelb – gelber Mais – Erwachsenenalter – Erleuchtung

Nordosten – Weiß – weißer Mais – Schutzmedizin, um sich eines langen und ehrwürdigen Lebens zu versichern

4 Leben in Harmonie

In seinem Buch *Die unsichtbare Pyramide* schreibt Loren Eiseley: »Diese alten Poeten, diese Spezialisten des Gedankenfluges, besitzen aber noch eine Fähigkeit, die über jene, den Poeten schon immer eigene Macht, unseren Geist zu bewegen, hinausgeht. Sie haben zusätzlich eine außergewöhnliche Empfindsamkeit für die rück- und vorwärtige Ausdehnung der Zeit. Sie erforschen das Leben mindestens so tiefgründig wie die Molekularbiologen, weil sie das Leben selbst berühren und nicht dessen Teilchenstrukturen.«[17]

Er könnte genau so gut über die Ureinwohner Amerikas geschrieben haben, weil viele von ihnen Poeten gewesen sind – gewiss waren die Medizinleute welche. Sie gaben ihren Gesängen, Gebeten und Gebetsformeln eine poetische Form, und sie lernten auch, gleichzeitig in Vergangenheit, Gegenwart und Zukunft zu leben. Ihre Zeitdimension beschreibe ich als das »Zeitlose Zeitalter«, weil sie nicht an das eine oder andere Zeitalter gebunden ist. Diesen Ausdruck erhielt ich von meinem persönlichen Freund Philip Bruno, der ihn als Erster erdachte. In dieser Zeitdimension verschmelzen alle Zeitalter. Zu Unrecht werden die Traditionen der indigenen Amerikaner von einigen Leuten dem »New Age« zugerechnet. Es ist vielmehr so, dass die New-Age-Leute sich mit Dingen identifizieren, die von den Ureinwohnern Amerikas schon seit vielen Tausend Jahren praktiziert worden sind. Von daher ist es verständlich, dass die Anhänger des New Age von den Ritualen und dem rituellen Denken der indigenen Amerikaner angezogen werden, was umgekehrt allerdings größtenteils nicht der Fall ist.

Ebenso wenig kann das traditionelle Leben der Ureinwohner Amerikas auf die vergangenen Zeiten reduziert werden. Zwar bleiben die Rituale gleich, durch deren Ausführung Kraft freigesetzt wird, aber indem die indigenen Amerikaner die Din-

---

17) Eiseley, Loren, *The Invisible Pyramid*, Seite 125.

ge durch die Augen der Höheren Mächte betrachten, können sie sehen, wie diese heiligen Rituale im Hinblick auf die heutigen Bedürfnisse anzuwenden sind.[18]

Daher ist die Vergangenheit ständig mit der Gegenwart verbunden und beide sind mit der Zukunft verbunden, da sie auf die Zukunft ausgerichtet sind und diese ermöglichen. Sie bringen die Menschen dazu, sich vorausschauend Gedanken zu machen. Immer wenn ein Reifen verwendet wird oder ein Ritual in einem Kreis stattfindet, sind alle drei Zeitalter darin einbezogen.

Fools Crow sagte zu mir: »Unsere Kinder sind unser Abbild im Leben von morgen. In ihnen leben wir weiter und so wird es mit den Kindern ihrer Kinder sein – falls die Welt überlebt.«

»Reicht diese Idee noch über die Verbindung der Zeitalter hinaus?« fragte ich.

»Die Verbindung der Zeitalter hat uns die Erkenntnis gebracht, die Verflechtung vieler Dinge zu bedenken. Vernunft, Körper und Geist sind miteinander verbunden. Man kann nicht über eines nachdenken und die anderen außer Acht lassen. Die Höheren Mächte, die Medizinleute und die Gemeinschaft sind miteinander verbunden. Die Menschen, andere Lebewesen und der Rest der Schöpfung sind miteinander verknüpft. In diesen Dimensionen zu denken bewahrt uns davor, engstirnig und ichbezogen zu sein. Stattdessen erweitert und bereichert es den Geist.«

Es war klar, dass Fools Crow die Notwendigkeit dieser Ideen besser als die meisten Menschen verstand, und er machte das in seinem vierteiligen Dankgebet deutlich. Dieses sprach er, wenn er nach den Mahlzeiten Essen in der Erde vergrub, wenn er ein Ritual abschloss, bei Heilungszeremonien und am Ende einer jeden persönlichen Gebetssitzung. Gewöhnlich wurden die Strophen des Gebets gesungen, manchmal auch leise, aber im Gegensatz zu seinen anderen Gesängen sang er es häufiger und es war nicht bei jeder Gelegenheit gleich, denn die Worte variierten ein wenig von Gesang zu Gesang. Im Allgemeinen lautete es jedoch folgendermaßen:

---

18) Aus einer christlichen Sichtweise heraus ist die Behauptung Fools Crows über das Betrachten der Dinge durch Gottes Auge nicht weit hergeholt. Paulus schrieb in den Epheserbriefen: »Aber Gottes Barmherzigkeit ist groß. Wegen unserer Sünden waren wir in Gottes Augen tot. Doch er hat uns so sehr geliebt, dass er uns mit Christus neues Leben schenkte (diese Rettung verdanken wir der Gnade Gottes). Durch den Glauben an Christus sind wir dem Tod entrissen und haben einen Platz in Gottes Reich. So will Gott in seiner Liebe zu uns, die in Jesus Christus sichtbar wurde, für alle Zeiten die Größe seiner Gnade zeigen.« *Epheser*, Kapitel 2, Vers 4-7.

»*Wakan Tanka*, ich danke dir für unsere Vorfahren – für das Leben, das sie jedem von uns geschenkt haben, und für die Traditionen, die sie bewahrten und an uns weitergaben.

Wakan Tanka, ich danke Dir für mein Leben, und dass ich dadurch die Gelegenheit erhalten habe, Dich zu kennen, Dir zu dienen und unserem Volk zu dienen. Mache mich auch weiterhin zu einem verantwortungsbewussten Menschen und hilf mir, die guten Dinge zu mehren, die Du und meine Vorfahren mir gegeben haben.

Wakan Tanka, ich danke Dir für diejenigen, die noch kommen werden und dort weitergehen, wo wir aufhören. Hilf ihnen, das traditionelle Leben für die nachfolgende Generation zu bewahren, damit auf diese Weise der Reifen in Bewegung gehalten wird.

Letztlich, *Wakan Tanka*, danke ich Dir für meine Freunde, die hier mit mir sind, um diesen kostbaren Augenblick zu teilen. Ich bete darum, dass Du sie segnest und immer mit ihnen bist.«

Was ich gerade über das Zeitlose Zeitalter geschrieben habe, war nichts, was Fools Crow sagte, nachdem er mir durch Handzeichen klargemacht hatte, dass ich keine Bandaufnahme machen darf. Aber ich habe bisher nicht darüber geschrieben. Nun übergebe ich es der Öffentlichkeit, da sein Leben mir gezeigt hat, wie viel eine solch tiefe Spiritualität bewirken kann – sie bringt den Sinn für Einheit und Brüderlichkeit zum Vorschein. Ich sah, wie sich dieses Bewusstsein ausdehnt, um die ganze Schöpfung zu umschließen, sodass jedes Teil davon zu einem lebenden »Bruder« oder einer lebenden »Schwester« wird. Es dehnt sich aus, um die gesamte Umwelt zu umfassen, und ist der wichtigste Bestandteil der Harmonie in unserer Welt.

Die gleiche Einmütigkeit habe ich im Ausdruck der Apachen gefunden, wenn sie sich zu Gruppen zusammenfinden und die Arme beieinander einhaken, um gemeinsam mit einem zur Frau werdenden Mädchen bei dessen Sonnenaufgangszeremonie zu tanzen.

Bei den Cherokee-Indianern fand ich dasselbe durch ihre heutigen Stampftänze ausgedrückt, wenn sie an einer bestimmten Stelle einer hinter dem anderen eine Linie bilden und dann tanzend alle nach vorn reichen, um für einen Moment ihre Hände auf die Schultern der vorderen Tänzer zu legen.

Fools Crow brachte dies in seinem alltäglichen Leben zum Ausdruck. Seine Einstellung zur universellen Verbundenheit war für ihn ein weiterer Zugang zu

Fools Crow hält Stein in den Händen

einem tiefen Sinn von Zugehörigkeit, Positionierung, Zufriedenheit und Frieden, den er als »Freisein von Angst« definierte. Nur den Indianern, die ihre kulturellen Bindungen eingebüßt haben, geht dieser Sinn für eine Positionierung oder ein Zentrum ab. Die Traditionalisten kennen diese Dinge, und sie erhalten dadurch eine innere Harmonie, die wiederum ihre Langlebigkeit steigert. Fools Crow wurde 99 Jahre alt. Black Elk erlebte sein neunzigstes Jahr. Fools Crows Vater, Eagle Bear, starb mit 98 Jahren. Sogar als zur Zeit der Jahrhundertwende die Lebenserwartung weltweit niedriger als heute lag, waren die Medizinmänner, von denen Densmore seine Informationen bezog, alle in ihren Sechzigern und älter.

»Zeigte dir *Wakan Tanka* eine Möglichkeit«, fragte ich Fools Crow, »wie du deinen Geist auf deine Verwandtschaft mit der übrigen Schöpfung lenken kannst?«

Nun zeigten seine Handflächen nach oben. »Werden«, sagte er.

»Wie machst du das?«

»Stirrup lehrte mich, einen Gegenstand in meiner Hand zu halten und zu diesem Gegenstand zu werden. Falls er zu groß ist, um ihn mit meinen Händen zu halten, halte ich ihn in meinem Herzen.«

Ich wartete, während er sich nach einem kleinen grauen Stein bückte. Er hielt ihn in seiner offenen Hand und musterte ihn, während er weitersprach. »*Wakan Tanka* und Großmutter Erde haben allen Dingen Leben gegeben. Das schließt Steine, Bäume, Wasser und den Boden, auf dem wir gehen, ein. Und genau, wie die Menschen, die Tiere, die Vögel, die Insekten und die Meerestiere Blut in sich tragen, hat auch alles andere Gedanken, Gefühle, Sorgen und Hoffnungen.«

»Was unternimmst du, um beispielsweise zu einem Stein zu werden?« fragte ich.

»Ich spreche zu ihm wie zu einem Menschen und lasse den Stein zu mir sprechen. Er erzählt mir, wo er herkommt, was er gesehen hat, was er gehört hat und was er fühlt. Wir werden zu Freunden. Wenn wir fertig sind, bietet sich mir ein ganz neues Bild dieses Steins. Indem ich solches praktiziere, verändert sich die Art und Weise, wie ich mich Steinen und anderen Dingen gegenüber verhalte und mein Verstand wächst. Je mehr ich das ›Werden‹ ausübe, desto mehr Weisheit erlange ich in jeder Hinsicht.«

Später erfuhr ich, dass Fools Crow das »Werden« öfter ausübte, als ich gedacht hatte. Wann immer er ein Ritual durchführte, nahm er einen der verwendeten Gegenstände auf und presste ihn gegen seine Brust. Als ich ihn fragte, warum er das tat, antwortete er, dass er zu diesem Gegenstand wird und sich mit ihm identifiziert, um ihn zu erfahren und gänzlich zu verstehen. Ich war nicht nur von den augenfälligen Implikationen dieser Geste fasziniert, sondern auch davon, dass der Aufbau einer solchen Beziehung das Kernprinzip der Navajo-Heilungen mit ihren Sandbildern darstellt. Wenn der Navajo-Medizinmann, der als »Sänger« bezeichnet wird, ein wenig Sand aus verschiedenen Teilen des Sandbildes an den Körper des Patienten drückt, identifiziert dieser sich mit den darin repräsentierten Kräften und wird damit empfänglicher für die Lebendigkeit und Langlebigkeit, die der übernatürlichen Welt eigen sind. Anders ausgedrückt, weil der Patient das glaubt, geht deshalb die Langlebigkeit auf ihn über und bewirkt so eine tief greifende Anregung seiner Selbstheilungskräfte.

»Glaubst du, dass ein Stein oder der Erdboden Gefühle haben?«

»Wenn all das, was geschaffen wurde, unverzichtbar für das Leben und das Gleichgewicht und die Harmonie ist, dann haben sie Gefühle. Es hängt davon ab, wie man denkt und wie man Leben definiert. Wenn man glaubt, dass etwas lebt, dann ist es lebendig. *Wakan Tanka* hat uns gelehrt, die Schöpfung auf diese Weise zu verstehen, und indem wir das tun, wird das allen Dingen innewohnende Leben für uns sichtbar und wir behandeln sie dementsprechend. Wir missbrauchen oder misshandeln sie nicht. Es macht einen Unterschied, auf etwas zu treten, das man als leb- und gefühllos betrachtet oder auf etwas zu treten, das einem als belebt und zu Gefühlen fähig erscheint. In meinen täglichen Gebeten bitte ich um die Gesundheit und Heilung der gesamten Schöpfung, nicht nur um die der Menschen. Und ich bitte *Wakan Tanka* und die Helfer mich zu unterstützen, dass ich mich auf Großmutter Erde mit Mitgefühl und Verständnis für alles Lebendige bewege.«[19]

»Trittst du auf Ameisen?«

»Nicht, wenn es sich vermeiden lässt. Manchmal bemerke ich sie beim Spazierengehen erst, wenn ich einige schon zertreten habe.«

»Was ist, wenn sie in dein Haus kommen und auf deine Lebensmittel losgehen?«

»Ich lege etwas Futter an einen anderen Platz aus und versuche sie dorthin zu leiten.«

»Wenn sie aber den Köder ignorieren und weiterhin ins Haus kommen?«

»*Wakan Tanka* gibt uns nicht das Recht, andere Lebewesen zu bezwingen und ebenso haben sie nicht das Recht, uns zu bezwingen.«

»Also tötest du einige.«

»Ich unternehme, was notwendig ist, um sie aus dem Haus herauszubekommen.«

»Ich habe mal gelesen, dass ohne Ameisen die restliche Schöpfung in üble Schwierigkeiten käme«, bemerkte ich.

»Das stimmt, und es gilt auch für alles andere«, sagte Fools Crow und nickte mit dem Kopf. »Was andere Lebewesen angeht, habe ich eine Tatsache bisher nicht erwähnt. Sie tun das, was sie tun, auf natürliche Art. Wir dagegen handeln nach unserem eigenen Gutdünken. Tiere und Vögel töten aus einem natürlichen An-

---

19) Sämtliche Rituale der Puebloindianer werden zum Wohl der ganzen Welt abgehalten und nicht zum Eigennutz.

trieb heraus. Wir dagegen töten meistens, weil wir es wollen, nicht, weil wir müssen.«

Fools Crows Bemerkungen erinnerten mich an Albert Schweitzers »Ehrfurcht vor dem Leben«. Mir war nie ganz klar, ob er Ehrfurcht vor den lebenden Wesen für unabdingbar hielt oder ob er einfach meinte, das menschliche Leben hinge davon ab, wie wir mit dem Leben anderer Kreaturen umgehen. Vielleicht betraf es beide Denkweisen. Wie dem auch sei, Fools Crow ging weiter als Schweitzer, indem er behauptete, dass unsere Ehrfurcht sich auf die gesamte Schöpfung, belebt oder unbelebt, erstrecken sollte.

»Weißt du von den schrecklichen Umweltproblemen, von denen die Welt heutzutage geplagt wird?« fragte ich.

»Die Leute erzählen mir davon, und wo ich auch hinkomme, sehe ich die Verschmutzung und die Verschwendung. Sogar mein eigener Stamm hat sich von seinen überlieferten Traditionen abgewandt, um sich an dem Desaster zu beteiligen.«

Ist es möglich, die Welt zu heilen?«

»Mit *Wakan Tanka* ist alles möglich, ohne Ihn nicht. Weil zu der natürlichen menschlichen Kraft nicht die uns umgebende spirituelle Kraft hinzukommt, machen die Menschen nicht, was zu ihrem Besten ist.«[20]

»Wenn es möglich ist, wie und womit könnte eine solche Heilung beginnen?«

»Mit der Selbstheilung. Die Menschen müssen zulassen, dass *Wakan Tanka* und die Helfer sie zuerst heilen, damit sie wissen, wie die Heilung vonstattengeht. Dann kann dieses Verständnis von ihnen zur übrigen Schöpfung ausgesandt werden. Vor langer Zeit wussten die Menschen, wie es getan wird, aber sie haben es vergessen. Wir können als hohle Knochen in der gleichen Weise zur Heilung der Welt beitragen, wie wir als hohle Knochen zur gegenseitigen Heilung und Hilfe beitragen können.«

»Liegt die gesamte Schuld an der gegenwärtigen Entwicklung bei den Menschen?«

»Nur die Menschen verfügen über die Kraft, die Erde aus dem Gleichgewicht zu bringen, und indem sie das tun, bringen sie sich selbst aus dem Gleichgewicht.

---

20) Im Buch *Das Leben des Fools Crow* beschreibt uns Fools Crow seine Ansicht über das nahende Ende der Zeiten, das, wie ihm mitgeteilt wurde, nicht mehr fern ist. Trotzdem glaubte er auch, dass dieses vernichtende Ende durch eine weltweite Umkehr im Glauben und Verhalten hinausgeschoben werden könnte, und auch durch eine gerechte Regelung im Hinblick auf das Anrecht der Sioux auf die Black Hills. Seiten 262-264.

Es ist so wie mit dem Gegenstand, den die australischen Ureinwohner werfen und der wieder zu ihnen zurückkommt [der Bumerang]. *Wakan Tanka* hat die Erde in der Weise erschaffen, dass sie alles unternimmt, um für sich selbst zu sorgen. Alles füllt seine Rolle aus – die Ameisen, die Würmer, die Geier, die Wölfe, die Kieselsteine, der Sand … Sobald wir einem davon oder gar der Erde selbst Schaden zufügen, schaden wir uns selbst. Wir können diese Dinge nicht aufbrauchen oder vergeuden und zerstören, ohne einen schrecklichen Preis dafür zu zahlen. Aber genau das tun die Leute, und es wird auf uns alle zurückfallen. Großmutter Erde weint darüber. Sie rüttelt das Land immer mehr [Erdbeben], um unsere Aufmerksamkeit zu gewinnen und uns mitzuteilen, wie es ihr geht. Wie *Wakan Tanka* mir erzählt hat, wird das Donnerwesen riesige Fluten schicken, um uns zu zeigen, dass eine große Reinigung in den Menschen notwendig ist. Noch mehr als wir werden unsere Kinder darunter zu leiden haben; während unseres Zusammentreffens sagte mir *Wakan Tanka*, dass ihr Wehklagen lange andauern und sehr laut sein wird.«

»Du hast einmal gesagt, dass *Wakan Tanka* uns nicht bestraft. Wie erklärst du dann die Naturkatastrophen, wenn nicht als eine uns erteilte Lektion? Meinst du, wenn wir allesamt gläubig wären und beteten, dann würden weitere Erdbeben und Überschwemmungen ausbleiben?«

Fools Crow gefiel meine Frage nicht und ich konnte in seinem Gesicht lesen, dass er mit der Idee spielte, sie nicht zu beantworten. Einen Moment lang fragte ich mich, ob er seine Meinung vielleicht nicht durchdacht hatte. Doch ich täuschte mich. Er brauchte lediglich Zeit. »Im Garten Eden gab es keine Erdbeben«, antwortete er. »Aber *Wakan Tanka* änderte das. Seitdem gibt es immer wieder Naturkatastrophen.«

»Was lernen wir also daraus?«

»Baue dein Tipi nicht in einem Flussbett oder am Rande eines Vulkans auf!«

Als wir weiter über die Kraft als etwas jedem Mitgegebenes diskutierten, stellte Fools Crow klar heraus, dass dem Menschen ohne das Hinzukommen spiritueller Kraft die Tendenz innewohne, diese natürliche Kraft für sich selbst zu benutzen. Obwohl der Mensch dazu in der Lage ist, herausragende Dinge auf der irdischen Ebene zu vollbringen, tendiert er nichtsdestoweniger dazu, sich den übrigen Teil der Schöpfung unterzuordnen und ihn zu missbrauchen und zwar solange, bis er zuletzt merkt, dass er ein Monster geschaffen hat, das sich gegen ihn wendet und ihn bald verschlingen wird. Indem sie ihm zu der natürlichen noch die spirituelle

Kraft hinzugeben, zeigen die Höheren Mächte dem Menschen, wie man die Katastrophe vermeiden könnte.

Die in Fools Crows Glauben liegende Wahrheit ist heute offensichtlich, wo wir die Folgen des Missbrauchs erfahren müssen. Sie bedrohen uns, umgeben uns und sind unübersehbar.[21] Als vor zwanzig Jahren der erste Earth Day (»Tag der Erde«) abgehalten wurde, machte uns der Wissenschaftler Barry Commoner auf die grauenhaften Umweltschäden unserer technologischen Entwicklung aufmerksam. In seinem späteren Buch *Making Peace with the Planet* (»Mit der Erde Frieden schließen«) blickt er auf die ungeheuerlichen Anstrengungen zurück, die zur Schadensbegrenzung unternommen wurden. Er zeigt darin auch, warum wir uns in einer weitaus gefährlicheren Situation wiederfinden als je zuvor, obwohl Milliarden Mark für die Rettung der Umwelt ausgegeben wurden. »Umweltverschmutzung«, so erklärt er, »ist eine unheilbare Krankheit.« Auch wenn es einmal so ausgesehen hat, dass wir die Erde wirklich durch Recycling, Kontrollen und Solarenergie retten könnten, und es so schien, als sei eine Revolution in Gang gekommen, sind wir weit zurückgefallen. Die Bestrebungen waren halbherzig, die Regierung hat schreckliche Fehlkalkulationen gemacht und die Privatindustrie hat sich dem Wandel bewusst widersetzt.

Gute Absichten sind allzu oft nur oberflächlich und von kurzer Dauer, sogar wenn es um eine lebensbedrohliche Situation geht. An einem Punkt schwebte sogar die Bedrohung durch einen nuklearen Holocaust über uns allen. Diese Gefahr ist noch keineswegs gebannt, aber durch die dramatischen politischen Änderungen in Europa und mit der Überwindung des Kalten Krieges zwischen den Vereinigten Staaten und der Sowjetunion sind wir davon befreit, um vielleicht ein noch größeres Ungeheuer in Form von Umweltgefahren zu erblicken. Aufgrund der weltumfassenden Bedeutung könnte diese Bedrohung möglicherweise furchtbarer sein als ein Atomkrieg. Während die nukleare Bedrohung immer noch präsent ist, frisst das Monster der Umweltzerstörung weiterhin an unserer Erde.

Nach Commoner wäre die Antwort darauf eine fundamentale Umstrukturierung der Güterherstellung. Gemeinschaftliche Organisationen müssten entstehen, die Schlüsselpositionen bei der Prüfung und Leitung umweltbezogener Aktivitäten einnehmen – einschließlich ihrer zeitlichen und übergreifenden Koordination.

---

21) Es gibt heutzutage eine Menge Literatur zum Thema Umwelt. Zur Vertiefung empfehle ich jedoch die folgenden Klassiker: Barry Commoner: *Making Peace with the Planet*; Rachel Carson: *Der stumme Frühling*; John Gribbin: *Hothouse Earth*; und Jonathan Schell: *Das Schicksal der Erde*. Vollständige Angaben dazu im bibliographischen Anhang.

Allerdings wären die Kosten dieser Maßnahmen ganz erheblich, während Fools Crows Lösung relativ geringer Finanzmittel bedarf und schließlich effektiver sein würde. Zum einen, weil sie auf der bewährten Vorgehensweise der traditionellen amerikanischen Ureinwohner aufbaut, die ohne Kapitaleinsatz auskommt. Zum anderen, weil seine Lösung die Kraft und das Potenzial hat, jeden Menschen in der Welt sowohl heute, als auch in der Zukunft zu erreichen. Es geht darum, einen grundlegenden Wandel in der Haltung jedes Menschen gegenüber der gesamten Schöpfung herbeizuführen … und die Menschen in dieser Hinsicht auf den Stand zu bringen, auf dem die Indianer vor dem Eindringen der Europäer waren. Die Antwort fußt auf Erziehung und Verhaltensänderung, sie erreicht unmittelbar die Erwachsenen und bezieht besonders die Kinder ein, weil sie vom frühestmöglichen Zeitpunkt an von den Eltern und der Schule gezeigt bekommen, dass die gesamte Schöpfung belebt ist; sie leistet einen besonderen Beitrag und hat einen speziellen Wert. Grundlegend dafür ist jedoch das Verständnis der indigenen Amerikaner, dass die Menschheit nicht über der restlichen Schöpfung steht und ihr keine unveräußerlichen oder gottgegebenen Rechte zu Eigen sind, diese zu beherrschen oder zu missbrauchen. Wir sind nur ein Teil eines riesigen Netzes, dessen Stärke durch die Menge seiner Fäden und deren gemeinschaftlicher Zusammenarbeit bestimmt wird. Insofern trägt jeder Faden Verantwortung für und gegenüber dem Rest des Netzes. Wenn wir dabei versagen, unseren Teil der Last zu tragen, oder wir einen anderen Teil missbrauchen oder zerstören, so verletzt dies, manchmal unumkehrbar, alle anderen und bringt das Leben in oft völlig unvorhergesehener Weise aus dem Gleichgewicht. Rachel Carson führt uns diese schreckliche Bedrohung in ihrem Buch *Der stumme Frühling* vor Augen. Sie macht uns Abschnitt für Abschnitt klar, dass zwar »kein verantwortungsbewusster Mensch behaupten wird, dass die durch Insekten übertragbaren Krankheiten ignoriert werden sollen, aber sich heute die Frage aufdrängt, ob es klug oder verantwortungsvoll ist, das Problem mit Methoden anzugehen, die es bald nur noch schlimmer machen werden. Die Welt hat viel über den glorreichen Feldzug gegen Krankheiten gehört, in dem man die Insekten als Infektionsträger bekämpfte. Doch man hat wenig von der andere Seite der Geschichte erfahren – von den Niederlagen, den kurzlebigen Triumphen, die heute kräftig die besorgniserregende Meinung unterstützen, dass das bekämpfte

Insekt durch unsere Bemühungen stärker geworden ist. Was noch schlimmer ist, wir haben vielleicht dadurch die Mittel für eine Abwehr vernichtet.«[22]

Während ich dieses niederschreibe, geht mir der Gedanke nicht aus dem Kopf, dass ein Mann wie Fools Crow, der nur mit großen Schwierigkeiten Englisch lesen konnte, zu solch seltenen und prägnanten Einsichten gelangte. Er las keine Bücher, Zeitschriften oder Zeitungen und besaß kein eigenes Fernsehgerät. Fernsehen war ein Luxus, den er sich, oft nur widerwillig, zu Hause bei anderen Leuten, in einem Motel oder in öffentlichen Einrichtungen leistete. Er hatte keine staatlichen Schulen besucht. Er sagte oft, dass er nicht Englisch sprechen könne, aber er meinte damit, dass er es nicht fließend sprach. Wenn Dallas Chief Eagle nicht anwesend war und Fools Crow und ich allein waren, konnte er gut genug Englisch sprechen, um mit etwas Unterstützung meinerseits eine effektive Konversation zu führen. Natürlich verstand er, was in Englisch gesprochen wurde. Sein Vokabular war zwar begrenzt und zur Erklärung gewisser Wörter wendete er sich an mich, aber er wusste immer klar, worüber gerade gesprochen wurde. Im Laufe der Jahre lernte er genug, um die Sprache ganz gut zu beherrschen – wie jeder Politiker, der ihn vom rechten Weg abbringen wollte, schnell herausfand.

Betrachtet man nur dies, wäre es angemessen, ihn als ungebildeten Mann zu beschreiben. Aber er kam in seinen jüngeren Jahren weit herum, einschließlich nach Kanada, Europa und New York City. Auch als er älter wurde, unternahm er einige Reisen, unter anderem nach Washington, D.C. (Hauptstadt der USA). Er wurde zu Fernseh- und Radiosendungen eingeladen. Er besaß auch eine ungewöhnliche Fähigkeit, alles, was er hörte, rasch zu erfassen und zu analysieren. Andere Lakota-Indianer und nichtindianische Freunde hielten ihn ziemlich gut über allgemeine Ereignisse auf dem Laufenden und besonders über das, was auf den Sioux-Reservationen vor sich ging. Er wohnte Stammestreffen bei, hielt Ratsversammlungen ab und reiste zu stammesübergreifenden Konferenzen. Gelegentlich konnte er ein Radio sein eigen nennen, allerdings nie für lange Zeit, da immer jemand es nahm und verscharcherte. Aber die Weisheit, die wirklich zählt, würde er zu ihnen sagen, kam von den Höheren Mächten – manchmal auf direkte und manchmal auf indirekte Weise. Hinsichtlich dem, was er zustande brachte, ist diese Behauptung meiner Ansicht nach nur schwer zu widerlegen.

---

22) Rachel Carson, *Der stumme Frühling*, Seite 262, Biederstein Verlag 1970 (Originalausgabe 1962).

Welche seiner pädagogischen Techniken können wir anwenden, um das Umdenken und Wiedererwecken anzustimmen? Eines Morgens begleitete ich Fools Crow zu einer Grundschule, wo er öfter zu Schulklassen sprach. Nachdem er seinen Vortrag beendet hatte – er sprach über Erbe, Moral, Bildung und Verantwortung –, wurden die Kinder in die Pause entlassen. Als Fools Crow und ich über den Spielplatz zu meinem Auto gingen, kamen über ein Dutzend dieser Jungen und Mädchen herbei und umringten »Großpapa«. Sie zerrten an seiner Hose, um ihn zum Bleiben zu bewegen. »Erzähle uns was!« forderten sie ihn auf und saßen auch schon zu seinen Füßen. Es war offensichtlich, dass sie das nicht zum ersten Mal machten.

Er lächelte ihnen zu, griff einen kleinen Stein und präsentierte ihn auf seinem Handteller. »Sprich zu den Kindern!« sagte er in Lakota zu dem Stein. Dann hob er an, den Kindern mit Falsettstimme und in Bauchrednermanier in einem Gemisch aus Lakota und Englisch die Lebensgeschichte des Steins zu schildern. Sein Name schien »Swift Eagle« (»Schneller Adler«) zu sein, und er machte ihn feierlich mit jedem Kind bekannt. Swift Eagle hatte jede Menge Geschichten für sie bereit, über das, was er so alles im Lauf der Jahrhunderte gesehen hatte und wie er über all das dachte – besonders über die Zeiten, als noch große Büffelherden über die Prärie zogen und die Sioux ihnen folgten. Binnen Kurzem hatten sich dreißig begeisterte Kinder um ihn versammelt. Die große Pause und das Spielen waren vergessen und als die Glocke läutete, wollte keines von ihnen in den Unterricht zurück.

Aber Fools Crow winkte ihnen zum Abschied zu und wir setzten unseren Weg zum Auto fort. Mir zugewandt sagte Fools Crow: »Ich wünschte mir, dass unsere Teenager auch so zuhören. Aber sie interessiert es einfach nicht mehr. Ihre Zukunft scheint düster zu werden, und sie denken, dass ein Versuch sie zu ändern die Anstrengung nicht wert ist.«

Nichtsdestoweniger ist das »Werden« ein wunderbarer Weg, um Kindern die Idee und den Nutzen eines Lebens in Einklang mit der übrigen Schöpfung nahe zu bringen. Allerdings funktioniert es auch bei Erwachsenen ganz gut, ich habe das »Werden« schon oft erfolgreich mit ihnen geübt.

5 Die Leinwand des Geistes

Eines Nachmittags sprachen wir über die Weisheit von Medizinleuten und heiligen Menschen der Indianerstämme, als ich ihn fragte: »Frank, woher weißt du von all den wundervollen Dingen? Hast du Einsichten bekommen, die andere nicht haben?«

Er erhob beide Hände mit den Handflächen nach vorne. Ich stellte das Tonbandgerät ab und nahm meinen Notizblock zur Hand. Doch ich hätte mich nicht beeilen müssen, da er zuvor noch einige Male blinzelte, seine Hände aneinander rieb und kurz zögerte, als er mich ansah. Erst einige Minuten später antwortete er. Ich wusste schon, warum er sich so zierte – ihm behagte die Vorstellung einfach nicht, dass irgendjemand ihn für etwas Besonderes hielt.

Schließlich begann er: »Ich habe nichts bekommen, was andere nicht auch haben können. All meinen Vorfahren wurden gelehrt, heilige Träume zu haben. In diesen Träumen ereigneten sich alle möglichen seltsamen und schönen Dinge, die im gewöhnlichen Leben niemals geschehen könnten. Sonderbare Wesen und vielfältige Kreaturen in fantastischen Gestalten tauchten darin auf. Diese Traumbesucher sprachen zu den Menschen und übermittelten ihnen Botschaften. So erfuhren sie, wer ihre Helfer waren, was *Wakan Tanka* von ihnen wollte und wie Er sie dabei unterstützen würde. Vermutlich war es jedoch für sie am wichtigsten zu wissen, wie sie die Dinge mit den Augen der Höheren Mächte betrachten konnten. Die bedeutendsten Träume kamen zu den Medizinleuten. Ihre Träume waren die großartigsten, die kraftvollsten und manchmal die furchterregendsten.«

»Warum, glaubst du, sind die Träume der Medizinleute machtvoller als die anderer Menschen gewesen?«

»Ich wiederhole hier noch einmal, was ich dir bereits gesagt habe. Die Medizinleute waren Menschen, deren Naturell und Lebensweise sie gänzlich für *Wakan Tanka* und die Helfer öffneten. Aber noch etwas anderes zeichnete sie aus. Die meisten ihrer Medizinträume erschienen ihnen nicht wie Träume. Es waren für sie eher wirkliche Ereignisse, da sie oft im Wachen träumten. Wir wissen davon, weil die Geschichten dieser Träume überliefert wurden und einige auch Weißen erzählt wurden, die sie in Büchern aufzeichneten. Ich habe von den Alten die Geschichten gehört, und Freunde haben mir einige dieser Berichte vorgelesen. Manche meiner eigenen Visionen und Träume sind mir wirklich passiert und deswegen kann ich behaupten, dass ich dieses oder jenes wirklich tat, egal wie ungewöhnlich die Ereignisse auch waren. Jedoch gibt es etwas, über das man mit Außenstehenden nicht sprach, und zwar auf welche Weise viele dieser Träume überhaupt zustande kommen.«

Seine Schlussbemerkung ließ mich auf die Vorderkante des Stuhls rutschen. Ich spürte, dass ich gleich etwas höchst Besonderes erfahren sollte. »Und erklärt diese Begabung zu träumen deine außergewöhnlichen Einsichten?« fragte ich.

»Nicht alle, aber die meisten. Ich sollte dir auch noch sagen, dass ich für mein Träumen eine andere Bezeichnung habe. Ich nenne es ›Visionieren‹ und werde dir erzählen, wie es gemacht wird. *Wakan Tanka* und die Helfer lehrten mich, mit meinem Geist zu sehen, mit meinen Augen zu berühren und mit meinem Herzen zu entscheiden.«

»Wie wunderschön!«, ging es mir durch den Sinn. Was ich dann über das Visionieren erfuhr, gab mir ein wirkliches Gefühl für den Alten Herrn der heiligen Männer in all seiner Empfindsamkeit und Liebe. »Warum«, fragte ich, »siehst du mit dem Geist anstatt mit den Augen?«

Er antwortete: »Weil der Geist weiter als das körperliche Auge sehen kann. Er sieht, was einer Kamera verborgen bleibt. Er vermag über physikalische Grenzen hinaus – und sogar in einen Menschen hineinzublicken. Das geistige Auge verändert die Art, wie wir die Dinge beurteilen.«

»Wie denn?«

»Sobald wir mit unserem Geist sehen, bewerten wir die Menschen oder Situationen nicht danach, wie sie uns erscheinen. Jemand mag unvorteilhaft aussehen, aber ein schönes inneres Wesen besitzen. Und wenn wir *Wakan Tanka* und den Helfern als hohle Knochen dienen, lernen wir die Dinge in einem neuen und zauberhaften Licht zu sehen, und Menschen und Gegebenheiten aus verschiedenen Blickwinkeln zu betrachten. Visionieren bedeutet zu lernen, sich die Welt von den Höheren Mächten durch ihre Augen zeigen zu lassen. Wer nicht anerkennt, dass so etwas möglich ist, enthält sich selbst Wunder vor.«

»Wo hast Du diese Art des Visionierens gelernt?«

»Iron Cloud zeigte es mir, und mein Vater, Eagle Bear, wusste auch, wie es geht.«

Fools Crow mit Augenbinde

»In welcher Hinsicht verändert sich etwas für dich, wenn du durch die Augen der Höheren Mächte schaust?« fragte ich.

»Die Höheren Mächte sind nicht so begrenzt wie wir. Sie überblicken die Vergangenheit, Gegenwart und Zukunft auf einmal. Ihnen bleibt auch nicht verborgen, was in den Köpfen und Herzen der Menschen vor sich geht und sie wissen, wohin ein bestimmter Weg führen wird. Wenn wir beten und zuhören, sowie die Konzentrationswerkzeuge verwenden, können uns die Höheren Mächte all das zeigen und unsere Weisheit vermehren.«

»Kannst du mir ein Paar Beispiele für diese Art des ›Schauens‹ nennen?«

»*Wakan Tanka* und die Helfer werfen auf die Dinge ein spirituelles Licht, damit ich sie als das erkennen kann, was sie wirklich sind. Du weißt ja, wie die Sonne die Erde tagsüber bescheint und daher die Dinge in wechselnden Lichtverhältnissen unterschiedlich aussehen. In spiritueller Hinsicht machen die Höheren Mächte für mich das Gleiche. Dieses Licht schiebt auch die Dunkelheit beiseite und zeigt mir alles Vorhandene. Es hilft mir dabei, um die Dinge herumzugehen und sie von allen Seiten zu betrachten – von vorn, hinten, rechts und links. Ich sehe neue Farben und spüre, was um mich herum vor sich geht. Dann schließe ich die Augen und warte, bis sich Bilder auf der Leinwand meines Geistes einstellen. Das mache ich so lange, bis alle Informationen in einer Weise zusammenkommen, dass ich damit etwas anfangen kann. Dann konzentriere ich mich noch stärker darauf, bis sich das letzte Bild fest in mein Gedächtnis eingeprägt hat. Manchmal weine ich angesichts der großen Schönheit all dessen. Gewöhnliche Dinge erweisen sich als außergewöhnlich. Woran andere nichts finden können, das kommt mir großartig vor und als ein aufregender Pfad.«

»Es klingt so, als würden *Wakan Tanka* und die Helfer deinen Geist durch das Visionieren in verblüffender Weise erweitern und bereichern«, sagte ich.

»Mit Hilfe von *Wakan Tanka* und den Helfern konnte ich mir Dinge vorstellen, die das normale Auge nicht sehen kann. Ich kann Dinge spüren und sehen, die andere nicht bemerken. Mir drängen sich Bilder auf und schon bald finde ich neue Herangehensweisen und Methoden, um alles um mich herum zu verändern. Beim Behandeln oder Heilen ist das ein großer Vorteil. Das Visionieren ist eine Sache, die ich zwischendurch bei Behandlungen mache, oder wenn ich nachts allein bin. Dadurch ermöglichen mir *Wakan Tanka* und die Helfer Hindernisse zu beseitigen, die von der Krankheit oder von bösen Mächten verursacht werden. Und sie zeigen mir verschiedene Möglichkeiten, diese zu überwinden. Dadurch wird scheinbar Unmögliches möglich.«

»Das hört sich so an«, sagte ich, »als kehrten sie für dich alles geistig um.«

»Sie lassen mich die Dinge aus verschiedenen Blickwinkeln sehen, damit ich erkennen kann, wie dieser oder jener Weg in einer gegebenen Situation funktionieren könnte. Wenn ich dann diese Informationen geistig verarbeite, werde ich kreativer und erfindungsreicher. Aber ich verwickele mich nicht zu sehr in Details, sondern behalte das große Ganze im Auge.«

»Also bist Du sehr stark dabei beteiligt«, sagte ich.

»Dass ich ein hohler Knochen bin, bedeutet nicht, dass ich in Bezug auf *Wakan Tanka* und die Helfer unwichtig wäre. Sie geben mir jede Gelegenheit, meine natürlichen Talente und Fähigkeiten einzusetzen. Das gilt für jeden, der ihnen dient. Zwanzig Medizinmänner werden einen Menschen auf zwanzig leicht unterschiedliche Arten behandeln, und das macht unter anderem die Faszination des Behandelns und Heilens aus. Wir alle reagieren verschieden auf *Wakan Tanka* und handeln entsprechend der Art und Weise, auf die wir seine Führung vernehmen und spüren. Das erzähle ich dir für das Buch, damit du es an andere weitergibst. Je nach ihrer persönlichen Beziehung zu den Höheren Mächten werden die Menschen da draußen die Konzentrationswerkzeuge ein wenig anders verwenden als ich. Anfangs werden sie vielleicht versuchen, es genau wie ich zu machen, und vielleicht auch beim nächsten Mal. Aber dann werden sie bei ihrem Austausch mit den Höheren Mächten beginnen, die Zeremonie für sich abzuwandeln, bis sie sie sich völlig zu Eigen gemacht haben. Wenn sich dann aber die gewünschten Resultate einstellen, sollten sie nicht mehr danach fragen, wie es kam oder ob sie es genauso gemacht haben, wie ich es machen würde. Sie sollten es einfach akzeptieren und sich freuen.«

Ich staunte nicht schlecht über das, was Fools Crow mir erzählte und fragte, verwundert den Kopf schüttelnd: »Du sprachst vom Berühren mit den Augen. Wie machst du das?«

»Ich benutze meine Augen, um sanft und liebevoll zu berühren. Wenn ich um jemanden weine, berühre ich ihn mit meinen Augen. Man kann eine Menge über Menschen herausfinden, wenn man ihnen in die Augen schaut, und man kann Dinge mitteilen, für die es keine Worte gibt. Augen verraten Wahrheit oder Unehrlichkeit. Sie verraten mir, was ein Mensch wirklich von mir hält. Viele Krankheiten lassen sich durch einen gekonnten Blick in die Augen erkennen. Durch meine Augen gebe ich meinen Glauben an den Menschen, den ich behandle oder heile, weiter. Wir schaffen eine Verbindung. Wenn er dann noch zu wenig Vertrauen hat, wird das, was er im Lauf der Tage an Vertrauen in mir sieht, zu seinem eigenen. Das ist eine Möglichkeit, wie ich seinen Geist in meinen aufnehme, damit er sehen kann, was mir von *Wakan Tanka* und den Helfern gezeigt wird. Wie schon gesagt, es ist das Erste, was ich für eine erfolgreiche Behandlung tun muss.«

»Hat es mit den Augen noch mehr auf sich?«

»Mit unseren Augen können wir die Natur berühren und von ihr lernen, indem wir die Jahreszeiten, den sich wandelnden Himmel, die Winde, das Gras und die Bäche und Seen beobachten. Wir bemerken, dass ein großer See immer unruhig ist, aber ein kleiner See als Spiegel dient. Die vielgestaltigen Wolken erinnern uns an vielerlei und verändern sich immerzu. Unsere Vorfahren ließen sich von einem Blatt des Cottonwood-Baumes zu ihrem ersten Tipi inspirieren.[23] Wir wenden diese Lektionen auch auf Menschen an und um zu lernen, wie wir alles verstehen sollen. Sogar Schielen lässt uns Dinge anders sehen. Die Art, wie die Menschen sitzen, stehen, gehen oder tanzen, verrät uns auch eine Menge über sie. Über die Jahre hinweg habe ich gelernt, mit meinem Verstand zu sehen, indem ich meine innersten Gedanken über *Wakan Tanka* und die Menschen verstehen lernte, dann mit meinen Augen fühlte und schließlich mir von meinem Herzen sagen ließ, wie ich gerecht sein kann und welche Wege ich einschlagen soll.«

»Warum triffst du Entscheidungen mit deinem Herzen und nicht mit dem Verstand?«

»Wenn ich Entschlüsse mit meinem Verstand fasse, werde ich von allen möglichen gegeneinander ankämpfenden Gedanken beeinflusst. Versuche ich mit meinen Augen zu entscheiden, werde ich, auch wenn es mit Liebe geschieht, mich nur schwerlich dem Einfluss dessen entziehen können, was ich sehe – wie Menschen aussehen, sich verhalten und was sie machen. Lasse ich jedoch mein Herz bestimmen, bin ich nie unnachsichtig in meinen Beurteilungen. Mein Herz berücksichtigt all das, was die Menschen verletzt hat, womit sie fertig werden mussten, nur um geistig gesund und am Leben zu bleiben. Vermutlich tragen die meisten Menschen in der Welt eine solche Last. Mein Herz denkt über Gerechtigkeit, Trost und Hoffnung nach. Es ist wie *Wakan Tankas* Herz, das uns als hohle Knochen akzep-

---

23) *Cottonwood* bezeichnet einen Baum aus der Familie der Balsampappeln, wovon es noch andere Unterarten gibt. Der Name *Cottonwood* = »Baumwollbaum« rührt daher, dass der Same bei manchen Arten von einem watteähnlichen Flaum umgeben ist. Die Blätter sind dreieckig wie die Seitenteile eines Tipizeltes. Eine Art des Cottonwood-Baumes heißt auch wegen der dreieckigen Blätter Pyramidenpappel. Es ist ein raschwüchsiger Baum, dessen Holz sich auch gut für Schnitzarbeiten eignet. (Anm. d. Übers.)

tiert, um darin und dadurch zu arbeiten, auch wenn niemand von uns diese große Ehre verdient.«

Ich nickte und musste an die Zeit denken, als ich ihn besuchte und neun Leute in seinem Haus lebten, die seine Vorräte und Feuerholz aufbrauchten sowie Bettzeug und Möbel abnützten. Einige der Männer tranken, und keiner steuerte etwas zum Haushalt bei. Sie waren einfach, wie so oft der Fall, bei ihm eingezogen. Ich fragte Fools Crow, warum er sie nicht hinauswarf. Seine Antwort war: »Kate würde weinen, und das könnte ich nicht ertragen.«

Ich wies ihn daraufhin, dass er Ohren, Nase und Mund nicht erwähnt hatte. »Spielen sie bei deinem Visionieren keine große Rolle?«

»Doch, aber nicht in derselben Weise. Wenn ich mit meinem Geist, den Augen und dem Herzen visioniere, sehe ich durch die Augen der Höheren Mächte, und nicht wie ein Mensch, der nur mit natürlicher Kraft ausgestattet ist. Was ich dann sehe, ist gewöhnlich das Gegenteil von dem, was die Menschen sehen, weil wir von unseren Wünschen und Begierden beeinflusst werden.«

»Also, wie passt dann die Nase in das Ganze?«

»Über das hinaus, was die Nase üblicherweise tut, wie zum Beispiel atmen, ruft sie Erinnerungen in uns wach und wirkt wie eine Schatzkiste, die uns mit der Vergangenheit verbindet. Mit allem, was wir tun, sind Gerüche verbunden. *Wakan Tanka* hat die ganze Erde damit überzogen und wir können viele davon kombinieren, um neue zu kreieren. Die süßen Düfte wie Süßgras und Salbei wirken schützend, indem sie Böses vertreiben, da es einzig mit bittern Dingen verbunden ist. Beim Sonnentanz tragen wir deswegen Salbei, um die höheren Mächte, die ihn gern mögen, anzuziehen und um jeden störenden Einfluss fernzuhalten. Gerüche veranlassen uns zu fühlen, zu wünschen und uns etwas auszudenken. Sie sorgen für eine geheimnisvolle Atmosphäre längst vergangener Dinge und regen unsere Gefühle an.«

»Und die Ohren?« fragte ich.

»Alles, was existiert, macht Geräusche«, antwortet er, »und sogar wenn Dinge nahe aneinander vorbeiziehen, entsteht zwischen ihnen ein Klang. Auf diese Weise entsteht Musik. *Wakan Tanka*, Großmutter Erde und die anderen Helfer verständigen sich durch Töne mit uns, manchmal durch Worte. Aber noch öfter regen sie so unseren Geist und unser Herz an, damit wir über spirituelle Angelegenheiten nachdenken. Großmutter Erde spricht durch die Trommel zu uns. Die Rasseln sind *Wakan Tankas* sanfte Stimme; sie senden einen Schauerregen von Segnungen auf die Erde hinunter. Flöten sind die vielen Stimmen der Wesen der

Himmelsrichtungen. Der Donner ist die kraftvolle Stimme der Ehrfurcht gebietenden Donnerwesen. Die Steine sprechen zuerst zu den Ohren und durch sie zum Verstand, zum Geist und zum Herzen. All die schönen Klänge, die vorhanden sind oder entstehen, sind *Wakan Tankas* Schöpfungen. Er hat eine Schwäche für sie, wie für all die anderen wunderschönen Dinge, die er geschaffen hat. Benutzen wir sie, zieht es Ihn unwiderstehlich an. Wir wissen dann, dass Er anwesend ist und das Erlebnis mit uns teilt.«

Es ist deutlich, dass Fools Crow durch das Visionieren eine Lebensweise gezeigt wurde, die sich spontan auf die rechte Gehirnhälfte stützt, ohne dass er je über die biologische Funktionsweise der linken und rechten Hirnhälften gehört hätte.

Er sagte mir noch, dass Visionieren dem Öffnen einer Tür gleicht, man aber durch diese Tür gehen müsse, um die wundervollen Dinge in dem dahinterliegenden magischen Raum erfahren zu können. Aber auch, wenn wir dorthin gelangten, müssen wir »glauben, um zu sehen«, im Gegensatz zu dem naturwissenschaftlichen Zugang, nämlich »sehen, um zu glauben«. Fools Crow fragte: »Wie sonst können *Wakan Tanka* und die Helfer uns ihre Wunder zeigen?«

Ach ja, und was den Mund angeht: »Mit dem Mund schmecken, essen und kommunizieren wir«, sagte Fools Crow, »aber er bringt uns auch in Schwierigkeiten.

6 Werkzeuge des Geistes

Bei seiner ersten Visionssuche im Jahre 1903 erhielt Fools Crow eine besondere, wirkungskräftige Medizin und lernte viele Methoden zur Durchführung von rituellen Behandlungen und Heilungen. In darauf folgenden Visionssuchen gab ihm *Wakan Tanka* kraftvolle Heilungslieder sowie drei der phänomenalsten Meditations- und Fokussierungswerkzeuge, die jemals an einen Menschen weitergegeben wurden. Das regelmäßige Abhalten des Sonnentanzes, des Rituals in der Reinigungshütte und der Yuwipi-Zeremonie spielte zusammen mit der gezielten Verwendung dieser Lieder und Werkzeuge die größte Rolle beim Wachrufen und Freisetzen der von *Wakan Tanka* und den Helfern zu seiner eigenen hinzugefügten Kraft. Eines dieser Werkzeuge befähigte ihn zur Gedankenübertragung. Er vermochte es, Gedanken und Anweisungen anderen Menschen zu übermitteln, sie zu beeinflussen und auch in Erfahrung zu bringen, was ihnen mitgeteilt wurde und was sie dachten und taten. Mit einem zweiten Werkzeug gelangte er zu ausdauernder Kraft, Langlebigkeit und Erneuerung, indem es ihm einen wundervollen Weg zu täglicher Wiedergeburt, Erneuerung, Fruchtbarkeit und Dankbarkeit eröffnete. Das dritte Werkzeug war ein bemerkenswerter heiliger Hingabestab, der es ihm immer wieder erlaubte, sein ganzes Selbst den Höheren Mächten zum Dienst anzubieten. Es ist wichtig zu wissen, dass Fools Crow der Ansicht war, wir könnten mit den gleichen Werkzeugen all das vollbringen, was auch ihm möglich war.

Der Sonnentanz ist seinem Wesen nach ein öffentlich durchgeführtes Ritual, das von jedem besucht werden kann; manchmal dürfen sogar Nichtindianer am Sonnentanz teilnehmen.[24] Deswegen findet sich in meinen Berichten darüber auch

---

24) Es gibt keinen vollständigeren Bericht über den Sonnentanz als mein eigenes Buch *Sundancing at Rosebud and Pine Ridge*, das vom Center for Western Studies am Augustana College in Sioux Falls, South Dakota, 1978 herausgegeben wurde. (In deutscher Übersetzung erschienen 1999 im Arun-Verlag unter dem Titel *Oyate Wica'Ni Ktelo*. Das Buch ist vergriffen.) In seinen Forschungsarchiven befindet sich auch mein eigener Film über den gesamten Tanz, wobei es sich möglicherweise um die einzig existierende Aufzeichnung dieser Art handelt.

nichts Geheimes. Mit Ausnahme von bestimmten Behandlungen und Heilungen gilt das auch für die Reinigungsschwitzhütte. In meinem ersten Buch über Fools Crow finden sich viele Aussagen zu diesem Thema; Fools Crows Enthüllungen über die mächtige Kraft, die ihn diese Dinge vollbringen ließ, blieben jedoch diesem zweiten Buch vorbehalten. Die Yuwipi-Zeremonie ist eine sehr private Angelegenheit, an der besonders eingeladene Personen teilnehmen, manchmal auch nichtindianische Außenstehende. Fools Crow erzählte mir alles über seine eigene Beteiligung am Yuwipi, und einiges wurde im ersten Buch wiedergegeben. Aber aus Respekt vor den Medizinmännern, die diesen alten Ritus immer noch in den Reservaten durchführen, habe ich nicht vor, davon mehr als bisher aufzudecken.

Das Werkzeug zur Gedankenübertragung

In meinem Buch *Geheime indianische Pfade – ein Führer zu innerem Frieden* erzähle ich von einem Besuch bei Fools Crow, als er auf dem Bear Butte[25] einen Visionssucher anleitete, indem er, wie er mir erzählte, seine Gedanken zu dem sich oben auf der Bergspitze befindenden Mann schickte. Er erfuhr dabei auch dessen Gedanken, während er selbst unterhalb auf einer Wiese zur selben Zeit die gewohnten Schwitzhütten-Zeremonien durchführte.[26] Er wies den Mann mittels Gedankenübertragung an, vier kleine Kreuze aus Ästen zu bilden, sie in einer geraden Reihe zu legen und darüber zu beten. Der Gebrauch eines solchen Gebetsutensils war gänzlich unbekannt und gewiss kein üblicher Teil der Visionssuche. Fools Crow teilte mir noch die Einzelheiten der Vision mit, die dieser Mann gerade empfangen hatte, und er lud mich ein dazubleiben, um den Bericht des Mannes nach seiner Rückkehr zu hören.

Dann fügte Fools Crow noch hinzu, dass dieser innerhalb der nächsten halben Stunde eintreffen würde. Minuten später war der Mann auf dem gewundenen Pfad zu sehen, und er war nicht wenig überrascht und irritiert, mich bei dem heiligen Mann vorzufinden. Er wand sich umso mehr, als Fools Crow ihn bat zu er-

---

25) Wörtlich: Bären-Bergstumpf, auf Lakota: *paha mato*, Stumpfberg in South Dakota, auf dem oft Visionssuchen und Zeremonien durchgeführt werden. (Anm. d. Übers.)
26) *Geheime indianische Pfade – ein Führer zu innerem Frieden*, (Knaur 1991, vergriffen, keine Neuauflage geplant) Seiten 288-291.

zählen, was er während seiner vier Tage und Nächte auf dem Berg gesehen, gehört und getan hatte. Ich wusste allerdings warum: Üblicherweise wurden diese persönlichen Dinge nur dem Mentor des Visionssuchenden berichtet.

Doch der Mann kam der Bitte nach, und es stellte sich heraus, dass er – einschließlich seiner Verwirrung über den seltsamen Drang, diese vier Astkreuze zu legen – genau das erlebt hatte, was Fools Crow mir bereits verraten hatte. »Warum habe ich das mit den Kreuzen nur gemacht?« fragte er, worauf Fools Crow mich breit grinsend ansah.

Das war eine beidseitige Gedankenübertragung, und man muss zumindest zugeben, dass es eine eindrucksvolle Leistung des Alten Herrn der heiligen Männer war. Soviel habe ich allerdings schon berichtet … aber nicht das Folgende:

Als ich damals bei Fools Crows Camp ankam, war er gerade dabei, seine Gedanken zu dem Mann zu senden und weitere Information über dessen Vision zu erhalten. Also zeigte er mir die aufregenden Geheimnisse seiner Vorgehensweise. Gemeinhin nimmt man ja an, dass jegliche Gedankenübertragung und das Gedankenlesen allein durch mentale Konzentration bewerkstelligt werden. Anders bei Fools Crow. Ihm wurde eine weitaus bessere Methode gegeben. Er konnte sie anwenden, wann immer er wollte, und dazu mit einer hervorragenden Genauigkeit.

Aus der Ferne hatte er mich schon über die saftige Wiese kommen sehen, und er stand auf, um mich mit einer herzlichen Umarmung willkommen zu heißen. Noch während wir unsere Grüße austauschten, sah ich neben seinem Sitzplatz auf der Wiese eine geebnete runde Fläche im Durchmesser von 25 Zentimetern. Die Haupthimmelsrichtungen waren mit farbigen Tuchflicken markiert. Im Zentrum des Kreises steckte aufrecht ein Stab von vielleicht anderthalb Zentimeter Stärke und zwanzig Zentimeter Länge im Boden. Er war mit rotem Filz umwickelt, der von einem Gürtel aus Garn in den Farben der Himmelsrichtungen festgehalten wurde. Am oberen Ende des Stabes waren eine blaue und eine grüne Feder unter den Filz gesteckt – die Farben von *Wakan Tanka* und Großmutter Erde. Für mich unsichtbar, verbarg sich, wie er mir erzählte, unter dem Filz eine Haarlocke des Mannes sowie eine kleine Stoffprobe seiner Kleidung. An den Gürtel waren mit Garnschleifen ein kleines Stabkreuz, eine weiße Flaumfeder, einige Perlen und ein Stückchen Meeresmuschel geknotet. Der Stab selbst war rot bemalt, und drei aufgemalte schwarze Punkte kennzeichneten das Gesicht. »Das ist er«, sagte Fools Crow und zeigte in Richtung der unsichtbaren Bergspitze des Bear Butte. »Schicke ich Gedanken zu einer Frau oder lese ihre Gedanken, wird der Stab mit der grünen Farbe von Großmutter Erde bemalt.«

Am westlichen Kreisrand steckte aufrecht ein weiterer Stab in der Erde, der ähnlich wie der erste geschmückt war. Fools Crow klopfte mit seinem Finger daran und sagte: »Das bin ich.« Er nahm ihn in die Hand und drehte ihn langsam, um ihn mir zu zeigen. Dazu erzählte er: »Die daran befestigten Dinge sind persönliche Sachen. Hier ist ein kleines Stück meines Zeremonialkostüms, und hier ein wenig Süßgras aus meinem Medizinbündel.« Er berührte das Stückchen des Zeremonienkostüms und sagte: »Ich nenne mein Kostümhemd deshalb ein ›Kriegshemd‹, weil ich es trage, um gegen negative und schlechte Dinge zu kämpfen. Ich habe nie in einem Krieg gekämpft, auch nicht gegen Feinde oder andere Menschen, und ich wollte es auch nie tun. – Da ist auch eine Haarlocke von mir«, fügte er hinzu und rieb lächelnd seine graue Schädeldecke.» Es ist eine schwarze Haarlocke, die ich, wie du siehst, schon vor etlichen Jahren angebracht habe.«

Nun erspähte ich neben dem Kreis ein rotes Tuch, auf dem ein noch faszinierenderer und schönerer Stab lag. Er war wesentlich größer als die anderen beiden. Fools Crow bemerkte mein Interesse und sagte dazu: »Das ist mein Hingabestab. Über den erzähle ich dir ein anderes Mal.«

Ohne weitere Fragen abzuwarten, kniete er am westlichen Punkt des Kreises nieder und nahm eine vor ihm liegende Schwanzfeder eines Steinadlers auf. »Um meine Gedanken der Person zu übermitteln, die durch den Stab in der Mitte dargestellt ist, räuchere ich zur Reinigung und Vorbereitung zuerst den Kreis und dann mich selber mit Süßgras ab. Ich fange im Süden an, dort wo das Leben und die Wiedergeburt beginnen, und stelle meinen Stab in jede der Richtungen. Dann schließe ich die Augen und entspanne mich durch tiefes Atmen. Ich bewege meinen Stab im Uhrzeigersinn, und wenn ich bei der jeweiligen Richtung angekommen bin, schließe ich wieder die Augen und konzentriere mich auf die Gedanken, die ich zu der Person senden möchte. Dabei schwinge ich die Feder viermal zu ihm hin, um die Gedanken in seine Richtung zu schicken.[27] Danach lege ich die Feder zuletzt so hin, dass sie auf den Visionssuchenden zeigt. Dann führe ich meinen Stab über die Feder und hoch zu ihm. Sobald ich ihn berühre, stimme ich meinen

---

27) Obwohl ich es nicht jedes Mal erwähnte, wenn er es tat: Fools Crow machte beim Ausführen einer rituellen Geste immer vier Bewegungen. Dadurch verlieh er sowohl der Handlung als auch dem Ritual spirituelle Kraft. Wenn er beispielsweise seine Pfeife mit Tabak stopfte, so bot er den Tabak den Vier Himmelsrichtungen mit vier Bewegungen an und stopfte ihn dann vier mal in den Pfeifenkopf.

›Huh-huh‹-Ruf an, um ihm meine Gedanken einzupflanzen. Er wird mich hören und das tun, was meine Gedanken ihm sagen. Meine Gedanken sind in jeder Himmelsrichtung mit dem dort lebenden Wesen verbunden. Ich benutze die von diesem Wesen kommenden Kräfte, um diese Gedanken auszuformen. Manchmal jedoch erlaube ich mir einen kleinen Spaß und weise den Empfänger etwa an, etwas so Ungewöhnliches wie das mit den Astkreuzen zu tun. Dazu muss ich etwas, das diese Gedanken repräsentiert, an den Stab binden. Du siehst ja das kleine Holzkreuz dort. Die Person führt ausnahmslos das aus, was ihr gesagt wird, und wundert sich anschließend, warum. Wenn sie dann von der Visionssuche zurück ist und mir davon erzählt, ist sie ziemlich erstaunt darüber.«

»Benutzt du immer die beiden Stöcke zur Gedankenübertragung?«

»Nein. *Wakan Tanka* kann es einfach durch mich geschehen lassen, indem ich darüber nachdenke, aber mit den Stäben geht es besser und ist wirkungsvoller. Wie du siehst, mache ich es heute auf diese Weise.«

»Und was ist mit dem Ruf …?«

»Sage den Leuten, wie sie es machen sollen, und sie werden vom Resultat überrascht sein. Wenn sie *Wakan Tanka* bitten, ihnen dazu einen eigenen Ruf zu geben, so wird er es tun.«

»Hat Stirrup dir das beigebracht?«

»Nein, *Wakan Tanka* und die Helfer haben es mir durch eine Vision gegeben.«

»Ich verstehe nun, wie du Gedanken aussenden kannst. Aber wie bringst du in Erfahrung, was dem Suchenden erzählt wird und was er in seiner Vision sieht?«

»Dazu verwende ich dieselben Stöcke und denselben Kreis, aber wenn ich bei den einzelnen Richtungen angelangt bin, drehe ich die Feder zu mir hin. Ich lege auch meine Gesichtsmaske an und beginne im Süden mit offenen Augen. Ich führe meinen Stab über die Feder und über die Mitte, wo der Suchende steht. Sobald ich bei ihm angelangt bin, schließe ich die Augen und konzentriere mich so fest wie möglich. Dann bitte ich das Wesen der jeweiligen Himmelsrichtung um Hilfe, damit ich herausfinde, was mit der Person geschieht. Mit noch immer geschlossenen Augen schaue ich von innen auf meine Stirn und auf das, was sich auf meiner geistigen Leinwand zeigt. Ich sehe Bilder des Geschehens und höre auch die Worte, die zu der suchenden Person gesprochen werden. Es ist wie in einem Kino. Die Wesenheit aus dem Süden wird mir erzählen, wie das, was ich gerade sehe und höre, mit Wiedergeburt und der Erneuerung von Leben und Schicksal zusammenhängt. Ich umrunde den Kreis im Uhrzeigersinn, und bei jeder Richtung wiederhole ich diesen Vorgang. Dabei sehe ich weitere Teile des Bildes. Bin

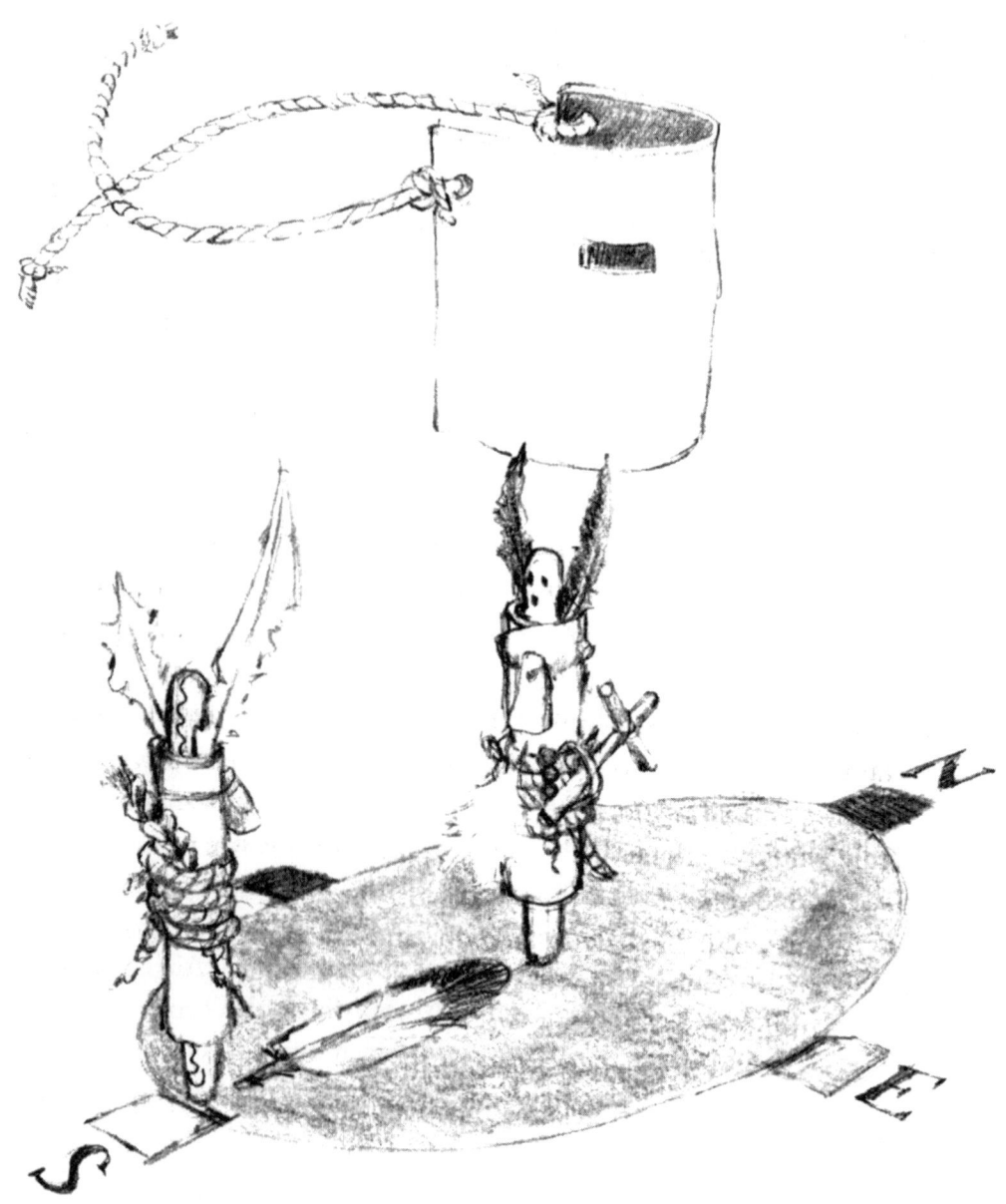

Gedankenübertragungs-Stäbe und Maske

ich dann bei allen vier Himmelsrichtungen gewesen und wieder beim Süden angelangt, dann fügen die Wesenheiten alle Teile wie ein Puzzle auf der Leinwand zu einem Ganzen zusammen. Das so entstandene Bild und die mitgeteilten Worte vermitteln mir alles Wichtige, was der Visionssuchende gesehen und gehört hat.«

Fools Crow ließ keinerlei Anzeichen erkennen, dass ihm die Großartigkeit dieser übernatürlichen Behauptungen Probleme bereitet hätte. Ungerührt fischte er aus dem Medizinbündel seine Gesichtsmaske, die aus einem Stück roten Stoffs bestand, der ausgebreitet etwa 20 Zentimeter im Quadrat maß. Zwei rechteckige Augenlöcher waren ausgeschnitten, und an den oberen Ecken waren ungefärbte Schnüre festgeknotet. Vor längerer Zeit waren weiße Symbole aufgemalt worden, die aber nunmehr nur noch zu erahnen waren. Ich vermute, dass jemand, der dieses unauffällige Utensil in seinem Medizinbündel gefunden hätte, nicht die leiseste Ahnung gehabt hätte, wozu es gebraucht wurde.

An dieser Stelle schnaufte ich hörbar und fragte meine Standardfrage: »Können auch andere Menschen diese Art der Gedankenübertragung anwenden, und können sie es auch in anderen Situationen tun als bei der Visionssuche?«

Mit einem prompten »Ho« signalisierte er seine Zustimmung. »Wenn beide beteiligten Personen daran glauben, dass es gemacht werden kann, und wenn sie dann die Macht herbeirufen, können sie es bewerkstelligen.«

»Sind auch weit voneinander entfernte Menschen in der Lage, diese Gedankenübertragung anzuwenden; wenn sich beispielsweise jemand in South Dakota und jemand anderes in Los Angeles aufhält?«

Er nickte: »Es geht sogar von England nach South Dakota und zurück. Da ich unterwegs keine Briefe schreibe, nehme ich meine Stöcke mit und sende manchmal Nachrichten durch Gedankenübertragung nach Hause.« Er kicherte und fügte hinzu: »Das erfordert keine Briefmarken oder Telefonleitungen und spart eine Menge Geld. Wir könnten vielleicht diese Idee vermarkten und brauchten dann nur noch jemanden zum Paketausliefern!«

Dallas klatschte Beifall und klopfte Fools Crow auf den Rücken. »Da hast du eine großartige Idee, vielleicht sogar besser als die des Telefonerfinders Alexander Graham Bell. Ich werde einige Anteile von deiner Firma kaufen.«

»Welchen Vorteil hat die Verwendung der Stäbe gegenüber einer nur mit dem Geist ausgeführten regulären Gedankenübertragung?«

»Mit den Konzentrationswerkzeugen ist es immer das Gleiche: Während man sie herstellt, mit Rauch reinigt und aufstellt, vergeht Zeit, und in dieser Zeit sinkt man tiefer und tiefer in Kommunikation mit *Wakan Tanka* und den Helfern. Dies gibt ihnen die notwendige Zeit, um in und durch uns zu wirken, und sie können mehr vollbringen. Das Gleiche passiert, wenn wir unsere Zeremonialkostüme herstellen und unsere Körperbemalung anlegen. All dies benötigt Zeit, aber auf diese Weise gelangen wir auch zu intensiver Erfahrung. Wir fühlen tiefer und denken gründlicher darüber nach. Wenn dann die Zeremonien stattfinden, ist unser Alltagsleben und jede Ablenkung bereits beiseitegeschoben, und wir sind dann bereit, die Kraft zu empfangen und zur Wirkung zu bringen. Naturgemäß ist das Ergebnis dann weitaus großartiger als ohne diese Vorbereitungen.«

»Führst du mit der Gesichtsmaske auch das Herbeilocken durch?« fragte ich.

»Ja, ich benutze die weiße Wolke, um die Person zu mir zu locken.«

»Was machst du hinterher mit den Stäben?«

»Ich hänge sie als Dankesopfer an Bäume oder Büsche hier am heiligen Berg auf. Die übrigen Sachen verwahre ich für das nächste Mal. Wenn wir uns hier umschauen, dann finden wir wahrscheinlich einige der bereits verwendeten Stäbe, falls die Touristen sie nicht gestohlen haben.«

»In diesem Zusammenhang hast du noch kein Lied erwähnt«, sagte ich.

Fools Crow stand langsam auf und dehnte seine Arme und Beine. Sein Blick fiel auf das kleine ausgehende Feuer, und er ging hinüber, scharrte die Kohlen zusammen und legte einige neue Äste auf. Wie aufgebrachte Bienen stoben Funken in die Höhe, und der köstliche Duft der mit Salbei bestreuten Kohlen drang zu mir herüber. Ich schloss die Augen und tat einen tiefen Atemzug. Mit seiner von Purpureschen bedeckten und gerundeten Bergspitze, mit den rasiermesserscharfen Klippen an einer Flanke des Hauptberges, rötlichen Mahagonibäumen, Gelbkiefern und dichtem Gras ist der Bear Butte ein erhabener Platz zum Verweilen – ein Naturtempel. An diesem Platz taucht man unversehens ein in die alte, heilige Vergangenheit der Sioux und Cheyenne, zumal, wenn man mit Fools Crow dort sein konnte. An diesem bestimmten Tag trug er seinen schwarzen Cowboyhut, einen kleinen Bolo Tie[28] mit eingelegtem Türkisstein, eine Levis-Jeans und ein langärmeliges Hemd mit weißen und gelben Längsstreifen. Er justierte den Bolo auf seiner Brustmitte und begann ein Lakota-Lied in einer gefälligen Melodie zu singen. Ich konnte nur einige mir bekannte Worte darüber aufschnappen, wie gesegnet wir sind, weil wir *Wakan Tanka* kennen. Nach dem Lied musterte er mich einen Moment lang und sagte: »Mir wurde nicht für jeden Anlass ein Gesang gegeben,

---

28) Um den Hals mit einem ornamentalen Schnappverschluss, dem Bolo, befestigte und als ein Schlips getragene Schnur. (Anm. d. Übers.)

aber wenn ich diese Dinge mache, finde ich vor Freude immer einige Gesänge in meinem Herzen.«

In meinen früheren Büchern beschreibe ich zahlreiche Beispiele von Transformation und Gedankenübertragung, in denen die Höheren Mächte unglaubliche Dinge in und durch Fools Crow bewirkten. Darunter waren einige, bei denen er transformiert wurde, und einige, bei denen er nicht umgewandelt wurde, wo sich aber andere ungewöhnliche Dinge ereigneten. Er konnte nach einer Umwandlungs-Erfahrung immer einen Teil seines Traums oder seiner Vision in greifbare Wirklichkeit verwandeln. Erschienen ihm etwa Federn, so konnte er einfach einige davon aus der Luft greifen und sie in echte Federn verwandeln. Genau dies machte er einmal und gab mir dann die Federn.

Diese Fähigkeit erklärte er mir damit, dass die von den Weißen oft als »indianische Ursprungsmythen« bezeichneten Geschichten eigentlich auf historischen Tatsachen basierten. Deswegen sind die Geschichten für die Indianer wahr und werden keinesfalls als Mythen angesehen. Seiner Ansicht nach bezeichnete das Wort »Mythos« eine Geschichte, die von Menschen erfunden worden war und sich über einen langen Zeitraum ausgebildet hatte. Aber jede einzelne der Ursprungsgeschichten hatte für ihn tatsächlich als ein Ereignis in der urzeitlichen Geschichte begonnen. Er wusste, dass die meisten Geschichten im Lauf der Jahrhunderte beim Erzählen und Wiedererzählen ausgeschmückt und umgestaltet worden waren, glaubte aber, dass der historische Kern immer erhalten blieb und dass die Menschen nicht sich selbst überlassen waren, um ihre Schöpfungsgeschichten zu entwickeln.

Fools Crow sagte dazu: »Es gibt Legenden, die unsere Vorfahren erfanden, um die Existenz und den Aufbau beispielsweise der Sterne und des Königreichs der Tiere zu erklären. Aber zwischen Legenden und Schöpfungsgeschichten gibt es einen großen Unterschied. Die Ausgräber (Archäologen und Anthropologen) berichten uns unermüdlich, wie es früher gewesen ist. Aber Zeit meines Lebens machten sie immer neue Entdeckungen und mussten ihre Ansichten daraufhin ändern. Graben die Ausgräber nur lange genug weiter, so finden sie eines Tages auch die Beweise, um die historische Wahrheit jeder unserer Geschichten zu untermauern. Genau wie bei der Transformation ist immer etwas Wahres daran.«

»Wie können Menschen, die dich aufsuchen, herausfinden, ob das, was du mit ihnen tust, auf Gedankenübertragung beruht oder wirklich geschieht?« wollte ich wissen.

»Wenn ich transformiert bin und Gedanken übertrage, sieht die Person (oder die Personen – es könnte auch eine Gruppe sein) ebenfalls das, was ich wahrnehme und was mit mir geschieht. Auch wenn ich Straßenkleidung trage, wenn wir hinausgehen – sobald ich mein Gebet gesprochen habe, wird mein Gesicht bemalt sein, und ich werde in mein Zeremonialgewand gekleidet sein, das auch bemalt sein kann. Die Botschaften, die ich im transformierten Zustand erhalte, unterscheiden sich nicht völlig von den Botschaften, die mich erreichen, wenn ich keine Gedankenübertragung ausführe. In beiden Fällen passiert aber das, was die Weißen als Wunder bezeichnen. Ist die Gedankenübertragung beendet, befinde ich mich wieder in meiner normalen Kleidung. Wenn das Geschehen jedoch real ist, bleibe ich in meiner Alltagskleidung und bin nicht bemalt.«

Ich habe Fools Crow sowohl in realen als auch in Transformationssituationen erlebt, die jeweils sehr ähnlich waren. Einmal sah ich eine Gruppe von Tieren und Vögeln zu ihm kommen und mit ihm sprechen, während er in Gesichtsbemalung und im Zeremonialkostüm erschien. Zwei andere Male sah ich allerdings Tiere zu ihm kommen und mit ihm sprechen, während er seinen schwarzen Hut und seine Alltagskleidung trug. Einmal beobachtete ich, wie er in einem historischen Kostüm und mit Gesichtsbemalung erschien, während Rauch in den Farben der Richtungen in ihn hinein- und aus ihm herauswirbelte und Dutzende von Federn eines jungen Steinadlers wie fallende Blätter ringsumher im Rauch schwebten. Dies war die Gelegenheit, zu der er mir die Federn gab.

»Wovon hängt es ab, ob eine Situation real oder eine mit Gedankenübertragung sein wird?« fragte ich. »Warum kann so etwas auf zwei Weisen geschehen?«

Erstaunt über meine Frage schaute er mich misstrauisch an. Dann sagte er sanft: »In einer realen Situation kann *Wakan Tanka* nur in begrenzter Weise mit mir arbeiten. Ich diene ihm, bleibe dabei aber ein menschliches Wesen. Meine Hände, Arme und Beine vermögen nur Menschenmögliches zu tun. Bei der Gedankenübertragung jedoch gibt es keine Grenzen.«

»Kannst du mir für die Leser ein Beispiel einer realen Situation nennen?«

»Ja, da wäre die Genesung des Mannes mit dem Gehirntumor. *Wakan Tanka* verwandelte das Nerzfell, das ich in meinem Zopf trug, in einen wirklichen Nerz, der zu dem Mann lief und den Tumor heraussaugte. Dreiundzwanzig Leute, sowohl Weiße als auch Indianer, sahen dabei zu. Sie waren sehr überrascht und fragten sich, ob es wirklich so passierte. Es passierte wirklich! Da war keine Gedankenübertragung im Spiel. Niemand sah mich verwandelt in historischem Kostüm oder mit geschminktem Gesicht. Als dann der Mann in das Krankenhaus kam, konnten die Ärzte den zuvor diagnostizierten Tumor nicht wieder finden.[29] Wenn mich Tiere und Vögel in ihrem irdischen Körper aufsuchen, dann stellt das eine wirkliche Erfahrung dar. Oder aber sie kommen in ihrer geistigen Gestalt zu mir, dann können andere sie nur durch die Gedankenübertragung sehen. Der Unterschied in der Bedeutung liegt in diesen beiden Fällen darin, dass die mir von den wirklichen Geschöpfen mitgeteilten Botschaften sich auf Dinge beziehen, die auf der irdischen Ebene angesiedelt sind – was in Kyle, Pine Ridge, Rosebud oder in einigen anderen Reservaten passiert. Die geistigen Geschöpfe übermitteln mir unmittelbar Botschaften von *Wakan Tanka*. Sie erzählen mir, wie er über eine bestimmte Situation denkt und was er mich darüber wissen lassen möchte ... wie man damit in einer weisen Art umgeht und in die Zukunft schaut und Dinge vorhersagt.«

»Und gehören diese beiden Dinge zu dem, was auch andere Menschen erleben können?«

Mit der für ihn typischen, bejahenden Geste hob er seine Hand und machte einen zustimmenden Laut. »Wer auch immer dazu bereit ist, sein Leben zu führen, wie ich es tue, kann auch dieselben Dinge vollbringen. Ich lebe in diesem entlegenen Reservat und weile nur für eine kurze Zeit hier auf der Erde. Warum sollte *Wakan Tanka* diese Dinge auf mich beschränken? Auf der ganzen Welt haben Menschen die gleichen Probleme, und wer Ihm dienen will, den kann er so groß machen, wie der jeweilige Mensch es zulässt. Es ist nur traurig, dass die Menschen daran zweifeln und sich damit selbst begrenzen. Wenn die meisten Menschen auf der Welt dies akzeptieren und in der richtigen Weise leben würden, würde jede physische und erdbezogene (umweltbedingte) Krankheit binnen Kurzem verschwunden sein. Dann würden wir wieder wie im Garten Eden leben.«

---

29) *Geheime indianische Pfade*, 1991, Seiten 292 - 294. (Auf diesen Vorfall bezieht sich auch Gerhard Buzzi in seinem Buch *Indianische Heilgeheimnisse*, Bastei Verlag 1997, Seite 58-59. Dort erfährt Buzzi, wie der Heilige Mann dem Stückchen Fell Leben einhauchen konnte: »Frank Fools Crow gab dem Hermelinfell ›ton‹. Das ist eine spirituelle Kraft, die das Fell *wakan* und damit lebendig macht. ›Ton‹ hat die Macht, übernatürliche Dinge zu tun. Die Energie des Universums befindet sich in diesem Augenblick in dem kleinen Hermelinfell, das für kurze Zeit zum Leben erweckt wird. Nicht der *wicasa wakan* macht es lebendig, es ist ›ton‹, die Macht, die kein weißer Wissenschaftler je zu ergründen vermag. Weiße Wissenschaftler halten sich für Götter, die oft über Leben und Tod entscheiden. Sie haben vergessen, dass es einen Schöpfer gibt, der viel mächtiger und weiser ist als die Menschheit. Darum haben eure Wissenschaftler keinen blassen Schimmer von ›ton‹. Nicht nur Menschen, sondern auch Tiere und Pflanzen können ›ton‹ besitzen.« Anm. d. Übers.)

»Woher weißt du vom Garten Eden?« fragte ich. »Die katholischen Priester haben mir davon erzählt«, sagte er verschmitzt. Ich versuchte meine Erheiterung zu verbergen und fragte:

»Warum bringt dich das zum Schmunzeln?«

»Weil sie mir nur die Geschichten der Bibel erzählen. Sie halten mich nicht für gebildet genug, um anspruchsvollere Dinge zu verstehen. Aber das hat auch eine gute Seite. Ich erzähle die biblischen Geschichten unserem Volk, und es hört sie gern«, antwortete er.

Das Erneuerungswerkzeug

Eines Tages ging ich frühmorgens mit Fools Crow zum Beten hinaus. Nach einigen Störungen hatten wir uns einem strikten Zeitplan unterworfen, um die verlorene Zeit aufzuholen. Wir waren müde, und ich erwartete, dass mein sechsundachtzigjähriger Freund nach dem Gebet nach Hause gehen würde, um sich auszuruhen. Aber wie so oft überraschte er mich, und dieses Mal verwickelte er mich in eine der faszinierendsten Erfahrungen meines Lebens. Wir hatten gerade eine halbe Stunde gebetet und waren in der Phase des Lauschens, als er innehielt, sein Medizinbündel öffnete und zwei Stäbe herausnahm. Einer glich seinem Gedankenübertragungsstab und stellte ihn selbst dar. Der andere Stab war etwas dicker, 20 Zentimeter lang und an einem Ende zugespitzt. An diesem Stab waren für die Haupthimmelsrichtungen vier kleine rechteckige Stoffstücke angeklebt, in den Farben Weiß, Schwarz, Rot und Gelb. Am oberen Ende dieser Stoffstücke war eine Schnur mit sieben Tabakopferbeutelchen um den Stab gebunden. Auf der flachen Stabspitze klebte horizontal ein winziger geschnitzter Holzbüffel mit erigiertem Penis.

Mit einer Zweigspitze zeichnete Fools Crow einen etwa 40 Zentimeter großen Kreis auf den Boden. Dann markierte er mit zwei sich mittig kreuzenden Linien die Haupthimmelsrichtungen und legte kleine farbige Filzstückchen dorthin, wo sich die Linien mit dem äußeren Rand des Kreises schnitten – Weiß für den Süden, Schwarz für den Westen, Rot für den Norden und Gelb für den Osten. Als Nächstes steckte er den Stab mit den Stoffstückchen und dem angeleimten Büffel in die Kreismitte. Nun holte er aus seinem Medizinbündel ein kleines mattrot bemaltes Stoffbeutelchen heraus. Er lockerte das Durchziehband und leerte den Inhalt in seine linke Hand. Es waren sechs kleine und glatte weiße Steine, die alle einen Kreis in einer der Richtungsfarben aufgemalt hatten sowie ein blauer und ein grüner Stein.

Dazu sagte er: »Du weißt bereits, was die Farben bedeuten, sie stehen für die Wesenheiten der vier Himmelsrichtungen, und Blau für *Wakan Tanka* und *Tunkashila* und Grün für die Großmutter Erde.«

Dann langte er wieder in das Medizinbündel und zog ein kleines Strohkörbchen heraus, etwa so groß wie ein Vogelnest und mit einem roten Stoffstückchen darin. Dann nahm er noch ein rotes, etwa 60 Zentimeter langes Band heraus. Er schnürte ein Ende davon an den Mittelstab und das andere Ende an den Stab, der er selbst war. Das Körbchen stellte er neben den Mittelstab, nahm seinen Hingabestab aus dem Bündel und legte ihn ausgewickelt auf das rote Tuch neben den Sonnentanzkreis. Was Fools Crow tat, war augenfällig … er hatte eine kleine Nachbildung des Sonnentanzkreises aufgebaut und sich selber, wie es die verpflichteten Sonnentänzer tun, an den Baum gebunden. Die einzelnen Steine legte er bei den jeweiligen Richtungsfarben an der Kreisgrenze ab. Der Stein mit dem blauen Kreis wurde oberhalb des nördlichen Punktes gelegt, und der Stein mit dem grünen Kreis wurde unterhalb des südlichen Punktes gelegt.

Fools Crow wendete sich mir zu und sagte: »Ich werde nun den Sonnentanz durchführen.«

Während ich noch Vermutungen darüber anstellte, was er zu tun beabsichtigte, hatte er bereits angefangen. Der Tag war warm, und er zog sich sein Hemd aus (ein männlicher Sonnentänzer trägt keines). Er entzündete einen Zopf Süßgras und räucherte damit den kleinen Kreis, sich selbst und mich ab. Dann kniete er an der südlichen Richtung nieder, schloss die Augen und nahm sieben tiefe Atemzüge, um sich zu entspannen und von allen anderen Gedanken und Ablenkungen freizumachen. Er öffnete die Augen und nahm den weißen Stein aus dem Süden auf. Er hielt ihn voll konzentriert fest in seiner geschlossenen rechten Hand und sang viermal:

>Wesen des Südens,
>Höre mich an.
>Sprich zu mir von Wiedergeburt.
>Sprich zu mir von neuem Leben.
>Sprich zu mir von meiner Bestimmung.
>Lass die Vergangenheit vergangen sein.
>Gib mir Freiheit von Angst.

Mini-Sonnentanz mit Büffel und Tabaksopfer

Er legte den weißen Stein ab, hob seinen Stab mit seinem »Wuh-Wuh«-Ruf hoch zu dem Baum und pflanzte so das gerade gesungene Gebet in den Baum. Er nahm sich ein paar Minuten Zeit und lauschte, bewegte den Stab zum südlichen Punkt zurück und ging dann mit dem Stab im Uhrzeigersinn zum Westen. Er griff sich den Stein mit dem aufgemalten schwarzen Kreis und sang:

>Wesen des Westens,
>Höre mich an.
>Sprich zu mir von Reinigung.
>Sprich zu mir von Erneuerung.
>Sprich zu mir von Donner.
>Lass die Vergangenheit vergangen sein.
>Gib mir Freiheit von Müdigkeit.

Aufmerksam lauschte er für ein paar Minuten, wiederholte die Bewegungen mit seinem Stab und seinen Ruf, legte den Stein ab und ging im Uhrzeigersinn entlang der Kreislinie zum Norden. Dort ergriff er den Stein mit dem roten Kreis. Sein Lied lautete:

>Wesen des Nordens,
>Höre mich an.
>Ich schaue nun auf den Büffel.
>Sprich zu mir von Fruchtbarkeit.
>Sprich zu mir von Gesundheit.
>Sprich zu mir von Selbstkontrolle.
>Befähige mich, gute Dinge für alle Menschen zu erschaffen.

Er horchte eine Weile in sich hinein, wiederholte die Bewegung mit dem Stab und rief seinen Laut. Den Stab holte er wieder in den Norden, gab den Stein zurück und bewegte sich zum Osten. Dort nahm er den Stein mit dem gelben Kreis und sang:

>Wesen des Ostens,
>Höre mich an.
>Sprich zu mir von Dankbarkeit.
>Sprich zu mir von Weisheit.
>Sprich zu mir von Verstehen.
>Ich danke dir für die Vergangenheit, die Gegenwart und die Zukunft.

Ich danke dir für meinen Freund Tom, der hier ist, um dies mit mir zu teilen.[30]

Nachdem er wiederum eine Weile gehorcht hatte, legte er den Stein nieder und stellte den Stab zurück in den Süden. »*Waste*«, sagte er, »gut!«

Er knotete das Band an beiden Enden auf, legte es auf den Boden und ergriff den kleinen Korb, den er zuvor an den Baum gestellt hatte. Dann sprach er zu mir: »Ich werde in das Körbchen schauen, um herauszufinden, welche Schlussbotschaften die Wesenheiten mir geschickt haben. Es sind immer einige freudige Überraschungen darunter.« Er steckte seinen Finger in das Tuch im Körbchen und stocherte darin herum. Dabei stieß er dann und wann voll kindlichen Entzückens ein »Ah« oder »Oh« aus, wobei es ihn offensichtlich nicht kümmerte, was es auf mich für einen Eindruck machen würde, einen erwachsenen und bedeutenden Mann dabei zu beobachten. Natürlich brauchte ich keine Erklärungen oder Beweise. Ich hatte bereits bei vielen solchen Riten gesehen, welche Kraft sie ins Rollen brachten, und war hinlänglich überzeugt, dass Gott in wunderbarer Weise in und durch Fools Crow wirkte.

Ich sagte bereits, dass Fools Crow mit seinem geistigen Meditationswerkzeug offensichtlich eine Miniaturversion des Sonnentanzritus ausgeführt hatte. Dies ermöglichte ihm binnen kurzer Zeit, allen erneuernden Segen der großen Zeremonie zu erfahren. Andere Frauen und Männer im Reservat praktizierten den Sonnentanz lediglich als eine alljährliche Angelegenheit, aber *Wakan Tanka* hatte dem heiligen Mann einen Weg gezeigt, den Tanz durchgehend zu erleben und seinen kraftvollen Nutzen zu ernten. Für Fools Crow war der Tanz zu einer unerschöpflichen Quelle der Energie, Übertragung, Ausdehnung, für Frieden, Fruchtbarkeit und Transzendenz geworden, aus der er immer dann schöpfen konnte, wann er es brauchte.

---

30) Fools Crow und Eagle Feather lehrten mich, dass jeder Tag des Sonnentanzes ein besonderes Thema betont. Der erste Tag: Wiedergeburt; der zweite Tag: Erneuerung; der dritte Tag: Schöpfung; und der vierte Tag: Dankbarkeit. Später habe ich herausgefunden, dass Joseph Epes Brown etwas sehr Ähnliches entdeckt hat. Auf dem vorher erwähnten, gemeinsamen Symposium in Kanada sagte Brown: »Was den Sonnentanz angeht, so möchte ich hier gerne vorschlagen, dass dabei die Betonung ganz sicher auf der Behauptung liegt, dass der Erneuerung von Welt und Leben – der Re-Kreation – essentielle Bedeutung zukommt. Im selben Kontext möchte ich auch herausstellen, dass diese Erneuerung ebenfalls auf die Menschen zutrifft. Das heißt, dass der am Sonnentanz teilnehmende Mensch ganz unübersehbar auch durch den Prozess der inneren Regeneration, Wiedergeburt und Erneuerung geht.« *Native Religious Traditions*, Waugh und Prithipal, 1977, Seite 148.

»Dieses Erneuerungswerkzeug wurde mir während einer Visionssuche am Bear Butte gegeben«, sagte Fools Crow, als er aufstand und sich die Füße vertrat, »und ich habe es seit nahezu vierzig Jahren angewendet. Es hat mir die Vitalität verliehen, die Arbeit tun zu können, welche die Höheren Mächte in und durch mich verrichten. Die Arbeit eines heiligen Mannes kann beschwerlich sein. Ich werde dieses Werkzeug für mich selbst verwenden, solange ich hier auf der Erde lebe, aber wenn ich gegangen bin, kannst du es der Welt übergeben.«

Ich bewunderte seine Gewissheit, dass die Welt sich für all das interessieren würde, aber es kam von *Wakan Tanka,* und es stand mir nicht an, das infrage zu stellen. Fools Crow sprach weiter. Er sprudelte über vor Energie, lachte und war bereit zu gehen. Die Regeneration hatte annähernd eine Stunde gedauert, und sobald wir zu seinem Haus zurückgekehrt waren, kamen wir mit dem Buch so gut voran, wie es uns sonst wohl nicht möglich gewesen wäre.

Zuerst wandte er sich jedoch mir zu und sagte: »Jetzt tust du es.«

Er hatte meine Müdigkeit ebenso bemerkt wie ich seine. Ohne auf eine Antwort zu warten, ging er zu einem nahe gelegenen Baum und brach einen dünnen Ast ab. Mit seinem Taschenmesser schnitt er daraus zwei ungefähr 15 Zentimeter lange Stäbe zurecht. Dann setzte er sich neben mich und sagte: »Gib mir einige von deinen Sachen, die wir an den Stab binden können.«

Ich war nicht darauf vorbereitet und trug nichts bei mir, das klein genug war und einfach an dem Stecken befestigt werden konnte. Also fragte ich mich, was ich Fools Crow geben sollte.

»Taschentuch und einen Schlüssel«, sagte er und streckte seine Hand aus. Er strahlte vor Freude und fühlte sich offensichtlich gut. Ich spürte die von ihm ausgehende Energie und seinen Enthusiasmus.

»Was noch?« fragte ich.

»Schnürsenkel!«

Ich gab ihm einen.

»Kamm«, sagte er und lachte verschmitzt. Er wusste, dass ich als Glatzenträger wahrscheinlich keinen bei mir trug, und lag damit richtig.

Ich zuckte die Achseln und zeigte ihm meine leeren Hände.

»Du hast Papier«, sagte er. »Schreib ein Gebet an die Höheren Mächte auf ein kleines Blatt Papier und falte es zusammen.«

Das tat ich und händigte ihm das Papier aus.

»Das langt«, sagte er und kramte in seinem Medizinbündel herum. Er holte ein kleines Stück gezopftes Süßgras heraus, einige türkisfarbene Perlen, einen Flicken roten Filzstoff, zwei weiße Flaumfedern und etwas Zwirn. Er band all dies geschickt an den Stab und fügte die Sachen hinzu, die ich ihm gegeben hatte. Er sagte: »Wenn du dies zu Hause machst, befestige sorgfältig ausgesuchte Dinge an dem Stab – Sachen, die dir wichtig sind.«

Dann machte ich mich daran, die Erneuerungsmeditation durchzuführen, und versuchte soweit wie möglich seinem Beispiel zu folgen; allerdings sprach ich meine Gebete auf Englisch und sang sie nicht. Danach fühlte ich mich ausgezeichnet und völlig wiederhergestellt. Es war, als hätte es die Belastungen der vergangenen Tage nie gegeben. Sie fielen von mir ab, und meine schöpferischen Gedanken gewannen wieder die Oberhand.

»Wann immer du eines der rituellen Werkzeuge benutzt hast, musst du dir während der nächsten vier Tage etwas dir Wertvolles versagen«, sagte der heilige Mann, als er seine Utensilien in sein Medizinbündel zurücklegte und alle Spuren auf dem Boden mit seinen Händen verwischte. »Auf diese Weise teilst du den Höheren Mächten mit, dass du es wirklich zu schätzen weißt, was sie für dich getan haben. Sie werden dir dafür besondere Segnungen schicken.«

Der heilige Hingabestab

Ich habe bisher zwei der magischen Konzentrationswerkzeuge beschrieben, das dritte noch nicht. Diesen Gegenstand habe ich bis zu diesem Kapitel unerwähnt gelassen, obwohl Fools Crow ihn nicht mehr vor mir verbarg, nachdem er ihn mich das erste Mal am Bear Butte sehen ließ und auch als er die Sonnentanz-Meditation machte. Ich sah ihn später noch mehrmals bei seinen privaten Zeremonien. Es war sein heiliger Hingabestab, ein prächtiger Gegenstand, den er, eingewickelt in ein besonderes rotes Tuch, in seinem Medizinbündel aufbewahrte. Wenn er Zeremonien abhielt, holte er ihn hervor und legte ihn neben seine anderen Konzentrationswerkzeuge. Auch wenn er zum Beten nach draußen ging, legte er ihn neben sich hin. In der Reinigungshütte oder beim Sonnentanz verwendete er ihn nicht. Tatsächlich benutzte er ihn niemals, wenn jemand anderes an einem Ritual teilnahm – all das lässt mich glauben, dass der Stab ein sehr persönlicher Gegenstand gewesen sein muss, der nur benutzt wurde, wenn er allein war. Kate, und vor ihr Fannie, waren die einzigen Ausnahmen von dieser Regel, mich natür-

Hingabestab

lich eingeschlossen, sodass ich den Stab sehen und dessen Beschreibung und Anwendungsweise weitergeben konnte, nachdem Fools Crow gestorben war.

Als er ihn mir das erste Mal präsentierte, hielt er ihn mit der größten Sorgfalt, und ich konnte an seinen feuchten Augen und dem sanften Lächeln ablesen, wie sehr er ihn in Ehren hielt und respektierte. Sollte er sein Medizinbündel wirklich jemandem übergeben haben, dann hat er diesen geschätzten Gegenstand, da bin ich mir sicher, vor der Übergabe gewiss entfernt und an einem Platz versteckt, wo ihn niemand finden konnte.

Er gab mir den Stab, und als ich ihn näher untersuchte, konnte ich riechen, wie der Rauch des süßen Tabaks und des Süßgrases ihn imprägniert hatte. »Ich habe ihn vor vielen Jahren angefertigt«, sagte er. »Es war 1928, kurz, nachdem unsere beiden Söhne starben. Fannie und ich verloren vier von fünf Kindern durch plötzlich auftretende Krankheiten. Obwohl ich es versuchte, konnte ich für keins von ihnen irgendetwas tun. Aber ich wollte *Wakan Tanka* und die Helfer wissen lassen, dass ich ihnen nicht die Schuld für die Todesfälle gab und ich ihnen weiterhin dienen würde. Ich habe den Stab mit viel Liebe und Hingabe an die Höheren Mächte mit Dingen gestaltet, die mich und meine Gedanken repräsentieren. Er drückt auch meine fortwährende Dankbarkeit dafür aus, was die Höheren Mächte in mir und durch mich für andere getan haben. Ich nenne ihn meinen ›Heiligen Hingabestab‹, und Stirrup, der einen eigenen besaß, zeigte mir, wie er herzustellen und zu gebrauchen ist. Er sagte mir, dass früher alle Medizinleute einen besaßen. Als er mich seinerzeit in seinem Gebrauch unterwies, war ich noch ein Junge, aber er sagte, ich würde wissen, wann die richtige Zeit gekommen sei, diesen Stab anzufertigen.«

Allein von seiner äußeren Erscheinung her war der Stab eine fabelhafte Kreation, und der Gedanke, dass er sich nicht bei ihm in seinem Grab befinden könnte, bekümmert mich sehr. Die Grundlage war ein 25 Zentimeter langer und zweieinhalb Zentimeter dicker Stab aus Cottonwood. Er war handgeschnitzt und rot angemalt. An seinem oberen, leicht gerundeten Ende stellten drei aufgemalte schwarze Tupfen sein eigenes Gesicht dar. Auf der Rückseite verlief von oben nach unten eine schmale schwarze Wellenlinie. Der Stab war mit rotem Filz umwickelt, der jedoch das Gesicht freiließ. Wie er mir erzählte, hatte er ursprünglich ein rotes Tuch verwendet, als es zerschlissen war, ersetzte er es durch den noch ziemlich neuen Filz.

Auf der Außenseite des Stabes, wo etwa bei uns Menschen die Gürtellinie verläuft, hatte er vier Bänder aus dickem Garn in den Farben der vier Himmelsrichtungen – Weiß, Schwarz, Rot und Gelb – gewickelt. An diesen Gürtel waren zwei Beutelchen geknüpft, das eine mit Tabak und Kräutern und das andere mit Beifuß und Süßgras gefüllt. Zwei schöne Seemuscheln hingen an Schlaufen vom Gürtel herab, auch einige verschiedenfarbige Perlen und eine weiße Flaumfeder. Oberhalb des Gürtels schlang sich eine Schnur mit sieben Tabakpäckchen um den Stab.

Weil es zu umständlich gewesen wäre, verzichtete Fools Crow darauf, den Gürtel und den Filz zu lösen; aber er verriet mir, was sich darunter verbarg. Eine blau und eine rot gefärbte Feder waren aufrecht an den Stab gebunden. Ihre Spitzen ragten aus der Filzhülle hervor. Auch war da ein Stückchen von dem perlenverzierten Schildkrötenbeutel, der einmal einen Teil seiner Nabelschnur enthalten hatte. Außerdem befand sich unter dem Filz je ein kleines Stück Tuch von den Kleidern jedes seiner verstorbenen Kinder, ein Fetzen Kleidung von seiner noch lebenden Tochter und jeweils ein Stückchen von den Kleidern seiner beiden Frauen. Da war ein Stückchen seines ersten Zeremonialgewandes, das er bekam, als er zum ersten Mal zum Zeremonienhäuptling der Teton Sioux ernannt wurde. Die Proben der Kleider befanden sich in einem kleinen gewebten Beutelchen, zusammen mit vier kleinen, in Farbe und Form unterschiedlichen Steinchen. Unter einem Sehnenband steckte etwas von dem vertrockneten alten Salbei, den er getragen hatte, als er zum ersten Mal als Fürbitter einen Sonnentanz leitete.

Wie bereits gesagt, die Art und Weise, wie all dies zusammengefügt war, war einfach erstaunlich, und meine Illustrationen werden das bestätigen. Diesem Stab am nächsten kommt der Geistbewahrungstab, der im 14. Kapitel beschrieben wird. Fools Crow erzählte mir, dass er den Hingabestab von Zeit zu Zeit aufarbeitete, um ihn aktuell und schön zu halten, sodass er die Höheren Mächte erfreuen würde. Er fügte Merkmale hinzu, die bedeutende Momente in seinem Leben repräsentierten, und erneuerte regelmäßig die Tabakopfer.

Der Stab war ein sehr persönlicher Gegenstand, und ich war nicht sicher, ob er mir mehr darüber erzählen wollte, aber genau dies tat er.

»Ich gehe völlig in diesem Stab auf«, sagte er und streichelte ihn liebevoll. »Er ist meine Art, *Wakan Tanka,* den Helfern und Großmutter Erde immer wieder zu sagen, wie sehr ich es schätze, ihnen dienen zu dürfen. Einer ihrer hohlen Knochen zu sein bedeutet mir mehr als alles andere im Leben. Wenn ich mit Alltagsgeschäften zu tun habe oder wenn ich irgendwo hin muss, sagt ihnen dieser Stab weiterhin, wie ich empfinde. Wo immer ich mich auch befinde, weiß ich, dass dieser Stab das für mich macht und meine Dankbarkeit zum Ausdruck kommt. Deswegen liebe und respektiere ich den Stab. Ganz gleich, wo ich bin, immer habe ich den Stab in Gedanken bei mir.[31] Du musst den Leuten sagen, dass sie sich ihre eigenen heiligen Hingabestäbe basteln und sie wie ich herauslegen sollen. Das wird ihnen ein unvergleichliches Gefühl der Nähe zu *Wakan Tanka* und den Helfern geben.«

Beeindruckt, wie ich war, musste ich noch eine weitere Frage stellen: »Wozu dient die schwarze Wellenlinie auf der Rückseite des Stabes?«

»Ihr entlang fliegen meine Gebete zu den Höheren Mächten, und dann fliegen ihre Antworten auf demselben Weg wieder zurück zu mir.« Er hob den Filz am unteren Ende der Linie an und fügte hinzu: »Schau, da ist eine kleine Schale aufgemalt, welche die Segnungen auffängt, die mir, wie ich weiß, die Höheren Mächte senden werden.«

Schalen! ›Positives Denken‹, sagte ich zu mir selbst. Fools Crow sitzt und bildet mit den Händen Schalen, während er tief atmet, um in die völlige Vereinigung mit *Wakan Tanka* und den Helfern einzutauchen. Das Mädchen bei der Sonnenaufgangszeremonie der Apachen sitzt beim Beten mit Händen als Schalen auf einem heiligen Hirschfell, und sie weiß, dass Gott es seit Jahrhunderten nicht versäumt hat, die Schalen ihres Volkes zu füllen, und nicht zögern wird, auch ihre zu füllen!

---

31) Als Fools Crow mir das erzählte, weckte es in mir Erinnerungen an die Pueblo-Indianer. Sie stellen die »Pahos« genannten Gebetsstöcke auf Steinheiligtümern auf, wo die Sonne sie erreichen kann, sie sieht, den Geist der Gebete aufnimmt und zu den Ältesten in die Unterwelt bringt, die »das Ohr von *Gna-tum-si* haben«, dem Schöpfer. Die Pahos beten für sie weiter, während sie mit den täglichen Arbeiten beschäftigt sind. Dies zu wissen ist beruhigend und tröstlich, und es lässt sie unterdessen nach Gottes Antworten Ausschau halten. Sie sind sicher, dass diese schon unterwegs sind, sobald das Gebet in das Paho hinein gebetet und auf dem Heiligtum aufgestellt wurde.

Die Lichter der Weisheit

Das meiste, was Frank mir über seine Arbeit in der Reinigungshütte erzählte (die vielen auch als »Schwitzhütte« bekannt ist), habe ich in *Das Leben des Fools Crow* bereits berichtet.[32] Dort wird auch in Wort und Bild wiedergegeben, wie er anwesende Patienten heilte und was er unternahm, wenn der Patient nicht zugegen sein konnte. Und es wird auch ein unglaubliches Ritual beschrieben, in dessen Verlauf er in die innere Feuergrube hineingebrachte kalte Steine durch Bespeien mit einem bestimmten Kraut glühend heiß werden ließ.

Ich erwähnte jedoch nicht, was Fools Crow dazu befähigte, solche erstaunlichen Dinge zu vollbringen, und warum seine Fähigkeiten und Kenntnisse in der Reinigungshütte die der meisten anderen Medizinleute übertraf. Ich kann natürlich nicht wissen, was alle Medizinleute in der Reinigungshütte erreichen, und drücke mich deshalb vorsichtig aus. Ich wäre erfreut zu erfahren, dass einige Ähnliches oder sogar mehr vermögen, als *Wakan Tanka* mit und durch Fools Crow getan hat. Ich weiß jedoch, dass Fools Crow unvergleichliche Einsichten hinsichtlich der Reinigungshütte empfing, die nach meiner persönlichen Erfahrung nie übertroffen worden sind. Sie trugen viel zu der Kraft bei, die durch ihn in Bewegung gesetzt wurde.

Als wir über die Reinigungshütte sprachen, sagte ich zu ihm: »Mir scheint, dass das Innere der Hüttenkuppel für die meisten Indianer entweder den Bauch von Großmutter Erde oder das Universum darstellt. Hat man dich das auch gelehrt?«

Als er antwortete, hob er wieder die Handflächen hoch: »Das und noch mehr. *Wakan Tanka* zeigte mir auf einer meiner Visionssuchen, was die Reinigungshütte darstellt. Sie ist viel mehr als nur ein halbkuppelförmiges Gebilde aus Weiden-

---

32) Black Elk und Joseph Epes Brown benutzen auch eher den Begriff »Reinigungshütte« (Purification Lodge), anstatt »Schwitzhütte« (Sweatlodge). Der Ausdruck »Schwitzhütte« bezieht sich mehr auf das Ausschwitzen von Körperschlacken, aber die Anwendungen der Hütte sind weitaus vielfältiger. (Auf Lakota heißt die Zeremonie »inikagapi« und die Hütte »inipi« oder »initipi«. Anm. d. Übers.) *Die heilige Pfeife*, 1982, Seiten 47-62.

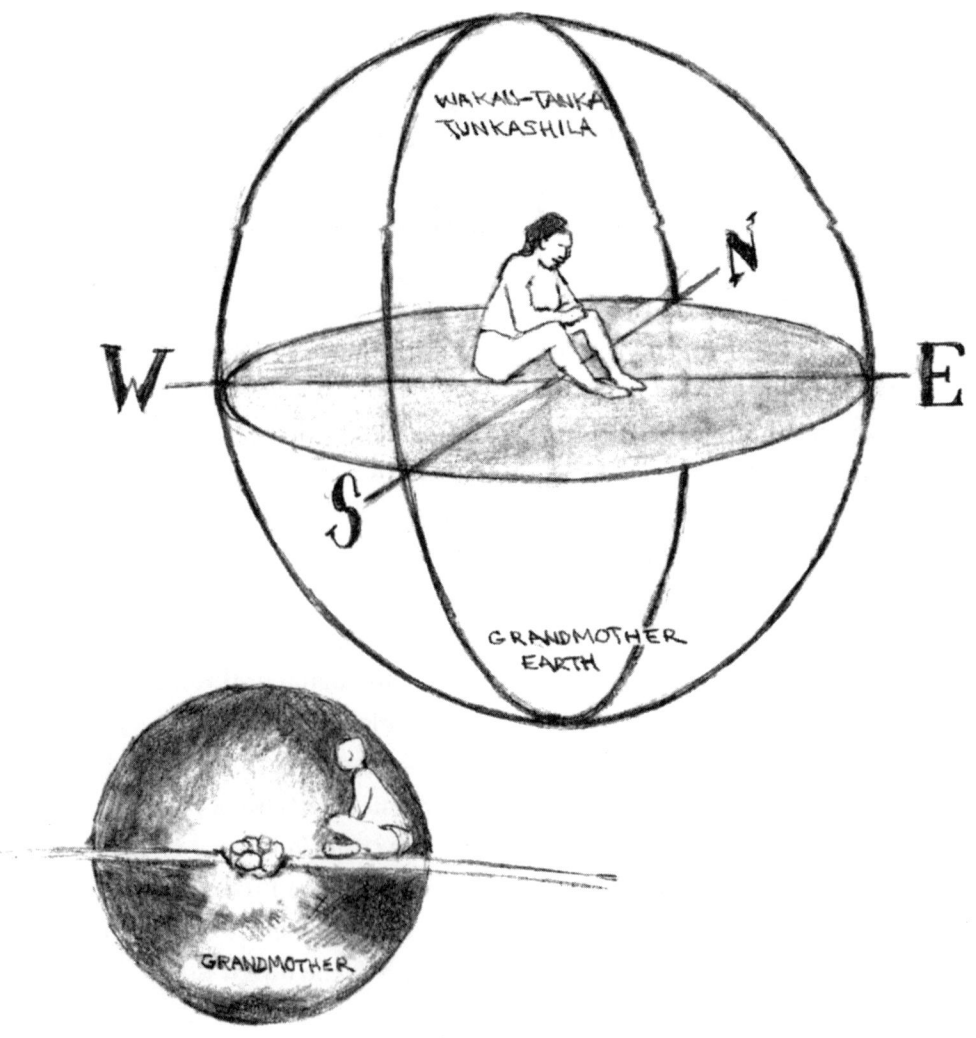

Schwitzhütte als Kugel

zweigen. Ihre wahre Gestalt ist kugelförmig; die untere Kugelhälfte befindet sich unter der Erdoberfläche. Sobald der obere Teil fertiggestellt und überdeckt ist und die nötigen Utensilien, wie etwa Salbei, hereingebracht worden sind, wird die Hütte oben zur Wohnung von *Wakan Tanka* und *Tunkashila* und unten zu der von Großmutter Erde und den Wesenheiten der vier Himmelsrichtungen. Wenn ich dann hineingehe und meine Rituale durchführe, sitze ich auf der großen Erdfläche inmitten von all ihnen.«

»Das klingt ähnlich wie deine Beschreibung des Von-der-Kraft-umgeben-Seins.«

»So ist es«, erwiderte er und zeichnete mit einem Stock eine Skizze auf den Boden, um zu veranschaulichen, was er meinte. »Aber da ist ein großer Unterschied. Wenn mich die Höheren Mächte umgeben, rufe ich ihre Kräfte zu mir herein. Bin ich aber mit den Höheren Mächten eingeschlossen, so kann ich dorthin reisen, wo sie sind, und mit ihnen sprechen.«

Falls jemand sich wundern sollte: Fools Crow erzählte mir dies, ohne mit einer Miene oder Geste erkennen zu lassen, dass er sich der Ungeheuerlichkeit dieser Aussage bewusst war. Nichts lud dazu ein, irgendwelche Zweifel aufkommen zu lassen. Er saß einfach da und wartete, dass ich weiterfragte.

»Auf welche Art gehst du hin, um sie zu besuchen?« fragte ich.

»*Wakan Tanka* hat mir die Kraft gegeben, im Geist dorthin zu reisen, wo sie sind, und so gehe ich und spreche mit ihnen.«

»Sind andere dabei mit dir in der Reinigungshütte?«

»Niemand außer Kate, die mir hilft und die heißen Steine aus der äußeren Feuergrube hereinbringt. Sie bleibt in der Nähe, da sie weiß, was dann mit mir geschieht.«

Die letzte Bemerkung ließ mich aufhorchen, aber ich beschloss zu warten, bis er so weit war. »Auf welche Weise unterscheidet sich die Geistreise vom Senden und Empfangen der Nachrichten durch Rauch und über die individuellen Boten, die den Wesen der jeweiligen Himmelsrichtungen dienen?«

»Es ist eine Begegnung von Angesicht zu Angesicht. Ich sehe sie.«

»Du kannst sie sehen? Wie sehen sie aus?« gab ich erstaunt zurück, und mir fiel unversehens das Bibelwort ein, dass kein Sterblicher Gott sehen könne.[33]

»Lichter«, antwortete er trocken und wartete ab, welche Wirkung das auf mich haben würde.

»Lichter«, murmelte ich vor mich hin und sank dabei ein bisschen tiefer in den Sessel. »Du hast mir früher mal erzählt, Joe Ashley hätte dir gesagt, wie Gott ausschaut, und dass dir diese Idee ziemlich plausibel vorkam. Hat Joe auch Lichter gesehen?«

---

33) 1. Timotheus, 6,16: »Er allein ist unsterblich. Er lebt in unzugänglichem Licht; kein Mensch hat Ihn je gesehen und keiner kann Ihn jemals sehen. Ihm gehört Ehre und ewige Macht. Amen.« (Anm. d. Übers.)

»Joe hat keine Geistreisen gemacht, aber so ähnlich, wie er es geschildert hat, habe ich es auch gesehen«, gab Fools Crow zurück.

»Haben die Lichter alle die gleiche Farbe?«

»Nein. *Wakan Tanka* erscheint als ein riesiges weißes Licht, *Tunkashila* als ein großes blaues Licht. Großmutter Erde ist ein großes grünes Licht. Jede Wesenheit ist die Farbe ihrer Himmelsrichtung.«[34]

Während ich noch versuchte, dies zu verdauen, sprach Fools Crow bereits weiter. »Du willst wissen, wie ich mit einem Licht kommunizieren kann«, sagte er.

»Ja.«

»Ich spreche zu dem Licht, und aus dem Licht heraus antwortet eine Stimme. Jede Stimme hat ihren eigenen besonderen Klang, und würde ich sie irgendwo anders hören, könnte ich wahrscheinlich erkennen, wer da zu mir spricht.«[35]

»Sagten sie dir bei der ersten Begegnung, wer sie sind?«

»Nein, ich wusste es durch ihre Farben.«

»Worüber sprecht ihr miteinander?«

»Wir sprechen über Dinge, die mir sehen und verstehen helfen, was in der Welt vor sich geht und was in der Zukunft geschehen wird. Auch sagen sie mir, wie ich damit umgehen soll, und sie ermöglichen mir Prophezeiungen.«

»Sprechen sie mit dir über bestimmte oder mehr über allgemeine Dinge?«

»Gewöhnlich geht es um allgemeine Belange.«

»Sind das Dinge, die das Weltgeschehen betreffen oder mehr deinen Stamm der Teton Sioux?«

»Zumeist betrifft es meinen Stamm, aber es ist auch was über die restliche Welt dabei.«

»Worüber sprichst du mit Großmutter Erde?«

»Über die Probleme der Umweltverschmutzung und was wir unternehmen können, um die Erde zu retten.«

»So, Großmutter Erde ist also auch um ihr Wohlergehen besorgt«, kommentierte ich.

---

34) Brown weist darauf hin, dass Black Elk *Wakan Tanka* mit Licht verbindet und ein großes »L« benutzt (»light« wird normalerweise im Englischen, wie fast alle Hauptworte, kleingeschrieben). *Die heilige Pfeife*, 1982, Seite 59, und *Das Leben des Fools Crow*, 1996, Seite 80.

35) Ich finde es angemessen, dass wenn Black Elk von den sechs Mächten der Welt spricht – den vier Richtungen plus Himmel und Erde – er auch von Großmutter Erde spricht, als ob sie als siebte Macht gezählt werden sollte. *Schwarzer Hirsch: Ich rufe mein Volk*, 1995, Seite 35 (und Seite 166 der amerikanischen Ausgabe); und *Die heilige Pfeife*, 1982, Seite 48.

Fools Crow nickte ernst und erzählte weiter: »Sie fühlt die Dinge genau wie wir, und damit sie sich besser fühlt, danke ich ihr unablässig dafür, dass sie uns mit dem versorgt, was wir zum Überleben brauchen, für Nahrung, Wasser und Pflanzen.«

»Worüber redest du noch mit den anderen Lichtern?«

»Über meine Visionen. Sie helfen mir, sie zu deuten, ebenso die Visionen und Träume derer, für die ich Zeremonien abhalte.«

»Visionierst du auch auf diese Weise, um die Visionen der Suchenden zu interpretieren, mit denen du am Bear Butte bist?«

»Ja, und auch um darüber hinaus die alltäglichen Träume der Leute meines Stammes zu deuten.«

»Wann genau machst du diese Geistreisen? Jedes Mal wenn du dich allein in der Reinigungshütte befindest?«

»Nein, nicht jedes Mal, sogar eher selten. Diese Reisen sind besondere Geschenke, und gewöhnlich passieren sie während eines besonderen Ereignisses oder kurz danach. Ich bin in der Reinigungshütte, und dann bekomme ich Einladungen von *Wakan Tanka* und den Helfern. Nicht von allen auf einmal, aber vielleicht von einem oder zweien, wer immer auch mit mir sprechen möchte. Sie sind aufmerksam und wissen, wann ich das brauche.«

»Wie wirst du eingeladen?«

»Durch die heißen Steine in der Feuergrube. Sie sprechen zu mir und bringen Botschaften von den Höheren Mächten.«

»Und wie gelangst du von der Hütte dorthin, wo sie sind?«

»Ich schüttele meine Rassel und singe mein Lied. Dann lege ich die Rassel beiseite und lege meine an den Ellbogen abgewinkelten Arme seitlich dicht an. Mit geschlossenen Augen und gewölbten Handflächen konzentriere ich mich, so fest ich kann, auf den Gedanken, hinaufgehoben zu werden. Ich fange an zu zittern und stampfe mit den Füßen. Bald darauf fühle ich mich wie ein Adler, der sich anschickt, in die höchsten Höhen des Alls aufzusteigen. Vielleicht ist es auch mehr so wie der erste Feuerstoß einer Rakete, die gerade ihre Startrampe verlässt. Kurz darauf fühle ich, wie mein Körper sich abtrennt, und ich sehe und spüre, wie mein Geist ihn verlässt. Mein Geist sieht aus wie ich, wenn ich in meinem Körper bin, auch in demselben Alter. Ich steige immer höher, bis ich bei dem Wesen angelangt bin, das ich besuche. Es braucht insgesamt nur Sekunden, um dorthin zu gelangen, obwohl ich mich selbst dabei beobachte, wie ich an Vögeln und Wolken vorbeisause und Planeten und Sterne hinter mir lasse. Meine Reise führt sogar durch das, was der weiße Mann die Milchstraße nennt.«

»Dann sind diese Wesenheiten, auch wenn sie dich in der Hütte umschließen, doch noch eine Ewigkeit weit entfernt?«

»Dazu musst du wissen, dass die Hütte, obwohl sie ziemlich klein ist, etwa 1,20 Meter hoch und 2,40 Meter breit, so groß, wie das Universum selbst wird, wenn ich mich darin befinde. Ich fühle mich nicht eingesperrt; tatsächlich erscheint es mir so, als wären keine Wände vorhanden. Es ist, als schwebte ich durch den Weltraum. Das ist ein wundervolles Gefühl, und ich wünschte, jeder auf der Welt könnte es teilen. Dann würde es niemanden geben, der nicht an *Wakan Tanka* glaubt!«

»Aber die Geschwindigkeit, mit der du reist …«

»Ich bin schneller als Raketen. Ich habe von der Lichtgeschwindigkeit gehört, aber ich bin wohl noch einen Zahn schneller«, sagte er und schlug sich begeistert auf die Schenkel. Auf einmal wurde er ruhig, und seine Augen wurden sanfter. »Wirklich, diese Geistreisen haben meine beiden Frauen ganz schön verängstigt.«

Er wusste, dass mich das neugierig machen würde, und wartete, bis ich nachfragte: »Warum?«

»Weil ich während der Geistreise ohnmächtig werde und das Bewusstsein erst dann wiedererlange, wenn mein Geist in meinen Körper zurückkehrt. Manchmal bin ich bis zu zwei Tage unterwegs.[36] Fannie und Kate mussten immer bei mir bleiben und mich während dieser Zeit beobachten, und sie haben mir erzählt, dass sie manchmal Angst hatten, ich wäre gestorben.«[37]

»Merkst du, wie die Zeit vergeht, wenn du außerhalb deines Körpers bist?«
»Nein.«

»Siehst du deine Ahnen in einem schönen Land im Himmel kampieren, so wie Black Elk auf seiner Geistreise?«
»Nein.«

---

36) Siehe *Schwarzer Hirsch: Ich rufe mein Volk*, über Black Elks ähnliche Erlebnisse mit Geistreise und Ohnmacht, Seiten 211-213.

37) Die Medizinfrau der Cahuilla, Ruby Modesto, berichtet über ihr Träumen, dass dabei ihre Seele den Körper verlässt. Einmal sei sie dabei in eine »Art von Koma« gefallen und »schlief für mehrere Tage«. Ihre Verwandten waren sehr besorgt, da sie Schwierigkeiten hatten, sie zurückzubringen. Nachdem sie es fertig gebracht hatten, ließen sie sich das Versprechen geben, dass sie nicht wieder auf diese Art träumte, bevor sie sicher weiß, wie sie sich selbst zurückbringen kann. Dies konnte sie bewerkstelligen, indem sie sich vorher sagte, dass sie zurückkehren wird. *Modesto und Mount*, 1980, Seite 26.

Fools Crow geht auf Geistreise

»Ist noch jemand bei den Mächten, wenn du sie aufsuchst?«

»Nein, ich sehe nur die Lichter.«

»Meinst du, dass die Heilungen in der Reinigungshütte auf deiner Fähigkeit zu Geistreisen beruhen?«

»Für diesen Zweck wurden mir die Steine in der Feuergrube gegeben. Sie beschaffen mir alle nötigen Informationen über den zu behandelnden Menschen und sie sagen mir auch, was ich tun soll, um ihm zu helfen.«

»Es gibt anscheinend nichts, das die Antwort auf alle Fragen liefert«, bemerkte ich.

»Das liegt daran, dass *Wakan Tanka* weise genug gewesen ist, das Leben herausfordernd und interessant zu gestalten. Was wäre, wenn es nur eine Weise gäbe, die Dinge zu tun? Mit *Wakan Tanka* ist das Leben ein einziges, immer neue Schätze offenbarendes Abenteuer. Es wird nie langweilig, und wenn es dennoch manchmal anfängt, uns zu langweilen, stellt er uns neue Aufgaben und gibt uns die Möglichkeit, neue Wege zu gehen. Deswegen braucht man zur Anregung auch keine Drogen. Mit ihm und den Helfern ist immer mehr als genug Spannung da.«

»Benutzt du deshalb die Reinigungshütte, um einige Menschen zu behandeln und andere Methoden für andere?«

»Ja, und *Wakan Tanka* und die Helfer treffen diese Entscheidungen für mich. Sie kennen das Herz und die Gedanken jedes Patienten und welcher Weg ihn erreicht und der jeweils beste ist. Medizinmänner und -frauen brauchen sich über solche Entscheidungen kein Kopfzerbrechen zu machen, da ihnen gewöhnlich nur die Kraft zum Behandeln einer Sache gegeben wurde. Sie benutzen das gleiche Ritual und dieselbe Medizin immer und immer wieder. Das gilt auch für Yuwipi-Medizinleute. Aber *Wakan Tanka* hat mich dazu verwendet, viele Leiden zu behandeln und zu heilen. Du hast es ja mit eigenen Augen gesehen. Die einzigen Krankheiten, die mir immer noch Schwierigkeiten bereiten, sind zu weit fortgeschrittene Fälle oder Krankheiten, denen ich zuvor nicht begegnet bin.«

Ich verstand gut, was Fools Crow da sagte. Forschungen hatten mir gezeigt, dass in der Zeit vor der Ankunft des weißen Mannes die indigenen amerikanischen Medizinleute in einer beachtlichen Weise imstande gewesen waren, die ihnen bekannten Krankheiten und Verletzungen zu behandeln, da sie genug Zeit hatten, damit zu arbeiten. Als aber die Europäer ihnen unbekannte Seuchen, wie etwa Pocken, einschleppten, traf es die Medizinleute unvorbereitet. Oft griffen sie in ihrer Verzweiflung zu ihren gegen andere Krankheiten verwendeten Behandlungsmethoden, was sich als das Schlimmste herausstellte, was sie tun konnten. Man braucht nur einmal die grässlichen Berichte darüber zu lesen, wie die Indianer von diesen schrecklichen Seuchen dahingerafft wurden, um zu wissen, dass den Medizinleuten keine Zeit blieb, um *Wakan Tanka* anzurufen und Vorkehrungen zu treffen. Wie eine tosende Flutwelle kamen die Seuchen über sie und nahmen Abertausenden Indianern das Leben. Etwas weniger abrupt wurde Fools Crow mit neuen Krankheiten konfrontiert, aber erst im fortgeschrittenen Alter traute er sich zu, auch bei den für die indigenen Amerikaner früher ungewohnten Leiden wie Krebs, Diabetes, Herzkrankheiten, Missbildungen und geistigen Krankheiten eine Behandlung zu versuchen.

»Viele meiner Leser werden sich mit der Idee einer Geistreise schwertun. Soll ich ihnen erzählen, dass sie selber eine solche Reise unternehmen können?« bemerkte ich.

»Selbstverständlich«, erwiderte er gut gelaunt. »Wahrscheinlich aber funktioniert es bei ihnen erst nach mehreren Anläufen. Zumindest nicht, bevor *Wakan Tanka* und die Helfer wissen, dass sie dazu bereit sind. Wie ich schon sagte, es ist eine sehr besondere Gabe, und man muss sie sich darüber hinaus auch verdienen. Sie stellte sich bei mir nicht eher ein, bis aus mir ein erfahrener heiliger Mann geworden war.«

Ich wechselte das Thema und schüttelte dennoch vor Erstaunen weiter den Kopf. In meinen Augen waren Geistreisen wie etwas aus einem Traumland. »Du hast mir gezeigt, wie du die Steine in der Reinigungshütte zum Glühen bringen kannst, ohne dass sie vorher in der äußeren Feuergrube erhitzt wurden. Ich weiß, dass du dazu ein besonderes Kraut kaust und auf die Steine spuckst. Tust du noch etwas anderes?« fragte ich.

Wiederum hob er die Hände. »Ich singe einen Gesang, damit *Wakan Tanka* weiß, dass ich bereit bin, etwas Unglaubliches geschehen zu lassen. Wie ich dir schon sagte, musste sogar mein Onkel Black Elk kommen und es mit seinen eigenen Augen sehen, bevor er glauben wollte, dass ich die Steine zum Glühen bringe.«

»Welchem wirklichen Zweck dient diese sonderbare Gabe außer zu dem, was du mir bereits erzählt hast? Benutzt du sie bei Behandlungen?«

»Sie zeigt auf unübersehbare Weise, wie *Wakan Tanka* heilige Leute segnet, die bereit sind, ihm ihr ganzes Leben zu überantworten, um Seine hohlen Knochen zu sein. Wenn die Menschen, denen du dies berichtest, bereit sind auf die gleiche Art und Weise wie ich zu leben, dann werden sie ihre eigenen besonderen Gaben erhalten – vielleicht nicht gerade die Fähigkeit, Steine zu erhitzen, aber doch etwas

Ähnliches. Die Steine und die sie aufheizende Medizin sind etwas sehr Besonderes zwischen *Wakan Tanka* und mir. Deswegen habe ich nur einige enge Freunde, dich eingeschlossen, dabei zusehen lassen.«

Das war ein nicht zu übertreffendes Privileg und etwas, das ich nicht wieder vergessen werde, eins jener Ereignisse, die man nicht eher glaubt, bis man sie selbst gesehen hat – ein wahrhaftiger Gang auf dem Wasser. Meine Gedanken glitten zu der fantastischen Nacht in der Reinigungshütte zurück, doch Fools Crow räusperte sich, um mich in die Gegenwart zurückzubringen. Ich lächelte und fragte verlegen: »Machst du noch etwas anderes in der Reinigungshütte, von dem du mir erzählen möchtest?«

Er rieb kurz sein Kinn und seine Wangen; dann weiteten sich seine Augen, und er machte eine ausladende Bewegung mit der rechten Hand. »Ah«, brummte er. »Manchmal hilft *Wakan Tanka* mir dabei, mich selbstkritisch zu betrachten.«

»Wie das?« fragte ich.

»Er kann mein Herz, meinen Geist und Verstand lesen, und so kennt er mein Innerstes. Er weiß aber auch, dass ich selbst darüber Bescheid wissen muss, und so hat Er mir eine Möglichkeit gezeigt, dies zu erfahren.«

»Sind zu dieser Selbsterforschung eine Geistreise oder die sprechenden Steine notwendig?«

»Nein. Er hat mir zu diesem Zweck einen Gesang gegeben, den ich mit geschlossenen Augen singe und dabei über mich nachdenke. Nachdem ich den Gesang gesungen habe, öffne ich die Augen und sehe auf der anderen Seite der Hütte ein Bild meiner selbst sitzen, das mich ansieht. Die glühenden Steine tauchen dieses Bild in ein schwaches rötliches Licht. Es sitzt da und schaut mich geradewegs an. Ich starre es an, und was ich sehe, sagt mir mehr, als ich manchmal wissen und zugeben möchte. Ich sehe, ob ich irgendetwas tue, was das Werk von *Wakan Tanka* und den Helfern behindern könnte, ob ich mich für sie einsetze und ob ich sie anderen gegenüber gut widerspiegele. Vielleicht denkst du, dass ich so etwas nicht brauche, aber dem ist nicht so. Wie jeder andere habe auch ich meine menschlichen Schwächen. Die Menschen, welche denken, sie wären darüber hinaus und hätten so etwas nicht mehr nötig, irren sich, und eines Tages – vielleicht zu spät, um etwas daran zu ändern – werden sie gezwungen, sich damit auseinanderzusetzen.«

»Wie sollen andere dieses tun?« fragte ich. »Müssen sie dazu eine Reinigungshütte benutzen?«

»Das ist der beste Weg, aber mir ist ein einfacherer Weg gezeigt worden. Ich zeichne vor mir eine Linie auf den Boden und stelle (projiziere) dann ein Bild von mir jenseits dieser Linie und lasse es mich ansehen. Doch sollte es bei schummeriger Beleuchtung und mit roten Feuerkohlen gemacht werden.«

»Du hast mir diesen Gesang noch nicht vorgesungen«, sagte ich.

Er schaute beiseite, und seine Augen wurden feucht, als er zu singen anfing.

> Ihr Großen,
> Habt Mitleid mit mir.
> Helft mir, mich selbst ehrlich anzuschauen.
> Die Wahrheit kommt hervor.
> Sie verletzt mich.
> Ich bin froh.
> Ihr könnt mich bessern.

Dallas hatte aufmerksam zugehört. Nachdem er den Gesang übersetzt hatte, stand er auf und ging in Richtung des Sonnentanzkreises, der westlich von Fools Crows Haus lag. Dort gesellte ich mich zu ihm.

»Ich bin ein gläubiger Katholik«, sagte er mit einem Seufzer. »Er ist auch römisch-katholisch, und er macht sakramentale Dinge. Aber so etwas hat er nicht in der Kirche gelernt. Dennoch könnte er … den Reueakt beten, wie wir es nennen, und danach Buße tun. Jedoch beichtet er weder, noch tut er Buße. Davon hält er nichts. Ebenso wenig wie er das Durchstechen (piercing) der Haut beim Sonnentanz damit verbindet. Das Durchstechen ist Danksagung, keine Buße. Aber er weiß es schon, er weiß es …«

Noch waren nicht alle Wunder enthüllt. Es kam noch etwas anderes dazu und das Gehen auf dem Wasser hielt an.

Eines anderen Tages, als Fools Crow wieder die Handflächen erhoben hatte, sagte er: »Ich will dir etwas erzählen, das sonst niemand weiß, nicht einmal Kate. Um nämlich ein guter und weiser Führer zu sein, muss ich genau wissen, was mit meinem Stamm geschieht. Manchmal, wenn ich alleine in der Hütte bin – nie weiß ich vorher, wann das passiert, und es gibt da keine Vorwarnung –, verwandelt *Wakan Tanka* mich in einen Vogel, einen Hund oder in eine Katze. Dann sendet er mich in dieser Gestalt aus. Ich kann so in Kyle oder Pine Ridge oder woanders herumfliegen oder dort herumlaufen und sehe und höre, was die Menschen so tun und worüber sie gerade reden. Ich kann sogar in ihre Häuser gelangen, weil sie denken, dass ich nur ein umherstreunendes Tier bin. Sie sind dann später recht erstaunt, wenn ich sie treffe und ihnen erzähle, was sie getan und gesagt haben. Als unsere tapferen AIM-Leute Wounded Knee besetzt hielten, war ich dreizehn Mal bei ihnen, um mit ihnen zu sprechen.[38] Aber als sich einmal die Situation zuspitzte, weil es eine Schießerei gegeben hatte, wollte mich das FBI nicht mehr hineinlassen. Deswegen ging ich in meine Hütte, bat *Wakan Tanka*, mich in einen Hund zu verwandeln, und mischte mich unter die Besetzer, um dort nach dem Rechten zu sehen. Davon habe ich bislang noch niemandem erzählt.«[39]

»Gibt es da eine Grenze, wie weit du in solcher Verwandlung herumkommen kannst?«

»Ja. Ich gehe nur zu meinen eigenen Leuten.« Er lachte in sich hinein und fügte hinzu: »Ich würde gern in das Weiße Haus gehen können und dort den Präsidenten ausspionieren oder mich in die Hinterzimmer schleichen, wo Kongressmänner oder Leute vom BIA Pläne aushecken.[40] Dann wüsste ich bestimmt sie auszutricksen und erführe, wie wir unsere heiligen Berge zurückbekommen!«

Auch ich musste lachen und fragte: »An dem Tag, als wir zusammen waren und du plötzlich wusstest und mir erzähltest, dass einigen Indianern in Pine Ridge etwas Schreckliches zugestoßen sei (es gab eine Schießerei zwischen Indianern und FBI-Agenten, in deren Verlauf zwei Agenten und ein jugendlicher Indianer getötet wurden), warst du nicht fort. Wie hast du davon erfahren?«

»Ich war so oft auf Geistreisen, dass ich die Kraft entwickelt habe, solche Geschehnisse zu spüren. Dies ist eine weitere Gabe, die zu allen Menschen kommt, die *Wakan Tanka* dienen. Darüber hinaus habe ich noch mehr als das – die Steine in meinem linken Arm und meiner Hand und den in meinem Rücken. Sie bewegen sich umher, um mir so mitzuteilen, dass etwas Böses vor sich geht, und sie spielen eine besondere Rolle bei meinen Ritualen in der Reinigungshütte.« (Mehr Informationen über diese Steine im Kapitel 11.)

---

38) 1973 besetzte das American Indian Movement (AIM), eine in den Großstädten entstandene indianische Widerstandsbewegung, an deren Aufbau Lakota maßgeblich beteiligt waren, die historische Stätte Wounded Knee. Mit dieser Aktion sollte vor allem gegen die Korruption und den Terror des damaligen Stammespräsidenten Dick Wilson protestiert werden. Während der mehrmonatigen Besetzung des Ortes durch AIM und der Belagerung durch das FBI und die Armee wurden zwei Indianer von FBI-Beamten erschossen und ein FBI-Marshall schwer verletzt. Nach: *Der Lakota Report, Ein Volk kämpft ums Überleben*, Peter Schwarzbauer, Verlag für Amerikanistik 1997, Seite 13-14. (Anm. d. Übers.)

39) Die Fähigkeit der Medizinleute, sich in Tiere und Vögel zu verwandeln und umherzustreifen, findet sich häufig in der Literatur vieler Stämme.

40) Bureau of Indian Affairs, Behörde für indianische Angelegenheiten. (Anm. d. Übers.)

8 Weiße Wolken

Fools Crow wurde gelehrt, dass *Wakan Tanka* für das sorgt, was die Menschen brauchen, nicht aber für Luxus. Wenn wir Luxus wollen, so hat er uns bei der Geburt die Kraft gegeben, dafür zu arbeiten und ihn zu erwerben. Nachdem ihm die Priester von den Schöpfungsgeschichten erzählt hatten, gelangte Fools Crow auch zu der Einsicht, dass wir durch den Baum der Erkenntnis des Guten und Bösen davor gewarnt sind, dass Gutes genauso bedrohlich für uns und unsere Beziehung zu *Wakan Tanka* wie Böses ist. Fools Crow sagte: »Ist das Leben zu gut, haben wir eine zu hohe Meinung von uns selbst und von dem, womit wir gesegnet sind. Dann halten wir uns für die Weisesten und Beliebtesten und verdrängen, dass wir *Wakan Tanka* und die Helfer weiterhin brauchen.«

Als ich ihn davon erzählen hörte, fiel mir die Doppelrolle der Pueblo-Clowns ein, die auch von den »Contraries«[41] der Plains-Indianer gespielt wird, die alles verkehrt herum machen. Die Pueblo-Clowns sind dafür zuständig, die Menschen aufzumuntern, wenn sie niedergeschlagen sind, aber auch, um sie »zurück auf die Erde zu bringen«, wenn sie allzu gut von sich denken.

Innerhalb der erwähnten Zusammenhänge war das »Herbeilocken« eine der verschiedenen Gaben *Wakan Tankas* an die Ureinwohner Nordamerikas, von der sie in früheren Zeiten regelmäßig Gebrauch machten. Densmore erzählt, wie ein Medizinmann der Sioux anlässlich einer Wette einen weißen Zweifler zum Schweigen brachte. Er lockte einen Büffel so nahe heran, dass der weiße Mann ihn erlegen konnte, ohne dass einer von ihnen seinen Standort verlassen musste.[42]

Was die Ausdauer angeht, die für das Herbeilocken notwendig war, lernte Fools Crow, dass *Wakan Tanka* und die Helfer wollen, dass die Menschen ihnen mit ihren Sorgen und Wünschen in den Ohren liegen. Und zwar nicht etwa, weil die

---

41) Contraries, abgeleitet vom englischen Wort für »Widersprüchlichkeit«, auf Lakota heißen sie *Heyokah*. (Anm. d. Übers.)

42) Densmore, 1918, Seite 210.

Fools Crow beim Herbeilocken

Höheren Mächte erst die Herzen der Menschen kennenlernen müssten, sondern damit die Menschen selbst das Ausmaß ihrer eigenen Hingabe an diese Wünsche einschätzen konnten: Wollten sie das Ersehnte auch ernsthaft genug, um dafür ernstliche Anstrengungen auf sich zu nehmen?[43]

Fools Crow praktizierte das Herbeilocken auf traditionelle Art und Weise.

Die alten Cherokee-Indianer fertigten Jagdzaubermasken an, um das Wild herbeizulocken und bequemer zu erlegen. Jede dieser Masken hatte Züge der Gestalt des gejagten Tieres. Bei einigen Stämmen der Plains-Indianer gab es Frauengesellschaften, deren Hauptaufgabe es war, die Büffelherden nahe genug heranzulocken. Ihr Erfolg dabei ist durch die Tatsache bewiesen, dass sie diese Rolle auch noch lange nach dem Eindringen der Europäer ausfüllten. Sogar bis auf den heutigen Tag benutzen Pueblo-Indianer Jagdfetische zum Heranlocken von Wild. Die Cherokee benutzten zum Herbeilocken Gesichtsmasken. Sie verwendeten keine Kapuzenmasken, da diese etwas ausschließen würden und sie ja etwas zu sich einladen wollten. Auch Fools Crow verwendete zum Herbeilocken eine Gesichtsmaske. Er bewahrte sie in seinem Medizinbündel auf, um sie jederzeit zur Hand zu haben. Ich habe diese Maske bereits im sechsten Kapitel beschrieben. Da sie auch für das Herbeilocken verwendet wird, wiederhole ich hier, dass die Maske aus einem zwanzig Zentimeter großen, quadratischen roten Tuch mit daran befestigten Schnüren bestand. Sie hatte zwei rechtwinklig eingeschnittene Augenlöcher, doch es gab nichts, was die Ohren darstellte, und es gab auch keine Öffnungen für Nase oder Mund.

»Wenn ich diese Maske benutze«, sagte Fools Crow mit erhobenen Handflächen, »zeichne ich zuerst ein (symbolisches) Bild auf ein Blatt Papier oder mit einem Stock auf den Boden, um darzustellen, was ich herbeilocken möchte. Dann setze ich mich hin und schaue das Bild an. Ich setze meine Lockmaske auf, nehme meine Rassel in die rechte Hand, schließe die Augen und atme siebenmal, um loszulassen und jegliche Ablenkung auszuschließen. Ich muss all meine Gedanken auf das Herbeizulockende konzentrieren. Beim Atmen öffne ich die linke Hand gleich einer Schale, weil ich weiß, dass *Wakan Tanka* und die Helfer mir Antworten auf meine Gebete eingeben. Dann öffne ich die Augen und konzentriere mich auf das Bild. Dabei schüttele ich die Rassel und singe meinen Rufgesang. Er geht folgendermaßen:

---

43) Jesus erzählt zur Erläuterung des gleichen Punktes das Gleichnis von der alten Frau, die einen Richter so lange plagt, bis er nachgibt und ihrem Willen nach handelt. (Lukas 18, 1-8.)

Ho, ich rufe dich.
Wakan Tanka hört mich.
Du hörst mich.
Komm zu mir.
Du kannst nicht widerstehen.
Komm zu mir.
Ich sehe dich schon herankommen.

Diesen Gesang singe ich viermal. Während ich weiterhin die Rassel schüttele, schaue ich über eine kleine Lichtung hinweg in die Ferne und sehe am anderen Ende das von mir Benötigte. Egal, ob es ein Mensch oder eine Sache ist, es befindet sich dort, mir zugekehrt. Eine oder zwei Minuten lang verweile ich bei dem Bild, schließe dann die Augen und lenke meinen Blick auf die Leinwand innen auf meiner Stirn. Binnen Kurzem bildet sich dort eine weiße Wolke. Ich fordere die Wolke auf, ihre Aufgabe zu erledigen, und ihr vorderer Teil bewegt sich in Gestalt einer Röhre auf das von mir Benötigte zu. Sie dehnt sich immer weiter aus, bis sie das Gewünschte erreicht und umschließt. Ich lege die Rassel hin. Dann kommt die Wolke zurück und bringt das Ersehnte mit. Wenn sie mich erreicht hat, lege ich meine Arme um das Gewünschte, um es in Besitz zu nehmen und danke *Wakan Tanka* dafür.«

»Ist es dann zu Ende?«

»Oh nein«, rief er aus. »Es dauert nicht lange, und das von mir Herbeigelockte begegnet mir wirklich. Vielleicht, weil *Wakan Tanka* mir geholfen hat, alle meine Gedanken darauf zu konzentrieren, und so denke und tue ich das Richtige, um es geschehen zu lassen. Egal was es auch ist, es schlägt nie fehl. Jeder kann dies tun, sofern er es für andere unternimmt und es einem guten Zweck dient. Singt dazu meinen Gesang – in diesem Fall kann man ihn so verwenden, wie ich ihn dir gab. Als ich Kate zu meiner Frau haben wollte, lockte ich sie zu mir her. Sie konnte nicht widerstehen. Wann immer mir etwas fehlt, um jemand anderem zu helfen, locke ich es zu mir her.« Durchtrieben zeigte er dann mit einem Finger auf mich und sagte: »Du bist verheiratet und brauchst kein Mädchen, aber andernfalls könntest du dir auf diese Weise eins herbeilocken.«

»Und wie steht es mit Geld?«

»Du kannst herbeilocken, was immer du brauchst, aber dein tolles neues Auto musstest du mit deiner natürlichen Kraft erarbeiten. Spirituelle Kraft ist für andere Dinge da.«

»Was ist, wenn du ein schönes Kostüm für Zeremonien brauchst, die eine besondere Ausstattung erfordern?«

»Kate und ich können eins anfertigen.«

Das stimmte wirklich. Kate hatte für mich bereits einen wunderschönen perlenbestickten Gürtel und ein Paar Mokassins hergestellt. »Warum ist deine Lockmaske rot anstatt weiß?« wollte ich wissen. »Würde Weiß nicht besser zur weißen Wolke passen?«

»Mein Herbeilocken geschieht immer zum Wohle meines Volkes. Wir stellen unsere Rasse mit der Farbe Rot dar, also nehme ich diese Farbe.«

»Einige Fernsehevangelisten behaupten, dass Gott die Menschen segnet, welche großzügig für ihre Zwecke spenden. Wie denkst du darüber?« fragte ich.

»Ich habe schon davon gehört, sie meinen damit, ihnen selbst solle großzügig gespendet werden«, bemerkte Fools Crow mit einem hörbaren Anflug von Sarkasmus. »Viele Leute haben mir erzählt, dass ich mit meinen Heilkünsten ein ziemlich reicher Mann werden könnte, wenn ich entsprechend hohe Bezahlung fordere. Aber *Wakan Tanka* möchte nicht, dass ich das tue, und die Kraft ist ohnehin die Seine. Er hat klargemacht, dass Reichtum nicht glücklich macht und die Gedanken der Menschen von ihm ablenkt. Irgendwann während ihrer Arbeit (dem geistlichen Amt) werden die Evangelisten einen hohen Preis für diesen falschen Gebrauch der Macht bezahlen. Niemand missbraucht die Dinge von *Wakan Tanka* und kommt damit auf Dauer davon.«

»Bist du der Ansicht, dass *Wakan Tanka* die Menschen wegen schlechten Verhaltens bestraft?«

»Nein, das hat er gar nicht nötig. Wir Menschen sorgen schon selber dafür. Wie mir gesagt wurde, heißt es in der Bibel, dass wir ernten, was wir aussäen – und das ist wahr.«

»Können auch schlechte Dinge herbeigelockt werden?«

»Wenn ich mir anschaue, was in der Welt vor sich geht und mit meinem Volk geschieht, sieht es ganz danach aus. Das Böse existiert, und wir sehen es in vielen Formen. Aber wir sollten uns auch vergegenwärtigen, dass das Böse nur mit der Erlaubnis von *Wakan Tanka* hier ist. Es erinnert uns unablässig daran, dass wir uns eng an *Wakan Tanka* und die Helfer halten müssen, um zu überleben. Natürlich wissen die Höheren Mächte, dass wir am glücklichsten sind, wenn wir Ihnen nahe sind.«

Als ich meine Frage nach den schlechten Dingen wiederholte, presste er seine Faust gegen den Mund und starrte auf den Boden. Einige Zeit verstrich, bis er anfing zu reden: »Menschen«, wählte er sorgsam seine Worte, »die *Wakan Tanka* und die Helfer nicht kennen, können keine guten Dinge von ihnen herbeilocken. Das Böse weiß davon und nützt jede ihm gegebene Gelegenheit aus, um uns in Versuchung zu führen. Wie wir sehen, werden Menschen sehr leicht davon erfasst.«

»Warum mischen sich die Höheren Mächte da nicht ein, sodass man keinen Schaden davonträgt?«

»Wir haben alle Möglichkeiten im Leben, die Dinge zu verändern. Abgesehen von dem, was in der Natur geschieht, bringen wir unsere eigenen Plagen über uns. Mein Stamm gibt dem weißen Mann die Schuld für all seine Probleme. Das stimmt in vieler Hinsicht, aber es entschuldigt nicht unsere Bereitschaft, diese Dinge zu akzeptieren und sie auch noch schlimmer zu machen. Wenn wir wollen, können wir aufhören von Sozialhilfe zu leben und dem Alkohol jederzeit entsagen. Wir können aufhören zu zanken und zueinanderstehen, wann immer wir wollen. Überall ruinieren Indianer alles, weil sie nicht zusammenhalten. Alle wollen der Häuptling sein, der alle anderen springen lässt. Und am Ende stehen wir dann mit nichts da. Obwohl ich den Gewalttätigkeiten nicht zustimme, weil dabei einfach immer mehr Gewalt entsteht, haben uns die jüngeren Männer und Frauen des AIM (American Indian Movement)[44], unsere Leute vom College und die Großen wie Matthew (Matthew King), Vine (Vine DeLoria, Jr.), und Tim (Tim Giago)[45] gezeigt, wie wir wieder zu einem stolzen und unabhängigen Volk werden können. Aber zu viele von uns hier in den Reservaten sind schwach geworden und haben zu schnell aufgegeben. Sie wollten sogar der Bundesregierung unseren Rückforderungsanspruch auf die Black Hills[46] für ein paar Millionen Dollar verkaufen, obwohl sie genau wissen, dass in diesem Fall das Geld schnell aufgebraucht wäre und wir dann schlechter als jemals zuvor dastehen würden. Stattdessen sollten wir alle bei uns selbst gutes Verhalten und Courage hervorlocken. Wir sollten uns alle voll und ganz zu *Wakan Tanka* und den Helfern hinwenden, und eines Tages würde für uns alles viel besser aussehen. Es sollten so viele weiße Wolken über all die Reservate ausgesendet werden, dass es von oben herab wie eine dichte Schneedecke

---

44) AIM, The American Indian Movement, amerikanische Indianerorganisation gegründet 1966, auch Anspielung auf das englische Wort: aim = Ziel, Absicht. Anm. d. Übers.

45) Matthew King (Noble Red Man), Häuptling; Vine DeLoria, Jr., Rechtsanwalt und Schriftsteller, Bücher, u. a.: *Nur Stämme werden überleben*, Lamuv-Verlag; Tim Giago, Journalist, Gründer der Wochenzeitung *Indian Country Today* (http://www.indiancountrytoday.com).

46) Die Schwarzen Berge, auf Lakota: *Paha Sapa*. (Anm. d. Übers.)

aussähe. *Wakan Tanka* würde es von oben sehen, und wir bekämen bald alles, was wir brauchen.«

Ich fragte ihn: »Denkst du, dass dies einmal geschehen wird? Nach dem zu urteilen, worüber wir in den letzten zwei Jahren gesprochen haben, scheinst du eher schwankender Meinung zu sein. Manchmal bist du hoffnungsvoll, und ein anderes Mal siehst du die Zukunft eher wolkenverhangen. Wie denkst du wirklich?«

Fools Crow sackte ein wenig in sich zusammen, und seine Miene verdüsterte sich. Er seufzte einige Male, nahm einen tiefen Atemzug und rieb seine knorrigen Hände aneinander. »Ich versuche optimistisch zu sein, aber *Wakan Tanka* hat mir auf einer kürzlich unternommenen Geistreise gesagt, dass der Leichenwagen für mich und viele andere von uns gekommen sein wird, bevor es besser wird. Wenn mir ein in Erfüllung gehender Wunsch bliebe, so wäre es der, dass mein Volk sich eines Tages vereint erheben wird und eine gemeinsame Stimme findet; dass es sich auf seinen Stolz zurück besinnt und dem Alkohol und der Abhängigkeit von der Bundesregierung der Vereinigten Staaten ein klares ›Nein‹ entgegensetzt; dass unsere Traditionen, die uns bedeutend gemacht haben, wieder von allen Menschen unseres Volkes gelebt werden. Viele Male habe ich versucht, dies herbeizulocken, aber nun weiß ich, dass alle Menschen meines Volkes dies herbeilocken müssen, damit es auch so geschieht.«

Dies war ein trauriger Augenblick für den Alten Herrn der Heiligen Männer und ich spürte Mitgefühl in meinem Herzen. Es war offensichtlich, dass diese schreckliche Tragödie, der unablässige Abstieg seines Volkes und die Verschlechterung der Lebensbedingungen seit mehr als einem Jahrhundert, ein spitzer Dorn in seinem Herzen bleiben würde, bis der Wagen an seiner Tür ankam.

9

Sprechende Steine

Mir scheint, dass Frances Densmore ihre tatsächliche Verwendung nicht selbst erlebt hat, aber sie berichtet ausführlich über heilige Steine[47] und beginnt dabei mit einem Zitat von Chased-by-Bears, der ihre Symbolik erklärt:

»Der Umriss des Steins ist rund, er hat weder Ende noch Anfang und ist endlos wie die Kraft des Steins selbst. Der Stein ist das Werk der Natur und ist in seiner Art vollkommen, keine künstlichen Mittel wurden bei seiner Formgebung benutzt. Äußerlich ist er nicht schön, aber er hat eine feste Struktur wie ein solides Haus, in dem man sicher wohnen kann. Er ist nicht aus mehreren Materialien zusammengesetzt, sondern nur von einer Substanz, die echt und keine Nachahmung von irgendetwas anderem ist.«[48]

Densmore berichtet, dass Medizinleute ihre Steine über weite Entfernungen aussandten, um Informationen zu sammeln. Nach einiger Zeit kehrten die Steine zurück und gaben ihnen die gewünschten Informationen. Allein der Besitzer konnte die Steine verstehen, und nur er konnte deshalb den anderen darüber berichten. »Während einer Demonstration zur Behandlung von Kranken fliegen angeblich die Steine im verdunkelten Tipi durch die Luft und treffen manchmal jene, die nicht an sie glauben wollten.« In Bezug auf diese Bewegung der Steine waren Densmores Informanten der Ansicht, dass die heiligen Steine Vertreter von »that which stirs« (»derjenige, der Bewegung verursacht«) seien, einem Helfer mit einem zu subtilen Wesen, als dass menschliche Sinne ihn wahrnehmen könnten. Sein Symbol ist der Stein. Er lebt in den so genannten »vier Winden«, und »er ist derjenige, der die Winde ausschickt, wenn sie herbeigerufen werden«. Hier haben wir einen deutlichen Hinweis auf das alte Verständnis von Kraft in Bewegung, nämlich dass sie erst »angeregt« werden muss, damit ein Ziel erreicht werden kann.

---

47) Densmore, 1918, Seiten 204-251.
48) Densmore, 1918, Seite 205.

In früheren Zeiten galten Männer, die von Steinen träumten, als besonders gesegnet. Wie uns Densmore berichtet, war ein typischer Vertreter von ihnen Brave Buffalo, der um 1838 herum geboren wurde und ein bekannter Medizinmann im Standing Rock Reservat war. Er war der Sohn eines führenden Medizinmannes des Stammes. Brave Buffalo erzählt:

»Als ich zehn Jahre alt war, schaute ich über das Land und die Flüsse, auf den Himmel über mir und auf die Tiere um mich herum und kam nicht umhin zu erkennen, dass sie alle von einer großen Macht erschaffen wurden. Ich brannte darauf, diese Kraft verstehen zu lernen, und fragte die Bäume und Sträucher. Mir schien, als starrten die Blumen mich an, und ich wollte sie fragen: »Wer erschuf euch?« »Ich sah auf die moosbedeckten Steine; einige von ihnen ließen die Gesichtszüge eines Mannes erkennen, aber sie konnten mir keine Antwort geben. Dann hatte ich einen Traum, und in meinem Traum erschien mir einer dieser kleinen runden Steine und erzählte, der Schöpfer von allem sei *Wakan Tanka*. Um ihn zu ehren, sollte ich seine Werke in der Natur ehren. Der Stein sagte, ich hätte mich durch meine Suche übernatürlicher Hilfe würdig erwiesen. Er sagte, ich könne ihn um Mithilfe bitten, wenn ich versuchen wollte, eine kranke Person zu heilen; alle Kräfte der Natur würden mich bei der Heilungsarbeit unterstützen.«

Schon bald nach seinem Traum fand Brave Buffalo auf der Spitze eines hohen Bergstumpfes seinen ersten heiligen Stein, den er noch 1911 in seinem Besitz hatte. Er behandelte viele Krankheiten mithilfe eines kugelförmigen Steines, von dem er sagte, dass er ein Bruder dieses ersten Steines sei. Er erläuterte, dass solche Steine nicht tief in der Erde zu finden seien, sondern offen auf den Kuppen von Steilhügeln herumliegen. Sie sind rund wie die Sonne und der Mond und erhalten ihre Gestalt, indem sie die beiden beobachten – deswegen sind sie miteinander verwandt. Dem Donnervogel wurde ebenso eine Verwandtschaft mit diesen Steinen nachgesagt. Einem Medizinmann war es erlaubt, einige seiner gefundenen runden Steine zu verkaufen – die »Helfer«, welche als Brüder seiner heiligen Steine angesehen wurden –, aber er durfte sich nicht von »dem Stein, der das Zentrum seiner Macht war«, trennen.

Jeder Medizinmann komponierte zumindest einen Gesang, den er zusammen mit seinen Steinen bei Zeremonien verwendete. Dieser Gesang wurde jedes Mal gesungen, wenn eine Bitte an den Stein gerichtet wurde. Densmore gibt eine ganze Anzahl von faszinierenden Geschichten wieder, was die Medizinmänner mit ihren Steinen vollbrachten. Eine Geschichte handelt davon, dass der Stein einen Büffel bis auf Schussweite heranlockt. In einer anderen wird verlorenes Eigentum wieder gefunden. Ein anderer Stein wiederum prophezeit genau, was einer Kriegerschar auf ihrem Kriegszug widerfahren wird. Als er darum gebeten wurde, mithilfe der heiligen Steine Informationen über die Crow-Indianer (Absaroke) zu beschaffen, bereitete Shell Necklace einen Platz auf der Erde und bedeckte ihn mit einer roten Decke. Der Stein wurde losgeschickt, und als er zurückkehrte, warf Shell Necklace sich ein Büffelgewand über Kopf und Körper und befragte den Stein über die Neuigkeiten. Diese stellten sich als genau zutreffend heraus. Zwei andere dieser Geschichten beschreiben Yuwipi-ähnliche Situationen, bei denen der Medizinmann festgeschnürt wird – wie Bear Necklace, dessen Arme hinter seinem Rücken gefesselt und dessen Finger und Zehen mit gedrehten Sehnen verschnürt wurden. Daraufhin wurde er in ein Büffelgewand gewickelt und mit Seilen verknotet. Seine Medizintrommel, seine Medizintasche und eine Glocke wurden hoch oben in dem Tipigestänge aufgehängt, und er wurde in ihrer Nähe auf den Boden gelegt. Das Tipi wurde verdunkelt, er sang ein Lied und erzählte von seinen Träumen. Dann fing das Tipi an zu zittern, die aufgehängten Utensilien fielen vom Gestänge auf den Boden, seine Schnüre lösten sich, und er stand völlig befreit auf. Dort erschienen vor ihm eine Reihe von vier oder fünf kleinen runden Steinen, bereit, ihm mitzuteilen, was er wissen wollte. Sitting Bull (Tatanka Yotanka) war dabei anwesend und bot den heiligen Steinen ein Büffelgewand mit der Bitte an, berühmt werden zu dürfen (dieses Ersuchen wurde bestimmt erfüllt, da kein Indianer jemals berühmter geworden ist als er). Bear Necklace wickelte einen der Steine in Wildleder und überreichte ihn Sitting Bull, der ihn bis zu seinem Tod in einem Halsbeutel trug und damit begraben wurde. Bear Necklace gab dann zutreffende Informationen über eine abwesende Kriegerschar ... und später erzählten ihm die Steine immer die Namen der im Krieg Gefallenen, die Namen der Überlebenden und den Tag ihrer Rückkehr. Diese Informationen stimmten jedes Mal.[49] Densmore berichtet, dass die Krankenbehandlung durch heilige Steine und Zauberei vor Kurzem von der Regierung verboten worden war (irgendwann vor der Jahrhundertwende), aber einige der alten Männer durften weiterhin die Kranken mit Kräutermedizin behandeln.[50]

---

49) Densmore, 1918, Seite 245.
50) Densmore, 1918, Seiten 217-218.

Natürlich freute es mich zu erfahren, dass Fools Crow dazu angeleitet worden war, dieses wundervolle Erbe weiterzuführen. Im ersten Teil seiner Geschichte erzählte er mir ausführlich über seine heiligen Steine und welche Rolle sie in seinem Leben als heiliger Mann spielten. Er hatte drei kleinere Sandsteine in seinem Besitz, die er in seinem Medizinbündel aufbewahrte und für bestimmte Heilungen verwendete – zwei kugelrunde Steine, davon einer mit einem roten aufgemalten Kreis, und einen eiförmigen Stein. Sieben Steine wurden ihm 1965 während einer Begegnung mit *Wakan Tanka* auf dem Bear Butte in seinen Körper eingepflanzt. Die in der Feuergrube der Reinigungshütte liegenden Steine sprachen zu verschiedenen Zeitpunkten im Verlauf einer Zeremonie zu ihm. Außerdem hatte er 405 Steingeister[51], die ihm während seiner ersten Visionssuche gegeben wurden.

Weil da so viele verschiedene Steine waren, fragte ich Fools Crow, ob es eine Botschaft gebe, die alle Steine zusammen ihm übermittelten.

»Die Steine stehen für Ewigkeit und ewige Wahrheit«, gab er zur Antwort. »Indem ein Stein spricht, erkennen wir auch, dass mit *Wakan Tanka* und den Helfern alles möglich ist. Wenn ein Steinwesen sprechen kann, so ist das ein Beweis dafür, dass in allen Dingen Leben ist.«

»Wie benutzt du die Sandsteine in deinem Medizinbündel?«

»*Wakan Tanka* benutzt alle meine Steine wie hohle Knochen, um zu mir zu sprechen, um durch mich an der Heilung von Krankheiten zu arbeiten, um Vorhersagen für die Zukunft zu treffen und um verloren gegangene Menschen oder Gegenstände ausfindig zu machen.«

»Haben diese Steine ihre eigene spirituelle Kraft ... sind sie dazu fähig, diese Dinge in und durch sich selbst zu tun? Könntest du zum Beispiel einen heiligen Stein auf jemanden legen und so eine Heilung herbeiführen, oder könnten Kranke ihn sich selber auflegen und das gleiche Resultat erzielen?«

»Ich habe dir erzählt, dass jedem erschaffenen Gegenstand natürliche Kraft gegeben wird. Steine haben zudem auch spirituelle Kraft. Aber diese spirituelle Kraft muss durch rituelle Verwendung angeregt werden, auf diese Art wirken die Steine

---

51) Im Original bezeichnet Thomas E. Mails sie mit »Stone White Men«, was jedoch nicht dem richtigen Lakota-Ausdruck »*inyan wasicun*« entspricht. Dieser bedeutet etwa »Stein-Geist« und bezeichnet die Geistwesen, die die Yuwipi-Medizinmänner unterstützen. Allerdings gibt es ein gleichlautendes Wort »*wašin icu*«, das jemanden bezeichnet, der das Fett stiehlt – eine in damaligen Zeiten wertvolle Ressource. Mit *wašin icu* oder auch *wasicu* wurden die Weißen Ankömmlinge bezeichnet – was auch als ein Wortspiel zu verstehen ist. Mails hat das falsch als »Weiße Männer« übersetzt. (Anm. d. Übers.)

zusammen mit Menschen wie ich selbst, die auch hohle Knochen sind. Es ist eine sehr alte Methode. Gewöhnlich halten Medizinleute den Stein in der Hand oder legen ihn auf den Patienten, und er spricht zu ihnen. Manchmal weise ich auch den Patienten an, den Stein in den Mund zu nehmen. Auch kann ich mit den aufgeheizten Steinen in der Feuergrube der Reinigungshütte sprechen.«

»Der Stein kann also nicht tatsächlich heilen, aber er sagt dir, wie die Behandlung vorgenommen werden soll.«

»Als Erstes bestimmt er die Ursache und den Ort sowie die Art der Krankheit oder eines anderen Problems. Manchmal verlässt der Geist des Steines seinen Körper und dringt in die Person ein, um dort nach der Krankheit und ihrer Ursache zu suchen. Der Stein hat noch andere Möglichkeiten, mir über die Krankheiten und ihre Ursachen zu berichten. Sobald er diese gefunden hat, kehrt er zurück in seine Steingestalt und erzählt mir, was er entdeckt hat. Danach führt er mich dorthin, wo die zur Behandlung der Krankheit oder des Problems geeigneten Kräuter oder Wurzeln zu finden sind. Schließlich erzählt er mir, welche Behandlungsmethode angewendet werden soll.«

»Wie führt dich der Stein zu einer Medizinpflanze?« fragte ich ihn.

»Ganz einfach«, sagte er mit selbstsicherer Miene. »Ich nehme den Stein in die rechte Hand und halte meine linke Hand wie eine Schale auf. Dann laufe ich entweder in der Nähe meines Hauses herum oder dort, wo ich mich hingelenkt fühle. Beim Umherlaufen zieht der Stein meine Hand in die von ihm gewünschte Richtung, und diese schlage ich dann ein. Dieser Zug ist so stark, dass ich keine Wahl habe. Sobald wir am richtigen Ort angekommen sind, zieht der Stein meine Hand zu der entsprechenden Pflanze hinunter, bei welcher es sich um eine Arznei handeln kann, die ich schon vorher verwendet habe. Allerdings werde ich nicht immer durch die Steine zu den Heilpflanzen geführt. Manchmal steuern die Höheren Mächte meinen Geist, und ich folge ihm bis hin zu der Pflanze. Sobald wir ankommen, weiß ich, welches das richtige Kraut ist.«

Später konnte ich miterleben, wie Fools Crow einen Stein (den mit dem aufgemalten roten Kreis) bei der Behandlung eines Patienten verwendete, dessen Gesicht rot wie eine Rübe war, und der sehr schwer atmete. Er ließ den Mann sein Hemd ausziehen und sich mit dem Gesicht nach unten auf eine Pendleton-Decke[52] legen. Fools Crow markierte die Deckenecken mit Kleidungsstücken in den Far-

---

52) Pendleton-Decken sind aus Wollstoff gefertigt und mit farbigen indianischen Mustern versehen. Website: www.pendleton-usa.com (Anm. d. Übers.)

ben der Richtungen und streute dann Salbei auf die Decke. Dann sang er viermal einen speziellen Gesang zum Auffinden des Problems, während er dabei den Stein über den ganzen Oberkörper des Mannes rollte, der sich dabei von Seite zu Seite und letztlich auf den Rücken drehte. Densmore berichtet, dass auch Brave Buffalo diese Technik des Steinerollens zur Auffindung eines Leidens angewendet hatte.[53]

Fools Crow sang:
> Ho,
> wir suchen dich.
> Du kannst dich nicht verstecken.
> Dieser Stein kommt herein.
> Er ist *Wakan Tankas* Auge.
> Er wird die Krankheit finden.
> Er wird die Ursache finden.
> Dann wird er es mir erzählen.
> Bald darauf wirst du verschwunden sein.

Während ich fasziniert zuhörte und zusah, erreichte der Stein die linke Seite der Brust des Mannes, wo rechts neben der Brustwarze ein Fleck war. Er hörte auf zu rollen, und Fools Crow konnte ihn nicht von der Stelle bewegen.

»Die Krankheit liegt darunter«, gab Fools Crow dem Patienten zu verstehen. Er presste sanft mit dem Stein, worauf der Mann vor Schmerz keuchte. »Sie haben ein Lungenproblem, ihre Lunge ist vergiftet«, fuhr Fools Crow fort.

Dann hielt der heilige Mann den Stein in der rechten Hand und zog mit seiner linken eine Decke über sich, sodass er darunter verschwand. Er sang und war danach für etwa zehn Minuten still. Nachdem er die Decke abgeworfen und sich dem Patienten wieder zugewandt hatte, sagte er: »Der Stein und mein geistiges Auge stimmen überein. Beide sagen, dass Sie giftiges Wasser in ihrem linken Lungenflügel haben.«

Der Patient schaute besorgt drein, und Fools Crow nahm aus seiner Medizintasche einen hohlen Röhrenknochen heraus, der etwa zwei Zentimeter dick und achtzehn Zentimeter lang war. Beide Enden waren mit Sehnen umwickelt, ansonsten war er aber naturbelassen. Er zog eine mittelgroße Emailschüssel zu sich heran, nahm ein Ende der Röhre in den Mund, setzte das andere Ende auf die Brust des Mannes und begann daran zu saugen. Ich konnte ein klares, gurgelndes Geräusch vernehmen. Kurz darauf verschloss er das untere Knochenende mit dem

---
53) Densmore, 1918, Seite 246.

Zeigefinger und goss den Inhalt der Röhre in die Schüssel hinein. Die ganze Röhre war mit einer grünlichen Flüssigkeit gefüllt. Fools Crow wiederholte diese Prozedur im Abstand von zwei Stunden viermal täglich über vier Tage hinweg. Jedes Mal war der Knochen mit Flüssigkeit angefüllt, die später bei jeder Behandlung klarer wurde. Zuletzt, beim sechzehnten Mal, war die Schüssel voll, und in die Knochenröhre gelangte keine Flüssigkeit mehr, sie war leer. Der Mann verspürte keine Schmerzen, sah viel besser aus und ging glücklich heim.

Als sich die Gelegenheit dazu zeigte, bat ich Fools Crow mir zu erzählen, wie die Heilsteine zu ihm gesprochen hatten. »Du sollst dies erst nach meinem Tod weitergeben«, mahnte er und langte in sein Medizinbündel nach einem der Steine, um es zu demonstrieren. »Du hast bemerkt«, redete er weiter, »dass ich mit den Steinen im Dunkeln bin, wenn sie mit mir reden. Sobald wir zugedeckt sind, singe ich dem Stein ein ›Dankeschön‹-Lied. Es handelt davon, wie sehr ich es schätze, dass er mithelfen will. Viermal singe ich den Gesang, danach warte ich und halte dabei den Stein wie hier in der offenen rechten Hand. Kurz darauf wird der Stein rot und sehr warm. Einige Male hat er mir um ein Haar die Hand verbrannt, und ich bin sicher, er würde es bei jemandem tun, der ihn nicht richtig zu halten weiß. Dann fängt der Stein an, ein knackendes und knallendes Geräusch von sich zu geben, das in Lakota überwechselt, und er spricht mit mir, informiert mich über den Kranken und was ich zur Behandlung unternehmen soll. Sobald ich alles Notwendige weiß, erkaltet der Stein, und wir sind fertig. Danach wende ich die vom Stein beschriebene Behandlungsweise an.«

»Arbeitet der Stein immer auf die gleiche Weise?«

»Ziemlich oft«, gab er zur Antwort und legte den Stein zurück in das Bündel. »Dennoch sind keine zwei Behandlungen gleich. Die Grundschritte sind immer dieselben, aber für jeden Menschen gibt es etwas Besonderes zu tun, weil jeder Mensch für *Wakan Tanka* einzigartig ist und besondere Bedürfnisse hat. Ich werde dir nun mein Stein-hab-Dank-Lied singen. Ändere es aber ein wenig ab, damit niemand jemals den genauen Gesang lernen kann. Wie ich dir sagte, muss jeder Mensch, der mir nacheifern möchte, *Wakan Tanka* um seine eigenen Lieder bitten.«

Ich betrachte nun den Stein.
Er hat Kraft.
Ich sehe das.
Ich fühle es.
Diese Kraft kommt, und ich kann sie anwenden.
Dafür bin ich dankbar.
Ich werde ihm helfen zu wirken.

Ich fragte: »Was hat der Stein dir über die Ursache der vergifteten Lunge erzählt?«

»Er sagte, dass er zu viel raucht und dass etwas in dem Teer war.«

»Teer?« bemerkte ich. »Was sollte hier draußen im Reservat Teer für eine Rolle spielen?«

»Er arbeitet in der Straßenarbeiterkolonne, die unsere Straßen ausbessert.«

»Dann ist es ein chemisches Problem«, sagte ich.

»Genau das sagte der Stein zu mir.«

»Waren schon andere Patienten bei dir, bei denen sich die gleichen Ursachen feststellen ließen?«

»Ja.«

In dem ersten Buch erzählt Fools Crow über die sieben Steine in seinem Körper, die plötzlich auftauchten, während er 1965 in der Felswand vom Bear Butte war, wo entweder *Wakan Tanka* oder Großvater *(Tunkashila)* zu ihm sprachen.[54] Ein Stein war in seinem Rücken gerade unter dem linken Schulterblatt, und die restlichen waren direkt unter der Haut seines linken Arms und seiner linken Hand. Bei einer Gelegenheit ließ er mich die Steine fühlen und umherbewegen, um mir zu zeigen, wie einfach dies getan werden konnte. Es war unheimlich, da sie bis zu 2,5 Zentimeter und mehr in jede Richtung verschoben werden konnten – dennoch musste ich jedes Mal, wenn ich einen Stein bewegt hatte, ihn wieder an die ursprüngliche Stelle zurückschieben. Die Größe der Steine lag zwischen 0,3 bis 0,6 Zentimeter. Sie waren rund, glatt und so fest wie alle Steine.

Er erklärte mir, wie die Steine wussten, wann sich ein schlimmer Zwischenfall ereignete. Sie fingen dann an, sich schnell umherzubewegen. Dann betete er dafür, dass die Herzen der Menschen sich ändern mögen, dass Böses sich entfernt und

---

54) Ich möchte hier betonen, dass obwohl Fools Crow dieses Ereignis als eine Vision bezeichnet, er jedoch deutlich machte, dass es ihm tatsächlich zugestoßen war.

Gutes seinen Platz einnehmen könne. Beim täglichen Gebet gaben sie ihm außerdem Mitteilungen von *Wakan Tanka* und den anderen Mächten.

Was Fools Crow während eines Moments mit erhobenen Handflächen noch hinzufügte und ich nun erzählen kann, ist, dass manchmal in der Reinigungshütte während einer Zeremonie alle Steine unter seiner Haut anfingen, sich schnell hin und herzubewegen. Wenn sie dabei dicht aneinander gerieten, gaben sie jedes Mal einen Funkenregen von sich – ungefähr so, wie wenn man ein neues Holzscheit auf ein schwelendes Feuer wirft.

Er sagte: »Viele Leute haben diese Funken gesehen und sich gefragt, wie ich sie hervorbringe. Nur einigen habe ich erzählt, wie es geschieht. Manche Medizinmänner haben heimlich trockene Fichtennadeln auf die heißen Steine gestreut, um Funken zu erzeugen. In der dunklen Hütte können sie das natürlich unbemerkt tun. Andere haben gelernt, wie sie Löcher in die Schalen der Rasseln bohren und Feuersteinstückchen hineinstecken können, die ebenfalls Funken schlagen, wenn die Rasseln geschüttelt werden. Sie erzählen den Leuten nie, wie sie das tun, sondern lassen sie glauben, es sei das Werk der Geister. Meine Funken sind jedoch wahrhaftig *Wakan Tankas* Werk, und dafür hat Er einen Grund.«

Ich konnte mir vorstellen, wovon Fools Crow sprach, da ich beide Funkenarten in Reinigungshütten erlebt hatte. Aber die Nachahmer brachten nur verstreute und einzelne Funken zustande; Fools Crows Funkenregen war so dicht, dass die Funken Säulen formten, die bis zum höchsten Punkt der Hütte aufstiegen.

»Was also ist der Grund dafür? Was zeigen die Funken an?«

»Wie du weißt, ist das Feuer ein Stück der Sonne auf Erden«, antwortete er. »Und die Wärme der Sonne ist wirklich die Wärme von *Wakan Tankas* Wesen. Wenn die Steine Funken sprühen, ist *Wakan Tanka* selbst in sie hineingeschlüpft, und ihre Aktivität zeigt mir, dass er sich rasch umherbewegt, um mich wissen zu lassen, dass er in ihnen ist. Würde ein Mensch zu diesem Zeitpunkt die Steine in meinem Körper anrühren, dann würde er sich die Hand verbrennen.«

»Verbrennen sie nicht deinen Arm und Rücken?«

»Nein, ich fühle eine Wärme, aber das ist auch alles.«

»Warum kommt in diesen Fällen *Wakan Tanka*?«

»Das passiert nur, wenn die durch mich behandelte Krankheit sehr ernsthaft ist. *Wakan Tanka* ist wie der gute Lehrer, der gewöhnlich zurücksteht, nachdem er seinen Schüler unterwiesen hat, um zu sehen, was der Schüler tun kann. Aber manchmal ist die Situation dafür zu ernst, also kommt er und nimmt die Sache in die Hand.«

»Nimmt er nicht – in dem Sinne, dass du ein hohler Knochen bist – immer die Sache in die Hand?«

»Nicht im gleichen Maße. Er nutzt gewöhnlich die natürlichen und spirituellen Begabungen, die sich in mir angesammelt und über die Jahre entwickelt haben, zusammen mit den Konzentrationswerkzeugen. Er würdigt mich, indem er mir erlaubt, zu der Heilung beizutragen.«

»Wenn er die Situation übernommen hat, was macht er dann?«

»Es entsteht eine Stimmung in der Hütte, wie sie sonst nicht aufkommt. Man hat den Eindruck, dass die Hütte mit Druck und Energie angefüllt ist. Mein Körper prickelt davon und schüttelt sich. Den Patienten geht es genauso. Sie wissen nicht genau, was vor sich geht, aber sie spüren, dass es etwas Fantastisches, Geheimnisvolles und auch Furchterregendes ist. Laute Klänge sind zu hören, wie Adler- und Falkengeschrei und das Gebrüll von Tieren inmitten von Donnerschlägen. Wir hören Sänger ihre Lieder singen und Trommeln dazu schlagen und das Scheppern der Rasseln. Gewöhnlich beginnt die Hütte selbst zu beben und zu klappern. Die am Dach hängenden Opfergaben schwingen hin und her. Manchmal springt sogar ein dampfender Stein aus der Feuergrube. Oft rufen die Leute aus, dass sie etwas sehr Heißes ihren Körper berühren fühlen, ähnlich einer großen Hand. Dann sagen sie, wie sie spüren, dass diese Hand ihre Krankheit aus ihnen herauszieht und es sehr schmerzt. Wenn die Zeremonie beendet ist, manchmal dauert sie eine Stunde oder länger, sind diese Leute immer gänzlich geheilt.«

»Gleich wie ernst ihre Krankheiten waren?«

»Ja.«

»Warum behandelst du nicht alle deine Patienten in der Hütte?«

»Ich habe dir schon gesagt, dass *Wakan Tanka* diese Entscheidung für mich trifft. Er hat seine Gründe, und ich frage nicht danach.«

»Anscheinend wussten die früheren Medizinleute nichts über das persönliche Erscheinen von *Wakan Tanka* in der Reinigungshütte, als die Pocken und andere Seuchen kamen. Wie würdest du das erklären?« fragte ich.

»Ich kenne keinen anderen heiligen Menschen, dem diese besondere Kraft gegeben wurde, und ich kenne niemanden mit Steinen im Körper. Aber andere heilige Männer haben einige Kräfte empfangen, die ich nicht habe. *Wakan Tanka* arbeitet mit jedem hohlen Knochen, so wie er es für angemessen hält.«

»Wie erfuhrst du all diese Dinge über die Steine in deinem Körper?«

»Die Wesenheit, die zu mir in der Felswand am Bear Butte sprach, sagte mir alles, und seither ist alles gemäß Seinen Voraussagen eingetreten.«

»Hast du ein Licht gesehen, als du in dem Felsen warst?«

»Ja.«

»Welche Farbe hatte es?«

»Weiß.«

»Dann war es *Wakan Tanka* selbst, der zu dir sprach.«

»Ich glaube, dass es so war, aber es war ein großartiges Ereignis, und ich war dadurch so überwältigt, dass ich nicht alles deutlich sah oder hörte.«

Eines anderen Tages setzten wir unser Gespräch über Steine fort; um es in Schwung zu bringen, sagte ich: »Du hast also drei heilende Steine und in deinem Körper noch sieben redende Steine. Ebenso erwähntest du die mit dem Sonnentanzwerkzeug verwendeten Steine und die Steine in der Feuergrube der Reinigungshütte, die mit dir reden, um dir Botschaften von *Wakan Tanka* und den Helfern anzuvertrauen. Außerdem hast du die 405 Stein-Geister.[55] Offensichtlich spielen die Steine eine wichtige Rolle in deinem Leben als heiliger Mann. Gibt es noch etwas, das die Leute über die Stein-Geister erfahren sollten, was du mir nicht erzählt hast?«

Mit noch immer scharfem Verstand antwortete der alte heilige Mann sofort: »Ich habe dir noch nicht erzählt, warum in den meisten Fällen nur einige Stein-Geister kommen, um mir bei einer Behandlung oder Heilung zu helfen.« Er nahm einen Stock zur Hilfe und zeichnete einen großen Kreis auf den Boden. »Dies stellt die ganze Erde dar«, sagte er und deutete mit dem Stock auf den Kreis. »Die 405 Stein-Geister helfen überall den Menschen, die *Wakan Tanka* lieben, nicht nur den indigenen Amerikanern. Einige der Stein-Geister sind hier beschäftigt, andere wiederum woanders, in China, Afrika oder Deutschland.«

Dies erinnerte mich an meinen Freund Zubi Credo, oberster Häuptling der Zulu Medizinleute in Südafrika, der mir erzählte, dass ihm eine große Anzahl von Geistern bei Behandlungen und Heilungen hilft. Ich erzählte Fools Crow von ihm, und was ich über die vielen Geister berichtete, erfreute ihn sehr. Dann fügte ich hinzu: »Außerdem hast du noch gesagt, dass verschiedene Steine befähigt sind, bei unterschiedlichen Dingen zu helfen.«

Fools Crow bestätigte dies mit geballter Faust und einem kurzen: »Ho!«

---

55) Eine ausführliche Beschreibung der Stein-Geister findet sich in meinem Buch *Fools Crow* auf den Seiten 49-52, 81, 88, 93-94, 121, und 186. (Deutsche Ausgabe: *Das Leben des Fools Crow*, Seiten 74-78, 123, 130-131, 140, 167, 219, 250 und 269) Die Stein-Geister unterteilen sich in vier Gruppen, von denen jede besondere Kräfte hat.

»Warum wird deinem Patienten mitgeteilt, in welcher Anzahl sie zur Behandlung in die Reinigungshütte kommen werden, woraufhin er eine Schnur mit ebenso vielen Tabakopfern anfertigt, um dich wissen zu lassen, wie viele kommen werden? Warum bist du nicht derjenige, dem das mitgeteilt wird?«

»Weil *Wakan Tanka* den Glauben des Patienten stärken möchte, schon bevor er zur Behandlung in die Hütte kommt. Die Höheren Mächte wollen den Patienten in jeder möglichen Hinsicht mit einbeziehen, damit sie sich auf die Behandlung konzentrieren und dadurch stärken sie das Vertrauen und die Selbstsicherheit des Patienten.«

»Manchmal«, unterbrach ich, »kommen alle 405 Stein-Geister, die du auch ›Gute Geister‹ nennst, zur Reinigungshütte und zu deinem Yuwipi oder dem Sonnentanz. Sind denn nicht einige auch anderswo beschäftigt?«

»Dir ist vielleicht aufgefallen, dass ich sage, sie kommen alle, aber nicht, dass sie alle bleiben. Auf einen kurzen Abstecher kommen sie alle herein, um mich ihrer Unterstützung zu versichern, aber dann kehren die meisten zu ihrer vorherigen Beschäftigung zurück.«

Ich hakte nach: »Wenn die Steine bei dir auftauchen, so haben sie, wenn auch nur für einen Moment, ihre Patienten verlassen müssen. Ist das für die Patienten nicht ein Problem?«

»Die Höheren Mächte«, entgegnete Fools Crow geduldig, »sind nicht so wie wir von der Zeit bestimmt. Sie können fort sein, sind aber dennoch nicht abwesend, da es in ihrem Leben keine Uhr gibt. Alles, was sie tun, geschieht auf einmal. Ich könnte ein wahres Rätsel daraus machen, indem ich behaupte, sie kämen im gleichen Moment zurück, in dem sie fortgehen.«

»Wie kannst du sicher sein, dass sie alle präsent sind, da sie ja nur für eine nach unserem Ermessen kurze Zeitspanne bei uns sind?«

»Mir wurde gesagt, dass so viele kommen werden, wie Tabakopfer da sind. Wenn der Patient oder ich 405 machen, kommen ebenso viele.

Und wenn jemand versucht mich hinters Licht zu führen, so wie es George Iron Cloud bei dem Yuwipi tat, von dem ich dir erzählte, kommen alle 405 Stein-Geister und bleiben so lange, bis sie ihm eine Lektion erteilt haben. Du erinnerst dich, dass George versuchte, die Tabakopferschnur festzuhalten, während ich gefesselt war und die Lichter aus waren, sodass niemand die Schnur mit einem Trick hätte entwenden können. Er glaubte sie fest im Griff zu haben, aber als die Lichter angeschaltet wurden, war die Schnur weg und er ziemlich verblüfft. An nichts anderem als an seiner Einbildung hatte er festgehalten. Die 405 Stein-Geister hatten es ihm gezeigt, und daraufhin versuchte er es nicht wieder.«

»Die Stein-Geister scheinen ein Geschenk an die indigenen amerikanischen Medizinleute und an die Medizinleute in der ganzen Welt zu sein«, sagte ich. »Würden die Stein-Geister auch für Nichtindianer erreichbar sein, die ihre Hilfe wünschen?«

Fools Crow nickte kurz. »Da die Stein-Geister bereits in der ganzen Welt aushelfen, werden sie auch für diejenigen da sein, die sich *Wakan Tanka* anvertrauen und dabei Tabakopfer anbieten, um sie herbeizurufen.«

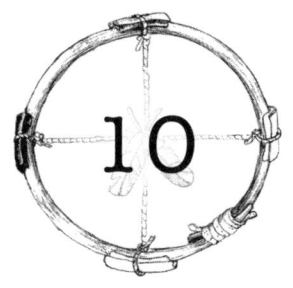

10 Wie groß ist der Glaube?

Als Fools Crow zu mir sagte: »Nicht jeder kann gesund gemacht werden, aber jeder kann geheilt werden«, wusste ich bereits, was er meinte, da ich dies von Medizinmännern verschiedener Stämme gehört hatte. Wie auch bei seinen anderen Aussagen wollte ich ihn jedoch bestätigen lassen, dass er das Gleiche meinte.

Deswegen fragte ich: »Warum machst Du einen Unterschied zwischen Genesung und Heilung? Wie unterscheiden sie sich?«

Er antwortete: »Genesung ist spirituell, aber nicht auf die gleiche Weise, wie Heilung spirituell ist. Alle Menschen sind sterblich. Nicht jeder wird gesund. Ich habe *Wakan Tanka* nicht gefragt, warum es so ist. Ich weiß auch, dass Er keinen Menschen aus dieser Welt nimmt. Dies würde Ihn für alle Todesfälle verantwortlich machen, einschließlich der tragischen Fälle. Wenn es für Ihn, aus welchem Grund auch immer, so aussieht, dass ein Mensch nicht gesunden kann oder soll, so mag Er davon absehen, einzugreifen und die Situation zu ändern. Er lässt sie einfach zu sich kommen. Bei anderen Gelegenheiten wiederum entscheidet Er, einzuschreiten und den Patienten am Leben zu erhalten. Jedoch ist der Tod keine schlechte Sache, weil wir danach für immer mit *Wakan Tanka* zusammen sind. Tatsächlich ist es das, wofür wir geboren werden … geboren, um zu sterben, da der Tod wirklich der Anfang des großartigen Lebens ist, das Er für uns bereithält.«

»Du hast mir bereits erzählt«, sagte ich, »wie du in deinen Visionen erfahren hast, dass jeder Mensch nach dem Tod in einen von drei Geistern eintritt und dort bis zum Jüngsten Gericht bleibt, wenn *Wakan Tanka* die spirituellen Menschen von den unspirituellen trennen wird. Spirituelle Menschen werden zu einem glücklichen Platz kommen und die Übrigen auf einen Pfad, auf dem sie die ganze Zeit leiden werden. Wie muss man sich dieses Leiden vorstellen; was wurde dir dazu gezeigt?«

Fools Crows Lippen verhärteten sich und bewegten sich kaum, während er erwiderte: »Ich sagte, dass Menschen sich ihre Bestrafungen hier auf Erden selbst schaffen. Das mag ausreichen, um *Wakan Tanka* zufrieden zu stellen. Aber ich würde Ihm keinen Vorwurf machen, wenn Er wirklich die Tür schlösse. Aufgrund der Art und Weise, wie sie über Ihn denken und wie sie Ihm den Rücken zukehren, verdienen sie es.«

»Was bedeutet eine geschlossene Tür?« fragte ich.

»Dass der Geist des verstorbenen Menschen für immer umherziehen wird, ohne einen Platz zum Bleiben zu finden. Dann und wann wird er an glücklichen Menschen vorbeiziehen, die mit *Wakan Tanka* sind, und wird sehen, was er versäumt hat.«

»Das klingt etwa so wie die Römisch-katholische Vorstellung vom Fegefeuer«, meinte ich verwundert darüber, ob er es von dort übernommen hatte.

»Diese Vorstellung ist älter als das Eintreffen der Schwarzröcke«, erwiderte er, »aber ich hoffe immer noch, dass von den Geistern nicht verlangt wird, für immer umherzuziehen. Jedenfalls wird es für sie anders als hier auf Erden sein, da es dort keine Uhren gibt.«

»Und Heilung?« fragte ich. »Was ist Heilung?«

»Heilung ist rein spirituell und hilft dem Menschen dabei, mit *Wakan Tanka* ins Reine zu kommen. Wenn dann der Tod kommt, kann der Mensch friedlich und ohne Ärger und Groll sterben. Er lernt durch Heilungsrituale, sich mehr auf Lebensqualität als auf Lebenslänge zu konzentrieren. Heilung ist ein unbezahlbares Geschenk, das jedem, der es annehmen will, gemacht werden kann.«

»Es sieht immer noch so aus, dass *Wakan Tanka* eine Entscheidung im Hinblick auf das Leben oder den Tod eines Menschen trifft«, gab ich zurück.

Mit Bestimmtheit antwortete er: »*Wakan Tanka* und *Tunkashila* sorgen sich mehr um das Überleben des Volkes, als um das Überleben eines einzelnen Menschen. Darum stellen wir in den Sonnentänzen sowohl Genesung als auch Heilung für alle zur Verfügung, die sie erhalten möchten. Die Tänzer werden während der vier Tanztage zu hohlen Knochen und sie legen ihre Hände auf ihre Mitmenschen, um die Kraft für Genesung und Heilung weiterzugehen, die sie erfüllt hat, während sie ihre Gebete tanzten. Sie verbreiten Stärke und Hoffnung, sodass unser Volk mit Zuversicht der Zukunft entgegengehen kann. Dies kann nicht von einem einzelnen Menschen erreicht werden, aber von einem geheilten und vereinten Volk.«[56]

---

56) Zum Vergleich: Bei den traditionellen Heilungszeremonien der Apachenindianer werden die Anstrengungen verstärkt, wenn es sicher ist, dass der Patient sterben wird. Wer darüber verblüfft ist, sollte sich erinnern, wie Fools Crow sagte, dass Heilungen eigentlich für das Wohl der Gemeinschaft getan werden. Hier wird nun die Aufmerksamkeit den Trauernden zugewendet, die

»Wie wichtig ist der Glaube im Genesungsprozess?«

»Es würde für uns ohne Glauben nicht auf die bestmögliche Art und Weise geschehen.«

»Aber jeden Tag gesunden Menschen, die nicht glauben«, sagte ich.

»Der Körper ist schon erstaunlich«, erwiderte Fools Crow mit leicht stählerner Stimme. »*Wakan Tanka* hat ihn in einer solchen Weise erschaffen, dass die meisten Krankheiten ohne die Hilfe von Medizinleuten von selbst heilen. Wenn die Menschen nur eine Weile abwarteten, so würden ihre Krankheiten von allein verschwinden. Aber sie werden ungeduldig oder ängstlich und wissen, dass ein Medizinmann oder ein weißer Arzt die Genesung dadurch beschleunigen kann, dass er ihnen etwas verabreicht, was die Selbstheilungskräfte des Körpers aktiviert.«

»Bist du gelehrt worden, dass unsere Gedanken für viele unserer Krankheiten verantwortlich sind?«

»Ich weiß, dass die Art, wie jemand denkt, den Körper krank, aber auch gesund machen kann. Aber das gilt nicht für jede Art von Krankheit … zum Beispiel nicht für die von einer Vergiftung verursachten Krankheit oder für gebrochene Knochen oder bei Verletzungen sowie schweren Verbrennungen. Sie passieren unabhängig von unserem Denken. Weiße Menschen besuchten mich und erzählten mir, dass wir Erkältungen und Lungenentzündungen vermeiden könnten, indem wir sie einfach wegdenken. Das mag manchmal funktionieren, weil diese Art von Denken, bei denen, die daran glauben, zu einer vorsichtigeren Lebensweise führt, aber früher oder später werden sie doch eine Erkältung bekommen. Hier draußen im Reservat sind viele von uns an Lungenentzündung gestorben. Ich habe meine Kinder dadurch verloren.« Er hielt an, um eine Fliege aus seinem Gesicht zu verscheuchen, dachte eine Weile nach und fuhr fort. »Wenn es um Krankheit geht, ist auch die Balance wichtig. Wenn wir es schaffen, alles ins Gleichgewicht zu bringen, befinden wir uns mit uns selber in Harmonie und leben in Frieden. Vielleicht ist die Balance das beste Mittel gegen Krankheit in der Welt.«

»Sogar besser als du?« fragte ich lächelnd.

»Sogar besser als ich«, sagte er und lächelte zurück.

»Besser als *Wakan Tanka* und die Helfer?«

---

vermehrt Kraft und Trost brauchen, nachdem deren Freund oder Familienmitglied gestorben ist. Die Apachen fangen an, ihre Hände aufeinander zu legen und füreinander zu beten, sodass die Segnungen verteilt werden. Solange der Patient bei Bewusstsein ist, sieht er das und stirbt mit dieser letzten Erinnerung. Es ist eine weise und gute Sache und etwas, von dem wir Außenstehende Nutzen ziehen könnten, wenn wir dem nacheiferten.

»Nein. Ich sagte in der Welt. Sie jedoch umgeben die Welt.« Er war froh, meiner Falle entkommen zu sein, und lächelte wieder.

»Ich weiß, dass du den Patienten, die zu dir kommen und Tabak zum Rauchen bringen um dich zu bitten, sie zu behandeln, in die Augen siehst, um zu erfahren, ob sie wirklich an deine Fähigkeiten und deinen Wunsch glauben, ihnen bei der Genesung zu helfen. Ich weiß auch, dass du auf diese Weise erfährst, ob der Glaube an ihre eigenen Fähigkeiten, an der Heilung mitzuwirken, da ist, und vor allem, ob sie an *Wakan Tankas* Versprechen glauben, dass er dafür die Kraft schickt. Schaust du ihnen nur in die Augen?«

Fools Crow wurde so energisch, wie ich ihn seit eh und je kannte. Sein Kinn senkte sich herab, seine Schultern schoben sich zurück, und seine Brust dehnte sich. »Die erste Frage ist immer, wie groß ist des Menschen Glaube? »Ohne einen starken Glauben«, fuhr er fort, »gibt es nichts, was *Wakan Tanka* oder ich für seine Genesung oder Heilung tun können. Die spirituelle Kraft wird in erster Linie vom Glauben getragen. Sicherlich spielen die Rituale und die Werkzeuge dabei eine Rolle, aber ohne Glauben gibt es keine Kraft und auch keine Veränderung.«

»Aber tust du nicht noch etwas anderes, als in ihre Augen zu blicken?« beharrte ich. »Ich habe bemerkt, dass du dabei manchmal deine rechte Hand auf ihre Schultern legst.«

Er lachte breit und sagte: »Du glaubst, um zu sehen – du bist einer von uns!«

Ich spürte einen Kloß im Hals und hielt meine Tränen zurück. Es war ein großes Kompliment vom Alten Herrn der Heiligen Männer. Er erhob die Hände und ich holte mein Notizbuch hervor.

»Wenn wir weitermachen«, fuhr er fort, »wirst du feststellen, dass ich immer den Leuten die Hand auf die Schulter lege. Du hast es anfangs nur nicht wahrgenommen. Ich berühre sie mit den Augen, und ich sehe sie mit meinem Geist, aber ich lege ihnen auch die Hand auf die Schulter – und das sagt mir am meisten. Wenn sie wirklich an mich glauben, an sich selbst und an *Wakan Tanka* und die Helfer, wird meine Hand normalerweise sehr heiß. Aber wenn sie keinem von uns vertrauen oder nicht allen, wird sie fast immer sehr kalt. Meine Hand irrt sich nie. Manchmal ist das Gefühl dennoch nicht so deutlich, wie ich es gern hätte. Dann wickle ich mich in mein schwarzes Tuch, um zu erfahren, wie ihr Glaube wirklich beschaffen ist.«

»Legst du nur die Hand auf die Schulter?« fragte ich, weil ich glaubte, dabei eine Bewegung entdeckt zu haben.

Fools Crow empfängt Patienten

»Nein«, antwortete er, »ich streichle ihre Schulter sanft, sodass sie um die Liebe wissen, die ich für sie habe. Ich mag sie, auch wenn manche Leute nicht genug Vertrauen haben, und ich muss weinen, wenn ich das merke und sie wegschicken muss.«

Beinahe wäre mir schon wieder ein Kloß in den Hals gestiegen; um das zu vermeiden, musste ich weiterreden. Ich führte das Gespräch zurück zu einem Thema, das er angesprochen hatte – wie er sich einwickelt, um etwas von *Wakan Tanka* und den Helfern über den Patienten zu erfahren.

In *Teton Sioux Music* berichtet Frances Densmore, was sie von Used-as-a-Shield, »einem vertrauenswürdigen Informanten«, mitgeteilt bekam. Dieser erzählt, wie ein Medizinmann ihn wegen einer bisher nicht diagnostizierten Krankheit behandelte, worauf er sich erholte und wieder wohlauf war. Während dieser Behandlung nahm der Medizinmann unter anderem »ein schwarzes Tuch heraus und band es sich um die Augen«.[57] Dann fuhr er mit der Behandlung fort. Allerdings findet sich in dem Bericht keine Erklärung darüber, was mit dem Medizinmann geschah, während er das schwarze Tuch umgebunden hatte. Hier finden wir wieder ein Beispiel dafür, wie Fools Crow die alten Traditionen weiterführte, verband er doch seine Augen mit einem schwarzen Tuch, wenn er die Arbeit mit dem Patienten begann. Fools Crow erklärte mir, warum er es tat und was daraufhin passierte.

Es war durchaus nicht ungewöhnlich, bei Fools Crows Haus anzukommen, das Auto eines Besuchers vorzufinden und einen Verwandten von Fools Crow, der einem mitteilte, dass »Großvater eingewickelt ist«. Man wusste dann, dass Fools Crow sich in seinen schwarzen Stoff eingewickelt hatte, um Patienten zu behandeln. Es kamen auch oft Patienten, während Fools Crow und ich an dem Buch arbeiteten. Hatte er sich erst einmal zur Behandlung entschieden, wickelte Fools Crow sich ein und begann seine Arbeit mit dem Patienten. Immer, wenn er auf Reisen war und besonders dann, wenn es einen Patienten zu besuchen galt, nahm er das schwarze Tuch und seine Sammlung von Steinen, Kräutern und Wurzeln mit. Er umwickelte sich, um einige der Dinge zu erfahren, die er wissen musste.

Das von Fools Crow zum Behandeln benutzte schwarze Tuch war ungefähr zehn Zentimeter breit und eineinhalb Meter lang. Die Enden waren eingerissen, sodass sie eingesteckt oder verknotet werden konnten. Als ich das Tuch zu sehen bekam, waren die Enden vom langen Gebrauch bereits ausgefranst, und der Stoff selbst war abgetragen, aber es waren keine Löcher darin. Er ließ mich den Stoff halten und legte ihn mir sogar an, um mir zu zeigen, wie wirksam er das Licht ausschloss. Aber während unserer gemeinsamen Monate legte er den Stoff niemals jemand anderem an, und nur Kate und ein paar nahe Freunde durften ihm das Tuch umbinden. Für Fools Crow war der Stoff ein heiliger Gegenstand.

Eines Tages fragte ich ihn, wie er das Tuch erhalten hatte. Er sagte mir, dass Stirrup ihm sein erstes schwarzes Tuch zusammen mit Anweisungen für dessen Gebrauch gegeben hatte. Als das Original schließlich abgetragen war, ersetzte er es durch das jetzige Tuch. Es war Fools Crows Anliegen, dieses Tuch an einen würdi-

---

57) Densmore, 1918, Seiten 247-248.

gen Medizinmann weiterzugeben, aber ich bezweifelte, dass er so jemanden finden würde. (Wie in Kapitel 1 angedeutet, ist sein Medizinbündel möglicherweise an jemand anderen weitergegeben worden und ging offenbar verloren.)

Das Thema der schwarzen Umwicklung führte zu verschiedenen Gesprächen über die Dunkelheit und ihre Beziehung zum Behandeln, Heilen und Prophezeien. »Warum«, wollte ich wissen, »umwickelst du dich, und warum ist die Dunkelheit so oft Teil von deinem Tun?«

Er hob die Hände. »Um in Einklang mit *Wakan Tanka* und den Helfern zu gelangen, muss ich mich voll und ganz von aller Ablenkung, einschließlich sich aufdrängender Gedanken, abschirmen und in mir einen ruhigen Platz schaffen, an dem ich ihnen gegenüber restlos offen und bereit für die bevorstehende Arbeit bin. Durch das schwarze Tuch kann ich dies in einer sehr wirksamen Weise tun. Die Dunkelheit lässt auch mein geistiges Auge dominant werden, das weiter sehen kann als meine körperlichen Augen. Hast du bemerkt, dass Bilder sich vor schwarzem Hintergrund sehr gut abheben? Wenn ich die Augenbinde angelegt habe, sind meine Sinne schärfer und werden lebendig. Die Dunkelheit hilft mir zu fühlen und öffnet mein Gehör für spirituelle Geräusche. Selbst das Flüstern erscheint wie ein lauter Ruf. Und wenn sich ein Patient mit mir in der Dunkelheit befindet, zum Beispiel wenn wir unter derselben Decke stehen, befinden wir uns in einer Stimmung, die unsere Gedanken hin zu spirituellen Dingen und den Höheren Mächten trägt. Dann sind wir ihnen gegenüber offener. Das sind nur ein paar Gründe, warum ich und einige andere Medizinleute manchmal während der Nacht behandeln oder heilen und warum die größten Visionen meistens in der Nacht zu den Visionssuchenden kommen. Die Sonne ist gut, und das Licht ist gut. Aber während des Tages sehen wir mit unseren physischen Augen und es fällt uns schwerer, uns auf spirituelle Dinge zu konzentrieren. *Wakan Tanka* und die Helfer haben mir verschiedene Methoden gegeben, um sie in unterschiedlichen Situationen anzuwenden.«

»Und wie findest du heraus, ob das Einwickeln oder das Benutzen einer Decke in einer gegebenen Situation das Beste ist?«

»Als ich diese Gaben bekam, wurde mir erklärt, welche davon in bestimmten Situationen am wirksamsten sind. Die Decke ist nicht so oft in Gebrauch, sie ist aber besonders bei schweren Blutungen hilfreich.«

Fools Crow umwickelte sich manchmal selbst mit seinem schwarzen Tuch, aber meist tat es Kate für ihn. Es war breit genug, um seine Augen und teilweise seine Nase und Stirn zu bedecken. Seine einfachste Methode, einen kleinen Altar zu bilden, bestand darin, die vier Ecken eines Quadrats mit Stoffen in den Farben der Himmelsrichtungen zu markieren. Dann legte er ein Bett aus Salbei in das Quadrat und stand dort in der Mitte, während ihm das schwarze Tuch angelegt wurde. Daraufhin betete er, bat um Hilfe und Führung durch *Wakan Tanka* und die Helfer. Nach einer kleinen Weile wurde ihm von seinem Stein oder seiner geistigen Leinwand gezeigt, was das Problem war und wodurch es verursacht wurde, welche Medizin zu benutzen war und wie sie vorbereitet und angewendet werden sollte. Zur Erinnerung sei gesagt, dass dies nur eine der Möglichkeiten war, die er zum Diagnostizieren hatte. Die weiteren sind in den übrigen Kapiteln beschrieben.

In *Das Leben des Fools Crow* beschreibe ich, wie er einen an einer Geisteskrankheit leidenden Patienten gesund werden ließ. In diesem Fall stülpte er sich eine Mütze aus schwarzem Stoff über den Kopf und eine zweite über den Kopf des Patienten (im 12. Kapitel werden Sie sehen, dass auch bei einer Heilbehandlung zwei Mützen benutzt werden). Helfer zogen die Gardinen zu, um den Raum abzudunkeln, in welchem Fools Crow und der Patient sich befanden. Nachdem er sein Lied gesungen hatte, sah der heilige Mann, wie Funken oben aus dem Kopf des Patienten stoben und danach krochen kleine Würmer mit roten Köpfen heraus. Die anderen Leute in dem Raum sahen weder Funken noch Würmer, aber mithilfe der Geister sah Fools Crow sie, und die ihm übermittelte Behandlung heilte den Patienten.

Bei drei Gelegenheiten sah ich ihn die Decke benutzen und erfuhr, dass seine übliche Methode darin bestand, draußen ein kleines Feuer zu machen und es mit Spänen von einem großen Büffelhorn zu füttern. Das ergab den süßen Geruch, der nötig war, um die Höheren Mächte anzuziehen und den süßlichen Rauch, um die gesungenen oder gesprochenen Gebete emporzutragen. Die Feuerkohlen bildeten die Mitte des Altars, der durch vier farbige Stoffstücke ringsumher gebildet wurde. Dieser Altar war groß genug, dass der Patient auf der einen Seite dem Feuer zugewendet stehen konnte und Fools Crow auf der anderen Seite des Feuers, dem Patienten zugewendet. Zumeist half ihm Kate, die dann eine gewöhnliche Decke – keine Sternendecke – über beide warf und sie zurechtzog, bis sie vollständig bedeckt waren und alles Licht bis auf das der glühenden Kohlen ausgesperrt war. Wenn die Decke benutzt wurde, berührte Fools Crow den Patienten zu keiner Zeit. Er sang einfach sehr leise ein Lied und führte bestimmte Rituale aus:

Ho!
Wir stehen zusammen in der Dunkelheit.
Der Geist des Büffels ist auch hier.
Er hilft uns immer noch.
Er stellt alles zur Verfügung.
Er hilft uns immer noch.
Du dort drüben, er wird dich gesund machen.
*Wakan Tank*a wird unseren Dank sehen.

Hier sollte angemerkt werden, dass Fools Crow niemals von »unseren Dank hören« sprach. Es war immer »unseren Dank sehen«, denn er hatte erkannt, wie wichtig es ist, dass wir etwas tun und auf eine solche Weise leben, dass *Wakan Tanka* und die Helfer unsere Dankbarkeit anhand von Taten sehen. Gesprochener Dank ist zu leicht gegeben und zu leicht vergessen.

Wenn er das Lied gesungen hatte, gab es für Fools Crow zwei Optionen: Die Erste war, ein Kraut auf den Kohlen zu seinen Füßen zu entzünden und mit den Händen den Rauch zum Patienten zu wedeln. Dieser war angewiesen worden, den Rauch tief einzuatmen, wenn möglich, ohne zu husten. Bei der zweiten Möglichkeit hielt er eine Feder in der rechten Hand – die Feder zeigte auf den Patienten – und blies seinen Atem über die Feder. In den beschriebenen Behandlungen wurde dem Patienten gesagt, er soll Gesicht, Kopf, Nacken und Brust in dem Atem baden.

»Wie weißt du, welche Behandlung du in der jeweiligen Situation anwenden musst?« fragte ich.

»Ich sehe es auf meiner geistigen Leinwand und visioniere darüber«, erwiderte er.

»Welche Methode hast du bei der Frau angewendet, die innere Blutungen hatte?«

»Ich wedelte ihr den Rauch mit den Händen zu.«

»Was hast du daraufhin gesehen, und was passierte mit der Blutung?«

»Ich sprach ein Gebet über das Blutstillen und fuhr damit fort, bis das Blut zum Stillstand kam. Mit meinem Stein schaute ich in die Patientin hinein und sah, wie es geschah. Auch auf meiner geistigen Leinwand konnte ich es sehen. Manchmal benutze ich sowohl den Stein als auch die geistige Leinwand, um sicherzugehen. Ich sah, wie erst weniger Blutstropfen kamen und die Blutung dann ganz zum Stillstand kam. Das ist eine Sache, die jeder sowohl für sich als auch für andere tun kann, um Blutungen zu stillen.«

Fools Crow wedelt Rauch zu einer Patientin

Ich sollte mich wieder an das erinnern, was Fools Crow über das Stillen von Blutungen gesagt hatte, als ich eine junge Frau traf, die 1988 in Tulsa, Oklahoma, an einem meiner Workshops teilnahm. Sie berichtete mir, dass sie erfahren hatte, wie Blutungen durch gedankliche Kontrolle zum Stillstand gebracht werden konnten und wie sie das tatsächlich schon bei zwei großen Operationen angewendet hatte, denen sie sich wegen bösartiger Tumore unterziehen musste. Beide Male brachte sie den zweifelnden Chirurgen vor der Narkose dazu, ihr während der Operation zu sagen, sie solle die Blutung abstellen. Der Chirurg hielt sein Versprechen und war höchst erstaunt, als die Blutung sich sofort zu einem Tröpfeln verlangsamte. Dieselbe Frau wendete diese Idee auch beim Aufwachen aus der Narkose an. Sie programmierte sich selbst dazu, schnell und mit so wenig Schmerzen wie möglich aufzuwachen. Zu beiden Gelegenheiten erwachte sie innerhalb einer halben Stunde, fühlte sich bemerkenswert gut und bestand darauf, in ihren Raum zurückgebracht zu werden.

In *Das Leben des Fools Crow* schilderte Fools Crow sehr detailliert, wie er eine Frau behandelte, die an unregelmäßigem Herzschlag litt. Dies geschah in einem Haus. Die Wohnzimmermöbel wurden beiseite geräumt, und er bereitete auf dem Fußboden einen kleinen Altar, indem er ein quadratisches Feld mit Salbei bestreute und ein Stück farbigen Stoff auf jede der vier Ecken legte. Die Orientierung des Altars war nordsüdlich, und im Süden legte er vier Steinadlerfedern nebeneinander, deren Spitzen nach Westen deuteten.

Die Frau zog ihre Schuhe aus und stand barfuß im Zentrum des Altars. Neben Fools Crow standen vier Sänger bereit, zwei von ihnen hatten Trommeln und die anderen beiden Rasseln.

Fools Crow räucherte die Frau und alle anderen sowie sich selbst ab. So gereinigt sang er viermal sein Lied und hielt seine Pfeife waagerecht in den Händen, während er seine Augenbinde trug. Der Raum wurde abgedunkelt und die Lichter ausgemacht. Dann hoben die Sänger an, ihr Regenlied zu singen. Am Ende des Liedes ließ ein mächtiger Donnerschlag das Haus erbeben, und obwohl draußen ein wolkenloser Himmel war, erfüllte feuchter Dunst den Raum. Fools Crow gab mir dieses Lied, erklärte aber, es wäre nicht genau das gleiche, wie das von den Sängern gesungene Lied – aus den zuvor schon erwähnten Gründen.

    Wir rufen dich.
    Es wird reichlich regnen.
    Alles wächst.
    Federn fächeln Luft.
    Alles ist in Bewegung.
    Die Wesen bewegen sich.
    Ho, wir sehen sie!

Fools Crow reichte der Frau die Pfeife, und da sie damit umzugehen wusste, deutete sie mit dem Stiel in die Himmelsrichtungen, während sie sich langsam im Uhrzeigersinn drehte, bis sie viermal den vollen Kreis beschrieben hatte. Als sie fertig war, wurden die Lichter angemacht, und Fools Crow legte seine Augenbinde ab. Er sagte der Frau, er habe die Ursache des Problems erfahren und wisse nun, welche Medizin er anwenden müsse. Sie sollte am nächsten Morgen um acht Uhr wiederkommen, damit er mit der Behandlung beginnen könne. Dazu kochte er ein Kraut in Wasser und bereitete Tee daraus, den er ihr in zweistündigem

Abstand viermal täglich vier Tage lang zu trinken gab. Während der Behandlung sprach er leise mit ihr, um sie zu trösten und zu beruhigen. Am Ende gelangte sie in einen völlig friedvollen Zustand, war nicht mehr besorgt oder ängstlich und fühlte sich viel besser.

»Erzähle mir mehr über die Behandlung«, sagte ich. »Was passierte in der Dunkelheit, als du eingewickelt warst?«

»Ich sehe, wie die vier Federn sich bewegen, und weiß nun, dass die Kraft anwesend und in Bewegung ist. Dann konzentriere ich meinen Geist auf die farbigen Stoffstücke. Sehr bald wird eines von ihnen in der Luft schweben und um den Patienten zu kreisen beginnen. Nach einer Weile wird es anhalten und die Person berühren. An dieser Körperstelle liegt das Problem. In diesem Fall erhob sich die Farbe des Nordens – Rot –, die mit Gesundheit zu tun hat, und ließ sich schließlich genau über ihrem Herzen nieder. Ich schaute dort in sie hinein und sah ihr Herz auf eine verrückte Weise klopfen. Ich betete zum Norden, und auf meiner geistigen Leinwand wurde mir gezeigt, welche Medizin als Heilmittel benutzt werden sollte. Es war eine von denen, die ich bereits in meinem Medizinbündel hatte. Ich verwendete sie und nach Abschluss der viertägigen Behandlung war die Frau wohlauf.«

» Warum zeigen die Federn nach Westen?«

»Weil dort das Donnerwesen lebt. Jeder hörte es antworten. Es sandte reinigendes Wasser und bereitete die Frau auf die Heilung vor.«

»Wird diese Behandlung nur bei bestimmten Krankheiten angewendet?«

»Sie ist eine von denjenigen, die mir für die Behandlung von Leuten, die sich bewegen können, gegeben wurden. Für jene, die sich nicht bewegen können, habe ich eine Vergleichbare. Ich erzählte dir von dem gelähmten Mann, der zu mir gebracht wurde. Für ihn machte ich einen ähnlichen Altar wie für die Frau, nur diesmal war er lang genug, damit er sich hinlegen konnte. Im Allgemeinen mache ich dasselbe, was ich für die Frau getan habe, und die gleichen Dinge passieren. Ich bereite immer einen Tee, den der Patient zu trinken bekommt. Für andere Fälle habe ich eine pfefferähnliche Pflanzenmedizin, mit der ich den Körper der Person einreibe. Ich mahle Blätter, Wurzeln und Stängel und reibe sie mit dem Pulver ein. Manchmal mache ich eine Flüssigkeit daraus. In beiden Fällen regt es sie an und sie verspüren den Wunsch, sich zu bewegen.«

»Bewegt sich eines von den farbigen Stoffstücken in diesem Fall auch?«

»Ja.«

»Wer bestimmt, welches Stoffstück sich bewegt?«

»Die Helfer. Das Wesen aus dieser Himmelsrichtung sagt mir nicht nur, wo die Ursachen und Probleme sind. Es sagt mir auch, welche Wesen ich herbeirufen soll, wenn ich während der Heilung mit den Patienten rede. Sie sagen mir, was betont werden muss; was der Patient unbedingt hören muss. Es ist ihre Entscheidung, und sie wissen besser als ich, was am besten ist.«

»Ist die Krankheit eines Menschen immer ein Rätsel? Es sieht doch so aus, dass kranke oder verletzte Menschen normalerweise wissen, wo es wehtut.«

Fools Crow schob diese Bemerkung mit einer Handbewegung beiseite. »Sogar weiße Ärzte bemühen sich und testen, umso viel wie möglich über das Problem des Patienten herauszufinden – wie schlimm oder wie groß es ist. Es ist wahr, dass die Patienten normalerweise wissen, wo es schmerzt. Wenn sie kommen, halten sie ihren Hals oder Magen oder etwas anderes. Aber das sagt mir nicht alles, was ich darüber wissen muss oder was der Grund ist. Ich muss die Ursache kennen, weil ich beides behandeln muss. Wenn ich nur die Krankheit ohne die Ursache kuriere, so kommt die Krankheit möglicherweise wieder. Hier spielt das Einwickeln eine Rolle und die Verwendung meines Steins, meiner geistigen Leinwand oder meines Kristalls helfen mir. Sie sind meine Röntgenapparate und viel mehr, da sie mir die Verletzung zeigen, die Komplikationen, die Ursache und, wenn ich es nicht bereits weiß, wie die Behandlung aussieht. Wenn nötig, zeigen sie mir sogar neue Dinge, die ich vorher nicht gelehrt worden bin. Ich habe viele Krankenhauspatienten besucht und war ein paar Mal selbst Patient im Krankenhaus von Pine Ridge. Ich denke, auch die weißen Ärzte könnten ihre geistige Leinwand und Kristalle benutzen, weil sie anscheinend eine Menge nicht wissen oder nicht zuwege bringen.«

Dallas lachte in sich hinein, da er auch in den Reservatkrankenhäusern gewesen war, und, wie ich wusste, nicht besonders gut über sie dachte. In schwierigen Fällen mussten die Sioux-Patienten nach Denver oder nach Lincoln in Nebraska geschickt werden. Dennoch hatte ich gemischte Gefühle hinsichtlich Fools Crows Behauptung. Ich wusste, dass die Ärzte des öffentlichen Gesundheitswesens in Pine Ridge und Rosebud in schlecht ausgestatteten und mangelhaft gewarteten Einrichtungen arbeiteten und zeitweise eine überwältigende Anzahl von Patienten behandeln mussten. Es überrascht nicht, dass die Sioux keine gute Meinung von den Leistungen der Krankenhäuser hatten. Während der Jahre, die ich bei ihnen zu Besuch war, war die allgemeine Redensart unter den traditionellen Indianern, dass die Krankenhäuser »Orte sind, wo Menschen zum Sterben hingehen«.[58] Mehr als einmal, wenn Fools Crow in bestimmte, ihm suspekt erscheinende Krankenhausräume gebracht wurde, stieg er einfach aus dem Bett, zog seine Kleider an, verließ das Krankenhaus und ging nach Hause. Er befürchtete, wenn er es nicht sofort getan hätte, hätte er es niemals mehr getan.

Fools Crow genoss die Heiterkeit, die seine Bemerkung bei Dallas geweckt hatte, der nun herzlich lachte, und fügte hinzu: »Vielleicht sollten wir den Ärzten ein

---

58) »Indianer sind in den USA die Personengruppe mit dem schlechtesten Gesundheitszustand. [...] im Wesentlichen sind drei Gründe dafür ausschlaggebend: Alkohol, einseitige oder zu geringe Ernährung und die schlechte Situation in der Krankenvorsorge und -versorgung. [...] Von zwei Ausnahmen abgesehen gibt es in Pine Ridge nur kleine und kleinste Lebensmittelläden, die durch ihre Abgelegenheit und Kleinheit schwer zu beliefern sind. [...] Man kauft hauptsächlich billige (= kalorienreiche) Nahrung, wie stärke- und fetthaltige Produkte. [...] Es gilt für die USA im Allgemeinen, dass die dicksten Leute oft auch die ärmsten sind. In den letzten Jahren konnten im Reservat durch die Errichtung von Infrastruktur zur Krankenversorgung einige Verbesserungen erzielt werden. 1994 wurde in der Hauptstadt Pine Ridge vom Indianischen Gesundheitsdienst (IHS) ein neues Krankenhaus mit 45 Betten, einer Intensivstation sowie Einrichtungen zur ambulanten Behandlung eröffnet [...] So besteht im Gebäude ein so genannter ›Spiritueller Raum‹, womit Patienten die Möglichkeit geboten wird, religiösen Aktivitäten – auch unter Hinzuziehen eines Medizinmannes ihres Vertrauens – nachzugehen. [...] Das Krankenhaus unterhält ambulante Kliniken in den Gemeinden Kyle, Wanblee, Allen, Manderson und Porcupine [...] Obwohl diese Einrichtungen technisch am neuesten Stand sind, werden damit bei Weitem nicht alle Probleme gelöst. Mel Lone Hill, amtierender Vizepräsident des Stammes, sagte dazu: ›Wir haben jetzt zwar eine gute Infrastruktur, aber nicht das Geld, diese zu betreiben.‹ Infolge der notwendigen Qualifikation des Personals entstehen sehr hohe Personalkosten – etwa 16 Mio. US $ im Jahr, die kaum aufzutreiben sind. Aber nicht nur die Bezahlung macht Schwierigkeiten, auch die Rekrutierung von qualifiziertem Personal ist nicht einfach. Aufgrund der Isolation des Reservats und der sozialen Probleme ist wenig medizinisches Personal bereit, freiwillig im Reservat zu arbeiten. [...] Viele gute Ärzte sind durch chronische Unterbesetzung der Krankenhäuser ganz einfach überlastet. [...] Der Einzugsbereich des Krankenhauses ist etwa so groß wie das österreichische Bundesland Oberösterreich. Die Hauptstadt Pine Ridge, in der sich das Krankenhaus befindet, liegt am südwestlichen Zipfel des Reservats. Für einen Bewohner aus Wamblee (Nordosten) bedeutet dies eine Entfernung von etwa 160 km. Viele Oglala können sich die Fahrt ins Krankenhaus aufgrund der riesigen Entfernungen und dementsprechenden Transportkosten nicht leisten ... Besonders für jene Kranken, die regelmäßig und häufig behandelt werden müssen (z.B. Dialyse) stellen die Entfernungen besondere Härten dar. Der Aufbau regionaler Kliniken hat zwar diese Situation etwas entschärft, doch ist zu bedenken, dass dort nur kleinere Fälle behandelt werden können. Es gibt so gut wie keine Hausbesuche. Alle Patienten müssen zur ärztlichen Versorgung, auch wenn dazu nicht unbedingt die Institution eines Krankenhauses notwendig wäre, in eine regionale Klinik oder nach Pine Ridge. [...] An indianischen Ärzten besteht großer Nachholbedarf. [...]« Aus: *Der Lakota-Report*, von Peter Schwarzbauer, Verlag für Amerikanistik 1997, Seiten 25-29. (Anm. d. Übers.)

paar schwarze Stoffe und Kleider bringen – wenn es ihnen nichts ausmacht, welche mit Löchern darin. Das ist die einzige Sorte, die wir haben.«

»Was war mit dir los, dass du ins Krankenhaus kamst?« fragte ich.

»Meine Verwandten brachten mich dort hin, wenn ich ohnmächtig war oder zu schwach, um mich dagegen zu wehren.«

»Hättest du dich selbst heilen können?«

»Bei diesen Gelegenheiten hatte ich nie die Möglichkeit, es herauszufinden.«

»Wie war es bei anderen Gelegenheiten, konntest du es da tun?«

Er schaute mir fest ins Gesicht und sagte: »Ich bin siebenundachtzig Jahre alt; wie denkst du, habe ich es so weit geschafft?«

»Ich weiß schon, dass du dich selbst geheilt hast«, sagte ich mit einem Lächeln. »Ich wollte nur, dass du es selbst aussprichst. Wenn du Selbstheilung betreibst, behandelst du dich dann auch viermal täglich vier Tage lang?«

»Immer. Selbst wenn ich mich schon vorher gesund fühle, fahre ich mit den Behandlungen fort. So wurde es mir gelehrt. Ich habe auch bemerkt, dass wenn ein Arzt mir Pillen gibt, er mir jedes Mal sagt, ich solle alle nehmen, selbst wenn ich mich nach der Hälfte schon gut fühle.«

»Und nimmst du die Pillen?«

»Manchmal ja, manchmal nein. Ich weiß, dass die Tabletten nur den Körper dazu bringen, mit dem Genesungsprozess zu beginnen. Die mir von *Wakan Tanka* gegebenen Werkzeuge können es jedoch besser als Pillen.«

Es war spät am Abend. Ich war hungrig und lenkte das Gespräch weg von Krankenhäusern und Tabletten und wieder auf unser noch nicht abgeschlossenes Thema. »Verbringst du normalerweise vier Tage damit, einen Patienten zu behandeln, der gelähmt ist?« fragte ich. »Das wäre schwierig für den Patienten und für diejenigen, die ihn zu dir bringen müssen.«

»Der eben erwähnte gelähmte Mann blieb vier Tage bei mir. Aber du hast an meinen Behandlungen gesehen, dass *Wakan Tanka* Anpassungen für jede Situation vornimmt. Wenn zum Beispiel ein Patient keinen Tee trinken kann, wende ich die Medizin auf andere Weise an, etwa indem ich sie mit meinen Händen einreibe. Auch hast du gesehen, wie ich Behandlungen ohne jegliche Vorbereitungen durchgeführt habe, so wie damals beim Sonnentanz, als ich das verrenkte Bein des Jungen einrenkte. Es gibt für *Wakan Tanka* und die Helfer keine festgelegte Methode, um zu heilen. Sie machen das, was am besten ist und was funktioniert und ich stelle ihnen deswegen keine Fragen. Wie ich schon zuvor sagte, können das auch weiße Menschen tun.«

11
Körbe aus Liebe

Viele der Fools Crow gegebenen Behandlungsmethoden sind schon beschrieben worden, aber wir mussten noch über seine generelle Herangehensweise in Bezug auf das Behandeln an sich und die von ihm verwendeten Heilmittel sprechen. Addiert man dieses Material zu dem schon vorher betrachteten, wird die Vielfalt der ihm gegebenen Behandlungsmethoden deutlich und die Frage »Warum so viele?« taucht wieder auf. Fools Crow hat diese Vielfalt damit erklärt, dass *Wakan Tanka* wisse, dass bei unterschiedlichen Menschen unterschiedliche Dinge wirken; außerdem wollten die Höheren Mächte die Aufgabe für die an der Behandlung beteiligten hohlen Knochen nicht beschwerlicher machen, als sie ohnehin schon ist. Die Mächte hielten die Spannung und steigerten die Herausforderung, indem sie die Methoden und das Tempo veränderten. Jederzeit konnte etwas Unerwartetes geschehen, und von Anfang bis Ende blieb die Heilarbeit ein Abenteuer. Immer galt es, Neues auszuprobieren und neue Berge zu erklimmen. Gleichzeitig war all dieses von Zuversicht getragen. Da war die innere Gewissheit, dass derselbe Gott die Menschen auf der ganzen Welt dieselben Dinge gelehrt hatte. Da waren die festen Erfolgsversprechen von *Wakan Tanka* und den Helfern, die sie unzählige Male eingelöst hatten. Die zentralen Bestandteile jeglicher Behandlungsweisen wurzelten in alten Lehren, die ihren Wert über die Jahrhunderte hinweg bewiesen hatten. Die Kämpfer zogen in den Kampf in dem festen Glauben an einen Sieg, und sie wussten, dass für jene, die den ultimativen Zweck des Lebens verstanden, selbst der Tod ein Gewinn war.

Mit den erwähnten Ausnahmen folgte die Behandlung bei jedem Patienten einer üblichen und ungekünstelten Routine, und ich wiederhole hier, dass ich zwar das Wort »Patient« benutze und es sogar Fools Crow in den Mund gelegt habe, er selbst es aber niemals gebrauchte. Die zu ihm kamen, bezeichnete er als »Menschen«, noch lieber aber gebrauchte er deren Namen. Intuitiv wusste er, dass es sich auf das persönliche Wertgefühl negativ auswirkt, wenn man jemanden einen »Patienten« nennt, und dass es die ansonsten starke Beziehung zwischen ihm und den

Fools Crow mit Körben

Hilfesuchenden beeinträchtigen und schwächen würde – eine Beziehung, die er als wesentlich für den Erfolg ansah.

Im Folgenden beschreibe ich, welche Routine er zur Selbstbehandlung und Behandlung anwendete. Der Übersichtlichkeit wegen nummeriere ich die einzelnen Schritte, aber Fools Crow hätte die Idee beklagenswert gefunden, irgendetwas zu nummerieren, das von *Wakan Tanka* und den Helfern in ihm oder durch ihn getan wurde. Zahlen würden das Sanfte und Geheimnisvolle schmälern – verschmelzen doch durch die Höheren Mächte alle Dinge und werden Teil eines Ganzen. Wie könnte man sie aufteilen? Nur Weiße (und ich bin einer) tun so etwas. Gleichzeitig hätte Fools Crow als Erster zugestanden, dass die einzelnen Schritte, von Ausnahmen abgesehen, entscheidend für den Erfolg sind. Wenn Zeit und Gelegenheit es erlauben, eine ganze Zeremonie korrekt auszuführen, muss es auf diese Weise getan werden. Und die Routine selbst war ein Weg, um Kraft zu sammeln, Kraft wachzurufen und Kraft in Bewegung zu setzen. Die Methode war alt. Die Methode hatte sich bewährt. Warum sie verändern? Er verstand unsere Leidenschaft nicht, etwas hinzuzufügen oder alles neu zu ordnen, um es uns anzueignen, obwohl ihm klar war, dass wir immer eine Gelegenheit bekommen, uns einzubringen, indem wir die alten Methoden auf aktuelle Situationen und Bedürfnisse anwenden. Für ihn natürlich war der Dienst allein genug. Alles andere würde »Bratensoße« oder »Dessert« sein, wie wir es ausdrücken.

1. Schritt: Die oder der Hilfesuchende muss Fools Crow eine Opfergabe in Form von Tabak bringen. In den alten Tagen sollte es ein besonders gewachsener und gemischter heiliger Tabak sein, der in einer Pfeife gebracht wurde. Als es aber im Laufe der Jahre immer schwieriger wurde, den heiligen Tabak zu beschaffen, begann er kommerzielle Produkte in Form von Zigaretten oder losem Tabak, den er selber zu einer Zigarette drehte, anzunehmen. Warum Tabak? Weil *Wakan Tanka* heilige Kraft hineingegeben hat. Sein süßer Geruch sagt uns das, und der Rauch trägt Gebete und Bitten zu ihm hinauf. Rauch ist mit Feuer verwandt – »Er kommt daraus hervor.« Und Feuer ist sehr heilig. Deshalb beginnt mit dem Rauchen der eigentliche Genesungsprozess. Und wenn nicht geraucht wird, wird eben der Prozess nicht anfangen. Wird aber der Tabak geraucht, so muss alles aufgeraucht werden, um anzuzeigen, dass die Behandlung gründlich ausgeführt und wirkungsvoll sein wird.

2. Schritt: Hatte ihm jemand Tabak gebracht, musste Fools Crow erst wissen, ob er ihn rauchen sollte oder nicht. Das entschied er, indem er den Glauben des Hilfesuchenden abschätzte. Ich habe bereits beschrieben, wie er das tat – es beinhaltete auch, den Menschen mit dem geistigen Auge zu betrachten, und währenddessen strich er mit der Hand über die Schulter des Patienten, um zu sehen, ob seine Hand kalt oder warm werden würde. Fools Crow tat absolut nichts, um den Handauflege-Test zu beeinflussen. Er sagte: »Wem würde ich etwas vormachen, wenn ich die Dinge in die Richtung lenkte, die mir gefällt? Ich würde vielleicht etwas behandeln, was keiner Behandlung bedarf und ich hätte nicht wirklich *Wakan Tankas* Hilfe und ich würde den Menschen täuschen, der mir vertraut.«

3. Schritt: War der Tabak geraucht, dann sprach Fools Crow mit dem Hilfesuchenden lange über die Art und Weise der Behandlung. Er erklärte geduldig, dass die Wurzeln seiner Behandlungsmethode bis in die Frühzeit zurückreichten. *Wakan Tanka* wendet alterprobte Methoden an. Er selbst habe alle seine Methoden viele Male mit großem Erfolg angewendet. Der Patient sollte das nun in seinem eigenen Leben erfahren. Es würde aufregend sein, und die Gemeinschaft würde den Hilfesuchenden wieder gesund sehen und wissen, dass *Wakan Tanka* über die Menschen wacht. »*Waste, waste, waste!*« sagte Fools Crow immer wieder. »Gut, gut, gut!« Während Vertrauen und Hoffnung in dem Hilfesuchenden aufkeimten, sprach Fools Crow mit ihm über den Grund der Krankheit, was seit ihrem ersten Auftreten passiert war, wen er bereits um Hilfe gebeten hatte und was alles unternommen worden war. Während sie redeten, überprüfte Fools Crow die Antworten und verglich die Situation mit den von ihm behandelten ähnlichen Fällen. Insbesondere wollte er wissen, ob die Krankheit nur mit einer oder mit mehreren anderen Personen in Zusammenhang stand, ob jemand in der Familie sie hatte, und vor allem, ob schlechte Beziehungen den Grad der Krankheit beeinflussten. Er wollte auch wissen, inwieweit sich die Krankheit des Hilfesuchenden auf die übrigen Familienmitglieder auswirkte.

Fools Crow ermahnte die Leute besonders, die Behandlung auf die alte und erprobte Art und Weise viermal am Tage durchzuführen, und zwar in vier gleichen Intervallen über den Tag hinweg und vier Tage lang. Vier war eine heilige Zahl und hatte Kraft an sich. Die Behandlungen wurden von Mal zu Mal intensiver. Bei jeder Behandlung verrichtete er jedoch die gleichen Dinge; er fing langsam an und wurde jedes Mal ein wenig schneller, übte jedes Mal etwas mehr Druck aus und sprach nachdrücklicher über Erfolg und Hoffnung. Am wichtigsten bei der Anwendung der Medizin war jedoch, den Patienten in einen Zustand tiefen Friedens zu versetzen, den Fools Crow als »Freisein von Angst« bezeichnete. Da *Wakan Tanka* und die Helfer die wirklichen Heiler waren, waren sie in und durch Fools Crow anwesend, und was sie erreichen konnten, war unbegrenzt. Am vierten Behandlungstag erreichte die Erwartung der Patienten gewöhnlich den Siedepunkt. Sie waren nun bereit, und was sie sich erhofft hatten, trat ein. Nach dem Ende der Behandlung würden die Höheren Mächte noch immer mit den Hilfesuchenden sein, nicht nur bis zu ihrer völligen Genesung, sondern für immer. »Wisse darum und fordere es«, sagte der heilige Mann gewöhnlich.

Der Zweck dieser langen Besprechung war, die Leute gänzlich in den Genesungsprozess einzubeziehen und ihr ganzes Wesen anzusprechen, damit sie sich völlig auf die Verbindung mit *Wakan Tanka* und den Helfern einlassen konnten. Auch sollten ihre eigenen Heilungskräfte und die der sie behandelnden »hohlen Knochen« verbessert werden. Indem sie gedanklich die Heilkräfte an die Stellen schickten, wo sie vom Körper benötigt wurden, und diese dann sowohl die Krankheit als auch deren Ursache vertrieben, setzten sie die Genesung in Gang.

4. Schritt: Um möglichst viel über die Krankheit zu erfahren, wickelte Fools Crow sich ein oder benutzte einen Stein und eine Decke oder ging in die Reinigungshütte. Was er herausfand, ergänzte er mit dem, was der Hilfesuchende ihm bereits erzählt hatte. So lernte er sowohl die Details, als auch das ganze Ausmaß der Krankheit kennen. Er erfuhr auch, welche Medizinen er auf welche Art anwenden sollte. Von den Höheren Mächten ließ er sich immer wieder beraten und überließ ihnen auch die Entscheidung darüber, welche Richtung einzuschlagen war.

5. Schritt: Während des Verlaufs der Behandlungen öffnete sich Fools Crow völlig *Wakan Tanka* und den Helfern, um die Heilungskräfte herbeizurufen. Im Laufe der Tage wurde er immer mehr von dem Prozess eingenommen, und tatsächlich vergaß er sich selbst in dem Sinne, dass nichts anderes wichtig war. Er duldete keine Unterbrechungen und wendete sich wegen nichts ab, nicht einmal für einen Moment. Wenn er auf die Toilette musste, ging er zwischen den Behandlungen und vorzugsweise morgens oder am Ende des Tages.

Er konzentrierte sich darauf, »mit den Augen zu berühren« und dem Patienten seine tief gehende Liebe zu übermitteln. »Der hilfesuchende Mensch muss das fühlen«, sagte er mir. »Er muss wissen, dass alles, was ich tue, in einem Korb aus Liebe zu ihnen gesendet wird. Hat dieser ihn erreicht, wird seine Liebe zu mir in ihm aufkeimen. Wenn du genau beobachtest, wirst du sehen, dass sie mich während der vier Tage manchmal an der Wange oder an der Schulter berühren. (Seit Gott mir dafür die Augen geöffnet hat, habe ich es viele Male gesehen.) Dann weiß ich, dass ihre Liebe so groß wie die meine ist. Wenn die Behandlung beendet ist, bleibt diese gegenseitige Liebe für den Rest unseres Lebens bestehen. Wir sind enger als Brüder und Schwestern verbunden, wir sind eins in *Wakan Tanka*. Diese Liebe hat nichts mit körperlichen Dingen zu tun, sondern mit der Einheit von Herz, Geist und Seele.«

6. Schritt: Um diese Verbindung der Liebe zu vertiefen, wendete Fools Crow seine Medizinen sanft an, und manchmal sang oder summte er »Klanglieder« bei seiner Arbeit. Seine Hände bewegten sich anmutig, und er begleitete alle seine Handlungen mit Gesten. Normalerweise verrichtete er alles in vier Bewegungen; wenn er zum Beispiel ein Kraut als Medizin benutzte, dann bewegte er es dreimal zu der Person hin und zurück, bevor er es beim vierten Mal tatsächlich anwendete. Eine Feder verwendete er in derselben Weise, und eine Tasse Tee wurde erst beim vierten Mal an die Lippen der Person gehalten. Es muss betont werden, dass die Verwendung der heiligen Zahlen Vier und Sieben zur Stärkung der Zuversicht beitrug. Der Patient glaubte, dass diese Zahlen an sich spirituelle Kraft besitzen, und wenn irgendetwas vier- oder siebenmal getan wurde, addierte sich dessen spirituelle Kraft zu der spirituellen Kraft all der anderen Handlungen hinzu. Dies vergrößerte die Kraft auf interessante Weise, denn die Kraft wuchs nicht einfach linear, sondern eher exponentiell. Die Summe wurde nicht durch einfache Mathematik, sondern durch den Glauben der beteiligten Menschen – heiliger Mann und Patient zusammen – bestimmt. Je stärker der Glaube, desto besser war das Resultat. Die Gebetsformeln der Cherokee wurden entworfen, um in derselben Weise zu wirken. Ihre Teile bestanden aus Aussagen, die in Kombination mit heiligen Zahlen gemacht wurden. Die Wirkung der Formeln wurde dadurch vergrößert, dass die Menschen bei deren Anwendung eben daran glaubten, dass es so geschehen würde.

7. Schritt: Wenn die Behandlung beendet war, musste *Wakan Tanka* und den Helfern Dank dargeboten werden, und die Versprechen mussten eingelöst werden. Das Letztere unterlassen die Menschen häufig, deshalb kann der Effekt der Genesung kurzlebig sein. Fools Crow unterwies seine Patienten auf die traditionelle Weise und ermahnte sie, sich während der vier Tage nach dem letzten Behandlungstag etwas zu versagen, das sie sehr gern taten. Er begleitete sie dabei, indem er sich ebenfalls etwas versagte, und er erinnerte sie daran, dass die Verpflichteten nach dem Ende jedes Sonnentanzes ebenso handeln. Er machte ihnen etwa den Vorschlag, einen Teil der Zeit zu fasten. Normalerweise war er am Ende der Behandlung in guter Stimmung, und er scherzte, dass das Fasten ja kein so großes Problem wäre, denn angesichts der Arbeitslosigkeit (heute mehr als 80% in Pine Ridge) und so, wie die Lebensmittelrationen der Regierung nun mal ausfielen, fasteten sie sowieso die meiste Zeit. (Ich erinnere mich persönlich daran, wie Charles Ross mir erzählte, dass 1973 während der Besetzung von Wounded Knee das FBI die Nachricht durchgab, dass sie, wenn die Indianer nicht aufgäben, den Platz umstellen und die Lieferung von Nahrungsmitteln abschneiden würden. Die Indianer antworteten: »Warum tun Sie nicht etwas, an das wir nicht gewöhnt sind!«) Neben dem Fasten empfahl Fools Crow den geheilten Personen, sich Sex, soziale Aktivitäten und, sofern vorhanden, das Fernsehen vorzuenthalten. Sie sollten sich stattdessen mit ihrer Pfeife zurückziehen, über die empfangenen Segnungen nachdenken und so viel Zeit wie möglich mit dem Dank an die Höheren Mächte verbringen. Sie sollten sich regelmäßig reinigen und lernen, sich selbst als hohle Knochen zu betrachten.

Zudem sollten sie nicht zu viel über das Geschehene reden und ganz sicher nicht damit prahlen. Was sich ereignet hatte, war eine einzigartige und persönliche Sache zwischen *Wakan Tanka,* den Helfern, Fools Crow und ihnen selbst. Es weiterzuerzählen oder damit anzugeben, würde das zerstören. Natürlich sollten andere Leute an der Lebensweise des wiederhergestellten Menschen sehen, dass dieser sein Vertrauen in die Höheren Mächte setzt, um die anderen dazu zu ermutigen, diesen Glauben zu teilen.

Was ich in diesem Kapitel bisher beschrieben habe, betrifft viertägige Rituale. Das Ritual in der Reinigungshütte und die Yuwipi-Zeremonien fanden, wenn Patienten mit einbezogen waren, nur einmal statt. Es konnte sein, dass die Patienten nachträglich noch Anweisungen oder Medizin erhielten, aber die Reinigungshütte und die Yuwipi-Zeremonie an sich wurden nicht wiederholt. Trotzdem sind vielleicht diese beiden Methoden der Patientenbehandlung in ihrer Wirkung die kraftvollsten. Sicherlich muss Fools Crows Reinigungshüttenzeremonie, zu der *Wakan Tanka* selber kam und die Behandlung durchführte, an erster Stelle stehen.

Neben den »Klanggliedern«, die Fools Crow während der Behandlung benutzte, hatte er auch sein eigenes Heilungslied. Obwohl ich es oft gehört habe und genau kannte, wollte er nicht, dass das Lied veröffentlicht wird. Dazu war es zu persönlich und denkwürdig. Aber er offenbarte die Essenz seiner einzelnen Elemente, sodass ich sie weitergeben kann. Wer will, kann so in Verständigung mit *Wakan Tanka* sein eigenes Heilungslied daraus aufbauen. Bitte denken Sie daran, dass jede Zeile des Liedes mit Fools Crows persönlichem »Wuh-wuh«-Ruf endete, der auf sanfte und liebevolle Weise ausgerufen wurde.

Zeile 1: Er bat *Wakan Tanka*, ihm bei der Behandlung des hilfesuchenden Menschen zu helfen.

Zeile 2: Er bat Großmutter Erde, ihm bei der Behandlung des hilfesuchenden Menschen zu helfen.

Zeile 3: Er wandte sich an die Richtungen, den Tag, die Nacht und die Jahreszeiten, sie mögen ihre jeweiligen Kräfte senden und ihm bei der Behandlung des hilfesuchenden Menschen zu helfen.

Zeile 4: All den Angerufenen teilte er mit, es sei sein Wunsch, der hilfesuchende Mensch möge mit geraden Gliedern gehen, gesund sein, ein gutes Herz haben und Liebe für andere Menschen empfinden.

Zeile 5: Er beschrieb den hilfesuchenden Menschen als seinen Freund.

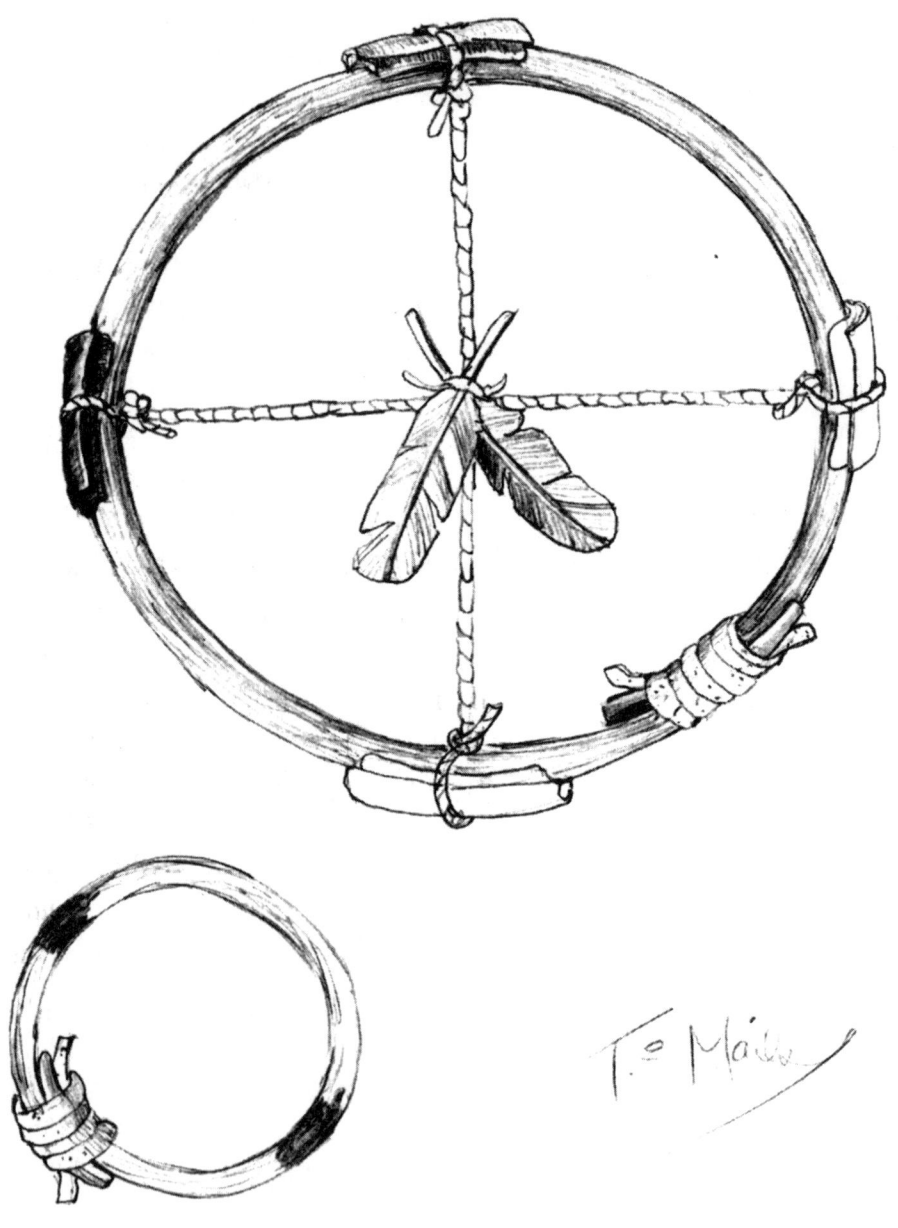

Heiliger Reifen

Zeile 6: Das Lied endete mit einer Bitte an die Höheren Mächte, dem hilfesuchenden Menschen dadurch zu helfen, dass sie ihn zu guter Gesundheit zurückführten.

Zeile 7: Er dankte im Voraus für den Erfolg, von dem er wusste, dass er sich einstellen würde.

Beachten Sie, dass der ganze Tenor des Liedes positiv ist. Es gibt keinen Hinweis darauf, dass auch nur die Möglichkeit eines Misserfolges besteht. Wenn wir über die für eine erfolgreiche Behandlung angewendeten sieben Schritte nachdenken, so wird uns auffallen, dass die zu heilenden Menschen geistig und körperlich in den Kampf gegen ihre Krankheit hineingezogen werden. Dieses lässt sich wohl am ehesten als ein Gefecht der Gedanken beschreiben, und heute wissen wir, dass davon ein großer Einfluss auf die körperliche Reaktion bei einer Krankheit ausgehen kann. Die Methode lässt sich noch klarer erkennen, wenn wir wissen, dass der Patient angewiesen wird, *Wakan Tanka* und die Helfer zwischen den einzelnen Behandlungen täglich mit dem heiligen Reifen um Hilfe zu bitten. Der Patient soll sich prüfen und seine Lebensgeister in den Bereichen erneuern, wo die Wesen der Vier Richtungen ihm helfen können: Wiedergeburt, Erneuerung, Fortpflanzung und Danksagung.

Die indigenen Amerikaner unter den Patienten wussten bereits, wie sie den Ring machen sollten, und brachten wahrscheinlich zu den Behandlungsstunden ihren eigenen mit. Den anderen wurde gezeigt und erklärt, wie man einen solchen Ring macht und benutzt. Der Ring mit 35 Zentimetern im Durchmesser und sein Zubehör sind hier illustriert. Er ist aus einer Weidenrute gemacht, und Richtungsbänder und farbiger Stoff sind daran befestigt. Sein Hauptzweck ist, den Patienten zu helfen, auf sich und ihr Leben zurückzublicken und über ihre Beziehung zu ihrem Volk und zu *Wakan Tanka* und den Helfern nachzudenken.

Nach der letzten Behandlung des jeweiligen Tages aßen die Patienten zu Abend, und von da ab bis zur Schlafenszeit wurden sie angewiesen, die Zeit in stiller Meditation über ihre Beziehung zu *Wakan Tanka* zu verbringen. Die Meditation beinhaltete tiefes Atmen und Beten, wobei das Gebet sowohl aus Bitten als auch aus Zuhören bestand. Vor allem sollten die Patienten in ihren Gebeten betonen, dass sie gesund werden wollen, um anderen helfen zu können. Das Bedürfnis nach Genesung musste über persönliche Wünsche hinausgehen, wenn ein bleibender Erfolg erzielt werden sollte. Fools Crow betonte, dass all dieses für das Wohl der Gemeinschaft geschah. Auf diese Weise wurde immer wieder gezeigt, dass *Wa-*

kan Tanka und die Helfer leben und nicht aufhören, die Menschen zu lieben und zu segnen. Infolgedessen genossen diejenigen, die momentan gesund waren den Trost, dass auch sie Genesung oder Heilung erfahren konnten, falls Krankheit oder Probleme über sie hereinbrechen würden. Die Antwort war da, war seit zahllosen Jahrhunderten da gewesen und würde für kommende Generationen weiter verfügbar sein.

Wie jeder Medizinmann, so lernte auch Fools Crow Pflanzen zur Behandlung einzusetzen und deren Blätter, Stängel und Wurzeln zu verwenden. Meines Wissens hielt er keine große Pflanzenapotheke bereit, sondern ging hinaus, oder wurde genauer gesagt hinausgeführt, um diese ganz individuell zu sammeln, wenn ein Patient zu ihm kam. Er zeigte mir, dass er immer einige getrocknete Wurzeln und Pflanzen auf Vorrat hatte. Die anderen sah ich erst, nachdem er sie geholt hatte, denn ich ging zum Pflücken der Pflanzen nie mit ihm hinaus. Wahrscheinlich merkte er, dass ich meine persönlichen Gründe hatte, nicht zu viel über sie wissen zu wollen. Meiner Meinung nach ist es gefährlich, wenn Amateure etwas empfehlen, von dem sie nur wenig wissen. Ich lasse so etwas lieber in den Händen derer, die gründliche Studien gemacht haben und die aus ihrer Erfahrung heraus die Eigenschaften und möglichen Nebenwirkungen kennen.

Ohne auf die von ihm genannten einzelnen Namen einzugehen, werde ich in groben Zügen die wichtigsten der von Fools Crow zur Behandlung verwendeten Pflanzen beschreiben, sodass die Leser einen Eindruck davon bekommen und auch vom Umfang von Fools Crows Sachkenntnis. Wer detailliertere Informationen wünscht, den verweise ich auf die umfangreiche Literatur über Heilpflanzen. Trotzdem rate ich noch einmal zur Vorsicht. Während viel für die Anwendung der von den indigenen Amerikanern eingesetzten Pflanzen spricht, dränge ich nachdrücklich darauf, sie nur unter professioneller Anleitung zu verwenden. Ein in diesem Zusammenhang sehr gutes und empfehlenswertes Buch ist Andrew Weil, *Natürliche Gesundheit, natürliche Medizin – Ein Handbuch für Vorbeugung und Heilung.*[59]

Vergleicht man Fools Crows Pharmazie mit der von Frances Densmores Sioux-Informanten, so würde ich sagen, dass er die meisten der Pflanzen verwendete, von denen diese Autorin berichtet, und außerdem noch einige mehr. Fools Crow reiste in andere Sioux-Reservate und in Reservate anderer Stämme, um be-

---

59) Andrew Weil ist Ethnopharmakologe an der Universität von Arizona. (Anm. d. Übers.)

stimmte Pflanzen zu sammeln. Gelegentlich ging er sogar in die Black Hills oder in die Rocky Mountains. Er lagerte immer einige Pflanzen für den Winter ein, da der Boden in South Dakota normalerweise für Monate mit einer hohen Decke aus Schnee und Eis bedeckt ist.

Gewöhnlich kochte er für die Anwendung einen oder mehrere Teile der Pflanze in einem teilweise mit Wasser gefüllten Eimer oder einer Schüssel. Das Kochen geschah auf einem Ofen oder offenem Feuer, kurz nachdem er sein Morgengebet beendet hatte, das er jeden Morgen genau bei Sonnenaufgang verrichtete. Wenn kein Patient behandelt wurde, betete er wieder nach dem Mittagessen und ein letztes Mal bei Sonnenuntergang. Im Ganzen verbrachte er drei bis sechs Stunden täglich im Gebet, und je mehr es zu erreichen galt, desto mehr betete er.

Von dem Sud wurde etwas zum Abkühlen zur Seite gestellt, sodass alles fertig war, wenn der Patient zur Behandlung kam. Es wurde genug für die vier Behandlungen des Tages zubereitet. Der Patient bekam entweder eine Tasse oder ein Glas voll zu trinken, und die Menge der ins Wasser gelegten Pflanzenteile variierte. Manchmal waren sie so kraftvoll, dass eine kleine Prise ausreichte. Andere Wurzeln, Blätter und Stängel wurden in größeren Mengen gekocht. Fools Crow hatte entweder von Stirrup gelernt oder wurde von den Höheren Mächten angeleitet, wie viel er von jeder Pflanze verwenden musste. Manchmal bekam der Patient eine Wurzel zum Kauen, und ein anderes Mal mochte sie angezündet werden, und der Rauch wurde entweder viermal geblasen oder mit einer Feder viermal in Richtung des Hilfesuchenden gefächelt, der sich in beiden Fällen darin badete. Einige Kräuter hatten Sprösslinge, die kleinen Bürsten ähnelten, mit denen die Medizin auf die Haut des Menschen »gemalt« werden konnte. Ich habe Fools Crow dabei beobachtet, als er entstellende Muttermale aus den Gesichtern zweier Männer entfernte, und das Ergebnis war in beiden Fällen sensationell. Nach der vierten Behandlung des vierten Tages ließ er den Sprössling fallen, klatschte in die Hände, und die Muttermale waren verschwunden! Auch falls jemand das nicht glauben möchte, es war hier keine Gedankenübertragung im Spiel. Ich saß dabei, ich habe es gesehen, und Fools Crow erschien nicht in traditioneller Kleidung. Einer der Männer heiratete danach und seine Frau gebar ihm zwei Kinder. Ich sah ihn noch mehrere Male, wenn ich ins Reservat zurückkehre, und sein Gesicht blieb völlig rein.

Für Fools Crow war erfolgreiches Behandeln eine Kombination aus dem Wirken der Höheren Mächte, der Medizinleute, der Medizin und der Vorgehensweise. Die spirituelle Kraft war dabei die treibende Kraft. Keiner der einzelnen Beteiligten hätte eine vollständige Genesung ohne die anderen erzielen können. Ihre verschiedenen Kräfte taten sich zusammen, um die nötige Wirkung zu erzielen. Förderlich war hierbei auch alles, was die Stimmung heben konnte. Feuer, Salbei, Süßgras und Musik taten das ihrige. Die Unterstützung von Familie und Freunden war wesentlich und bestand darin, den Patienten zu ermutigen, sich auf das Leben zu konzentrieren. Sogar der Ort, an dem die Behandlung vorgenommen wurde, spielte eine Rolle. Je besser der äußere Rahmen, desto umfassender die Ergebnisse, und desto schneller wurden sie erreicht. Manchmal verlangte die Art der Krankheit eine Behandlung in der Nacht, in einem abgedunkelten Raum oder in der dunklen Reinigungshütte, wo es besser gelang, eine besondere Stimmung durch die Gegenwart *Wakan Tankas* zu erreichen. Nie sah ich Fools Crow jemanden bei Nacht draußen behandeln, aber wie er mir sagte, tat er es manchmal und kannte auch Medizinmänner, die es regelmäßig mit gutem Erfolg durchführten.

Fools Crow wies jede Vermutung zurück, die von den Sioux verwendeten Medizinen könnten durch Versuch und Irrtum ermittelt worden sein. Für ihn wäre das der Behauptung gleichgekommen, das Beste, was *Wakan Tanka* für die Menschen tun könne, sei, sie sich selbst zu überlassen, oder dass vielleicht in Wirklichkeit überhaupt keine helfende »Macht« existiere, dass *Wakan Tanka* nur in den Vorstellungen primitiver und abergläubischer Leute existiere. Außerdem würde ein Versuch-und-Irrtum-Verfahren implizieren, dass *Wakan Tanka* nicht genug auf die von ihm erschaffenen Menschen achtete, um sie über die Jahrhunderte hinweg zu führen, und dass er sie bis zum Abschluss des Versuch-und-Irrtum-Verfahrens leiden und sterben ließ.

»So etwas zu akzeptieren«, sagte der alte heilige Mann, »macht die Höheren Mächte eher zu Ungeheuern als zu liebenden Wesen. Ich und alle anderen Medizinleute wurden und werden von *Wakan Tanka* und den Helfern zu den Pflanzen geführt, die wir zum Heilen brauchen. Genau, wie Sie an all den Behandlungsweisen beteiligt sind, so sind Sie auch bei der Pflanzenauswahl beteiligt. Was ich von meinem Medizinbündel verwende oder von den Feldern und aus den Wäldern hole, ist nicht dem Zufall überlassen. Ich gebrauche viele verschiedene Arten von Medizin, und doch habe ich nie jemandem eine Medizin verabreicht, die ihn kränker gemacht oder auch nur eine Nebenwirkung erzeugt hätte. Nur die Arzneien der weißen Ärzte tun dies. Sie stellen uns Rezepte aus, als würde dieselbe Sache bei jedem auf die gleiche Art wirken. Erst wenn es dem Patienten schlechter geht, suchen sie nach einer anderen Pille oder einer anderen Methode. Oft mischen sie verschiedene Tabletten und Medikamente zusammen, doch können sie nie wissen, was dann dabei herauskommen wird. Egal, was irgendwer erzählt hat, uns passiert das nicht. In der Vergangenheit starben manchmal Menschen, kurz, nachdem sie eine Medizin bekommen hatten, aber wer kann sagen, dass sie, die bereits dem Tod nahe waren, an der Medizin starben? Auch die Friedhöfe der Weißen sind voll von Menschen, die zu Ärzten gegangen sind. Wir sind ein kleiner Stamm, und doch haben wir große Friedhöfe hier in Pine Ridge und Rosebud. Die meisten der dort beerdigten Menschen kamen aus den staatlichen Krankenhäusern, nicht von heiligen Männern oder Medizinmännern. Wie auch immer, schon seit langer Zeit werden die meisten unseres Volkes dazu überredet, nicht zu uns zur Behandlung zu kommen. Eines Tages aber wird jeder einsehen, dass die beste Art der Behandlung für jedermann eine Kombination aus der Essenz dessen ist, was wir tun, und dem, was die weißen Ärzte tun. Dann wird es wirklich zu großartigen Heilerfolgen kommen.«[60]

»In Anbetracht der allgemeinen Einstellung der Leute aus dem Gesundheitswesen frage ich mich, ob es wirklich einmal dazu kommen wird«, kommentierte ich.

Während er antwortete, stand Fools Crow auf und lief umher, und ich merkte ihm an, dass ich genau zuhören sollte. »Weiße Menschen«, sagte er, »reden darüber, was für seltsame Kostüme unsere Medizinmänner früher getragen haben und was für merkwürdige Sachen sie machten und dass sie dabei umhersprangen und wie Tiere knurrten. Wer diese Handlungen primitiv findet, versteht nicht, wie die Kostüme und Handlungen dem Patienten und seiner Einstellung zum Leben halfen. Sie reagierten darauf in einer positiven Weise.«

»Du redest über die an der Heilung beteiligte Psychologie«, sagte ich.

»Ho«, antwortete Fools Crow. »Ich kenne das große Wort Psychologie, aber es ist ein schwieriges Wort für mich, und wir haben kein Wort dafür in Lakota.«

Fools Crow bezeichnete eine seiner Lieblingspflanzen als »Ampfer«. Er verwendete ihre Blätter und pulverisierten Wurzeln, um einen Breiumschlag oder eine Sal-

---

60) Es sollte angemerkt werden, dass in den letzten Jahren mit dem begonnen wurde, was Fools Crow empfohlen hat. Einige Krankenhäuser (obwohl nicht annähernd genug) bitten Medizinleute, sich an der Behandlung von Indianern zu beteiligen. Fools Crow würde jedem Krankenhaus nahe legen, die Einbeziehung von Medizinleuten auf alle Patienten auszudehnen. Wenn Sie die bei seinen Behandlungen zum Tragen kommenden, grundlegenden Prinzipien untersuchen, so werden Sie dies nicht für so naiv halten, wie man erwarten könnte … vielleicht nicht kommerziell lukrativ, aber gewiss hilfreicher im Hinblick auf die »Humanität« von menschlichen Wesen.

be daraus zu machen. Damit behandelte er Hautprobleme oder stoppte Blutungen. Die Salbe wurde auf Geschwüre und Brandwunden aufgetragen. Sie linderte auch Arthritis, Rheumatismus, Prellungen und Schwellungen. Als Tee wirkte Ampfer fiebersenkend, half bei Nierenproblemen und bekämpfte Halsschmerzen, Verstopfung und Durchfall.

Als er einmal wegen einer Krankenbehandlung auf die Reservation der Crow-Indianer in Montana eingeladen wurde, gab ihm eine Crow-Medizinfrau Auskunft über einen Tee aus Chokecherry, der Virginischen Traubenkirsche,[61] der bei der Behandlung von Erkältungen, Hautproblemen, Mumps, Läusen und bei Hals- und Brustproblemen nützlich war.

Bei offenen Wunden ließ er seine Patienten eine getrocknete Pflanze kauen, die er aus den Badlands holte.[62] Etwas von dem gekauten Brei wurde auch auf die Wunde aufgetragen.

Eine andere gekaute Pflanze wirkte heilend bei Mund- und Zahnproblemen und war auch gut bei Halsschmerzen.

Bei Klapperschlangenbissen kochte er Blätter und Stängel einer Pflanze und machte daraus einen Breiumschlag, der die Schmerzen linderte und einiges von dem Gift herauszog.

Für Leute, die in Giftsumach[63] geraten waren, hatte Fools Crow Stängel und Blätter einer Pflanze zu einem Pulver verarbeitet, das auf die betroffenen Stellen gestreut wurde.

Gegen Appetitlosigkeit verordnete Fools Crow die Wurzeln einer bestimmten Pflanze, die an Bachufern wächst. Diese wurden getrocknet, zerkrümelt, in Wasser gegeben und zu einem Tee gekocht.

Bei Kopfschmerzen ließ er die Patienten ihr Gesicht in dem heißen Dampf baden, der von den Steinen in der Reinigungshütte aufstieg. Wenn keine Hütte zur Verfügung stand, ließ er sie mit einem Handtuch über dem Kopf das Gesicht über einen Topf mit kochendem Tee halten, der aus den Wurzeln, Stängeln und Blät-

---

61) Engl.: choke-cherry, wörtlich: »Würgekirsche«, Lat.: *Prunus virginiana*, Strauch bis 5 Meter hoch, findet sich hierzulande gelegentlich in Parks und Gärten. Die Früchte sind von bitterem Geschmack, sie werden mit Kernen gemahlen und als Fruchtbrei oder -pudding gegessen, oder zu späterem Gebrauch in Fladenform getrocknet. (Anm. d. Übers.)

62) Zerklüftete, unwirtliche Berggegend in South Dakota. (Anm. d. Übers.)

63) Engl.: poison ivy, auch Giftefeu genannt, eine Kletterpflanze aus der Sumach-Familie, meist mit drei Blättern, grünen Blüten und Beeren, deren Blätter und Stängel bei Berührung einen Hautausschlag verursachen können. (Anm. d. Übers.)

tern einer anderen an Bächen wachsenden Pflanze zubereitet wurde. In den flachen Gegenden wuchs ein Kraut, dessen Wurzeln getrocknet und zu einem Pulver zermahlen und auf heiße Kohlen gestreut wurde, sodass ein Patient mit einem starken Husten die Dämpfe inhalieren konnte.

Es gab da eine bestimmte Pflanze, die auch Bären sehr mochten und die in bewaldeten Gebieten wuchs. Fools Crow erfuhr von ihr durch Stirrup und verwendete sie, um geschwollene Glieder und gebrochene Knochen oder verstauchte Gelenke zu behandeln. Ihre getrockneten Blätter und die Wurzel wurden mit Bärenfett vermischt. Normalerweise wärmte er seine eingefetteten Hände über heißen Kohlen und rieb dann die Haut über der verletzten Stelle ein. In *Das Leben des Fools Crow* berichte ich, wie er bei einem Sonnentanz das verrenkte Bein eines jungen Mannes wieder gerade richtete. Aber ich habe bis jetzt nicht gesagt, dass er diese Pflanze dabei benutzte. Ich sah auch, wie er sie erfolgreich bei der Behandlung der schmerzenden und geschwollenen Beine zweier weißer Krankenschwestern anwendete.

Eine gewisse, auch von Bären verzehrte Wurzel wurde zermahlen und linderte als Teezubereitung Bauchschmerzen. Nach eigenen Angaben erfuhr Fools Crow durch die Beobachtung von Bären davon. Ich bezweifle jedoch, dass die Bären ihm ihr genaues Problem mitteilen konnten. Er muss die Wurzel getestet und so ihre Wirkung herausgefunden haben.

Die Stängel und Blätter der gemeinen Bärentraube[64] wurden zerrieben und dann in Wasser zu einem Tee gekocht, den Fools Crow zur Behandlung von Nierenproblemen und den damit in Verbindung gebrachten Rückenschmerzen verwendete.

Fieber wurde auf zwei Arten behandelt. Zum einen wurde eine bestimmte Pflanze eingeweicht, indem man sie mit warmem Wasser übergoss. Etwas von dem Gebräu wurde dem Patienten zu trinken gegeben, und etwas auf dessen Körper gerieben. Eine andere Art bestand darin, die Blüten einer anderen Pflanze zu zerkleinern, zu kochen und daraus einen Tee zu bereiten.

Innere und äußere Blutungen wurden mit einem Tee aus einer Pflanze behandelt, die an feuchten Bachufern zu finden war. Auch den Hinweis auf diese Pflanze hatte Fools Crow von Stirrup bekommen. Aus den Stielen und Blättern ließ sich ein Tee bereiten, der Schmerzen wie zum Beispiel Ohrenschmerzen linderte. Fools

---

64) Bear berries, verschiedene Beerenarten, (*Arctostaphylos*, besonders *A. uva-ursi*), wird bei Blasenleiden und in der Homöopathie angewendet. (Anm. d. Übers.)

Crow sagte mir, dass dies bei seinem Volk ein uraltes Heilmittel war, und als ich das überprüfte, fand ich es in Densmores *Teton Sioux Music* auf Seite 264 bestätigt.

Stirrup gab Fools Crow auch Informationen über ein Kraut, das bei einer Lebensmittelvergiftung Erbrechen herbeiführt. Das Kraut wurde gekaut und dann auf die Rückseite von Hals und Nacken gespuckt. Fools Crow lachte in sich hinein, als er mir davon erzählte, und sagte, dass er nicht wisse, ob das Erbrechen von dem Kraut herrühre oder davon, dass man dem Patienten in den Nacken spucke.

Fools Crow kannte eine bestimmte Beere, die er aus dem Land der Crow-Indianer erhielt. Er trocknete und zerrieb sie und mischte dann das Pulver mit warmem Wasser, um einen appetitanregenden Tee herzustellen.

In den flachen Gebieten wuchs eine Blattpflanze. Sie wurde getrocknet, gekocht und zu einem Tee bereitet, den man bei Nierenproblemen zu den Mahlzeiten trank.

Ich möchte noch einmal betonen, dass diese Aufzählung nicht Fools Crows gesamte Pflanzenapotheke beschreibt, obwohl sie meiner Ansicht nach den größten Teil repräsentiert. Aber auf jeden Fall möchte ich zeigen, dass seine Behandlungsmethoden so umfassend waren, wie die eines heiligen Mannes seiner Meinung nach sein sollten. Er sagte, dass er praktisch alles behandeln könne, und die große Bandbreite dessen, was er tat, unterstützt diese Behauptung. Bevor er aufhörte, regelmäßig zu praktizieren, behandelte er in den letzten Jahren sogar erfolgreich Krebs, obwohl es diesbezüglich einige Vorbehalte gab, wie das nächste Kapitel zeigt. Abgesehen davon ist die Liste der Menschen und verschiedenen Krankheiten, die durch ihn behandelt wurden, unvergleichlich. Im Zusammenhang mit diesen Behauptungen sollte erwähnt werden, dass er in *Das Leben des Fools Crow* die Namen praktisch aller Personen nennt, deren Genesung beschrieben wird. Sollten also die Behauptungen nicht wahr sein, könnten sie leicht angefochten werden. Aber das Buch ist nun über ein Jahrzehnt auf dem Markt, und niemand ist angetreten, das zu tun. Außerdem waren ich und andere in vielen der berichteten Fälle als Zeugen anwesend, und ich glaube nicht, dass wir besonders leichtgläubige Menschen sind. Bis ich Fools Crow und andere Medizinmänner und -frauen traf, fand ich meinen Namen »Thomas« sehr zutreffend, denn ich glich dem Thomas, der mit eigenen Augen die Wunden Jesu sehen musste, bevor er glaubte. Nun bin ich mehr wie der Thomas, der in den Dienst trat, nachdem er gesehen hatte, ohne jemals wieder zu zweifeln oder zurückzuschauen. Dafür bin ich Fools Crow mehr als irgendjemandem sonst verpflichtet. Dank ihm kann ich jetzt, wie die traditionellen Indianer gestern und heute, »glauben, um zu sehen«, anstatt zu »sehen, um zu glauben«. Das Letztere ist nur besser, wenn Gott in Wirklichkeit nicht existiert, und ich bin überzeugt, dass es ihn gibt. Der berühmte Theologe Karl Barth[65] brachte diese Wahrheit bei einer einzigen Begegnung auf den Punkt. Als ein befreundeter Professor ihm gestand, dass er auch nach langem Forschen nicht an Gott glauben könne, antwortete der Theologe: »Sage mir, an welchen Gott du nicht glaubst, und es wird sich herausstellen, dass ich an diesen Gott auch nicht glaube.« Es ist klar, worauf dies abzielt. Der Gott, den die Menschen ablehnen, ist nicht der wahre Gott, es ist ein Gott, den sie jenseits von sachgerechter Bildung und Verständnis heraufbeschworen haben. In solchen Fällen wird Fools Crow zumindest ihre Annahmen infrage stellen und sie zwingen, ihre Position zu überdenken. Wenn sie es dann tun, werden sie möglicherweise auch zu kleinen hohlen Knochen, aus denen die übernatürliche Kraft in die Welt hinaus fließt.

Man sollte nicht vergessen, dass Fools Crow sich zwischen den Behandlungen mit den verschiedenen Konzentrationswerkzeugen vorbereitete, die *Wakan Tanka* und die Helfer ihm für diesen Zweck gegeben hatten – die Reinigungshütte, die Yuwipi-Zeremonie, seine Pfeife, die drei außergewöhnlichen mentalen Werkzeuge, das Visualisieren, den Reifen, seine Trommel und Rassel, seine besonderen Behandlungs- und Heilungsriten und seine Räucherutensilien. Diese Dinge vernachlässigte er niemals, noch nahm er seine Beziehung zu den Höheren Mächten als selbstverständlich hin. Er wusste, dass heilige Menschen oder Medizinleute die Kraft verlieren konnten, wenn sie diese missbrauchten, zweckentfremdeten oder ungenutzt ließen; oder besser gesagt, *Wakan Tanka* und die Helfer würden sie ihnen entziehen. Einmal verloren, würde es so bleiben, wenn nicht die betreffenden Medizinleute ihre Lebensweise lange genug änderten, sodass die Höheren Mächte die Ernsthaftigkeit der Veränderung sehen konnten. Wenn dann die Medizinleute inbrünstig genug um Wiederherstellung ihres Status baten, mochte dies in Erwägung gezogen werden.[66]

---

65) Karl Barth, 1886-1968, schweiz. reform. Theologe; in Ablehnung des neuprotestantischen Religionsbegriffs fasste Barth Religion und christliche Offenbarung als Gegensätze auf. (Anm. d. Übers.)
66) Wurde so von der Associated Press am Montag, den 22. Dezember 1986 berichtet.

12

Freisein von Angst

»Du hast mir vom Unterschied zwischen Behandlung und Heilung erzählt und was eine Behandlung ist und wie du sie durchführst«, sagte ich zu Fools Crow. »Möchtest du den Lesern etwas über Heilung erzählen?«

»Ja«, sagte er begeistert und unterstrich seine Antwort mit einer Handgeste.

»Woran merkst du, ob ein Mensch zu dir kommt und weder behandelt noch geheilt werden kann?« wollte ich wissen.

»Indem ich in ihn hineinschaue und meine Hand auf seine Schulter lege und so herausfinde, wie stark sein Glaube ist. Nur wenn er stark genug ist, beginne ich mit der Behandlung oder Heilung.«

»Könnte dieser Mensch für einige Zeit weggehen, darüber beten und mit gestärktem Glauben wiederkommen?«

»So hat es sich schon oft zugetragen.«

»Führst du manchmal Heilungen für Menschen durch, die nicht dem Sterben nahe sind, aber eine gesündere und tiefer gehende Beziehung zu *Wakan Tanka* brauchen?«

»Ich habe Hunderte solcher Menschen geheilt.«

»Kommt es manchmal vor, dass jemand trotz seines starken Glaubens nicht gesund gemacht werden kann?«

»Ja, und ich frage sie dann, ob sie geheilt werden möchten.«

»Auf welche Weise findest du heraus, wie krank die Menschen sind?«

»*Wakan Tanka* erzählt es mir, während ich eingewickelt bin. Auf meiner geistigen Leinwand sehe ich das volle Ausmaß der Erkrankung dieses Menschen. Beispielsweise finde ich heraus, dass die Krankheit seinen Körper so stark geschädigt hat, dass er nicht wiederherstellbar ist. Durch mich kann nur das behandelt werden, was noch gesunden kann. Befindet sich ein Organ in einem hoffnungslosen Zustand oder ist es bereits abgestorben, lässt sich nichts mehr ausrichten. Man kann eine löchrige Rassel flicken, aber wenn sie zerbrochen ist, kann man nichts machen. Einmal hast du mir einen krebskranken Mann geschickt. Ich wickelte mich ein und sah seinen Körper von Krebs überwuchert. Es war grauenvoll. Dann musste ich ihm sagen, dass er bald sterben würde, und fragte ihn, ob er geheilt werden wollte. Er fragte mich, was Heilung sei, und ich sagte ihm, dass dabei ein friedvoller Zustand ohne Angst erreicht werden soll. Du merkst schon, er musste einfach wissen, dass der Tod kein Feind ist und wir beim Sterben schnell in das jenseitige Leben überwechseln, wofür wir alle geboren wurden, an einen Ort, wo wir ewig bei *Wakan Tanka* geborgen sind. Er war ein junger Mann und meinte, zu jung zum Sterben zu sein. Wütend gab er *Wakan Tanka* dafür die Schuld und fand es ungerecht. Eine Heilung umfasst all diese Dinge. Sie erlöst von dem Ärger und der Verletztheit und beseitigt den körperlichen wie auch den seelischen Schmerz. Nach der Heilung ist die Person ruhig und bereit und sogar voller Erwartung auf den Tod. [Das stimmte gewiss für die besagte Person.] ›Sterben‹ bezeichnet etwas zu Ende Gehendes und ist deswegen nicht wirklich der passende Ausdruck, weil es doch tatsächlich einen Anfang darstellt. Deswegen gefiel mir auch, als ich davon erfuhr, wie Jesus es seinen Jüngern mit dem Vergleich des Schlafengehens erklärte. Diese Worte bringen noch deutlicher zum Ausdruck, was *Wakan Tanka* mich gelehrt hat. Wir legen uns einfach schlafen und wachen dann in Seinen und *Tunkashilas* Armen wieder auf. Darauf freue ich mich.«

»Und wie sieht diese Heilbehandlung aus?«

»Ich lade die Person für vier Tage zu mir ein, und damit wir unter uns sein können, schicke ich ihre Verwandten heim. Weiße sende ich zum nächsten Motel. Bei gutem Wetter stelle ich für die kranke Person draußen unter den Bäumen ein Bett auf. Auf meinem Grundstück sind die Leute in Sicherheit. Sie werden dort von niemandem belästigt. Sie essen das Gleiche wie ich, und da es gewöhnlich nicht so gut wie ihr übliches Essen ist, beginnt ihre Übung in Bescheidenheit schon damit. Tagsüber können sie die frische Luft und den Duft der Präriewiesen riechen. Eins von den Dingen, die das Leben hier im Reservat so wunderbar machen, ist, dass nichts so groß ist, dass es sich zwischen uns und die Höheren Mächte stellen könnte. Auf diese Weise sind sie uns bewusster als den Stadtmenschen. Ich sage dem Patienten, er soll herumlaufen und weiter daran arbeiten, sich Großmutter Erde und ihren Geschöpfen nahe zu fühlen. Wir begeben uns auf einen Hügel und spüren die Winde aus den Himmelsrichtungen und sprechen darüber, was uns die Geräusche sagen. Ich weise ihn auf die Farben der Erde und des Himmels und der Pflanzen hin, und wir praktizieren mit interessanten Steinen, die wir finden, ein wenig das »Werden«. Ich erkläre dem Patienten, dass all diese Dinge schon immer existierten und immer da sein werden, und das Gleiche auch für ihn gilt. Falls er stark genug ist und es aushalten kann, gehe ich mit ihm in die Schwitzhütte. Ich nehme ihn mit nach draußen, damit er mit mir betet, und so wie dir teile ich auch ihm einige der Geheimnisse mit. Nachts liegt er auf seinem Bett unter dem Sternenhimmel, und ich setze mich eine Zeit lang zu ihm. Wir unterhalten uns weiter, und ich sage ihm, er soll darüber nachdenken, dass *Wakan Tanka* dort oben wartet, um ihn zu empfangen. Wenn er ein Christ ist, spreche ich von Jesu Worten, dass er einen Platz für ihn bereitet und dass er es ist, der auf ihn wartet, denn *Wakan Tanka,* Großvater und Jesus sind ein und derselbe. Bei Juden spreche ich von Gott. Zu mir kamen auch Japaner und Inder, und ich fragte sie nach dem Namen ihres Gottes und verwendete diesen.«

»Was machst du noch?«

»Ich behandle den Patienten viermal am Tag vier Tage lang, genauso wie ich es üblicherweise tue.«

»Verabreichst du ihm Medizin, obwohl er sterben wird?«

»Ja«, antwortete er lächelnd, »aber in diesem Fall handelt es sich um Medizin für den Geist. Wir beginnen mit den zwei schwarzen Stoffmützen, von denen ich dir bereits erzählt habe. Wir gehen ins Haus und sitzen in einem verdunkelten Raum. Zuerst räuchere ich uns beide ab und dann sitzen wir uns auf Stühlen gegenüber. Rundherum lege ich vier farbige Stoffstücke zum Markieren der Vier Richtungen. Ich streue Salbei aus, und das bildet dann den Altar. Wir ziehen die Mützen über. Die Stühle stehen nahe beieinander, und wir halten uns zeitweilig bei den Händen. Manchmal brauche ich meine Hände, um den Patienten mit meiner Adlerfeder abzufächern. Als Nächstes lasse ich den Geist der Person in meinen Geist hineinfahren. Das mache ich, indem ich mein Behandlungs- und Heilungslied singe und ihr sage, dass sie sich darauf konzentrieren soll, in mich einzutreten. Mit der Feder fächere ich sie viermal in mich hinein. Die Person muss sich so lange konzentrieren, bis sie ihren Geist wirklich aus ihrem Körper heraustreten und in mich eindringen sieht. Ich erzähle ihr über Geisterwanderung und bitte die Helfer, und zwar alle, herbeizukommen und dieses geschehen zu lassen. Im Raum entsteht ein uns beide anregendes Erwartungsgefühl. Manchmal können wir beide beobachten, wie die Stoffstücke umhertanzen. Danach wird mir der Patient sagen, er habe sie umhertanzen sehen, und fragen, ob ich sie auch gesehen habe. Wenn ich dann beschreibe, was ich gesehen habe, wird es immer mit seinen Beobachtungen übereinstimmen. Manchmal sehen wir auf unserer geistigen Leinwand Farben – das, was die Weißen ›Farbauren‹ nennen. Bei verschiedenen Menschen sind auch die Farben unterschiedlich, und jede ist mit einer Himmelsrichtung verbunden. So erfahren wir, über welche Wesenheit wir am meisten nachdenken müssen und welche Kräfte in diesem besonderen Fall den größten Nutzen bringen.

Sobald er sich sicher in meinem Geist befindet, nehmen wir die Mützen ab, und ich sage ihm, wie er seinen Schmerz und Zorn loswerden kann, damit er wieder auf *Wakan Tanka* und die Helfer hören kann. Ein wütender Mensch kann und will so lange nicht zuhören, bis er seine Blockaden losgeworden ist. Wir besprechen die Umstände des Grolls, bis er gelassener wird und ihn loslässt. Merke ich dann, dass er es geschafft hat und ich ihn dazu beglückwünschen kann, halten wir uns an den Händen. Mir kommt es darauf an, dass er nicht nur meine eigene Liebe, sondern auch die Liebe *Wakan Tankas* durch mich spürt. Das passiert in dem Moment, wo dem Menschen klar wird, dass *Wakan Tanka* ihn nicht fortnimmt, sondern der Tod die Folge von dem ist, was in der Welt geschieht. Mit den schwarzen Mützen bereiten wir unsere weiteren Schritte vor. Ich spreche zu ihm immer von ›wir‹, weil ich sichergehen möchte, dass der Patient weiß, dass wir die Heilung zusammen bewerkstelligen; dass er an der Heilung mitarbeiten wird. Das gibt ihm ein gutes Selbstwertgefühl und stärkt seinen Geist. Er beginnt, innere Stärke zu erlangen.

Als Nächstes arbeiten wir mit dem heiligen Reifen. Ich habe ihn bereits beschrieben, als wir über Genesung sprachen. Bei der Heilung wird er auf dieselbe Art verwendet. Wenn ein Reifen angefertigt werden muss, dann zeige ich dem Patienten, wie es geht. Ein Siouxindianer hat möglicherweise schon einen, aber heutzutage ist dem nicht immer so, denn die Traditionen geraten langsam in Vergessenheit. Trotzdem ist bei den einzelnen Behandlungen während der vier Tage der Reifen die Hauptmedizin. Wie du gesehen hast, bereite ich mit einem roten Stoff, der etwa 50 Zentimeter im Quadrat misst, einen Altar auf dem Boden und markiere die Ecken wie gewöhnlich mit farbigen Stoffstücken. Dann lege ich den Reifen so auf das rote Tuch, dass die Farben des Reifens in die entsprechenden Himmelsrichtungen weisen. Auf die Ostseite des Tuches kommt ein Zopf Süßgras. Er begrüßt jeden Morgen die Sonne und bittet sie, Wärme von *Wakan Tanka* zu schicken. Das kann der kranke Mensch wirklich brauchen. Wie ich schon gesagt habe, werden für die Heilung alle vier Farben verwendet. Dafür nehme ich dann den großen Reifen, anders als bei den gewöhnlichen Problemen, wo wir zum Ermitteln der herbeizurufenden Wesen den kleinen Reifen benutzen. Wir schreiten dann geistig den Reifen ab und reden dabei über die Wesen der Himmelsrichtungen und ihre Kräfte. Aber ich halte dabei keinen Monolog. Es ist ein gemeinsames Gespräch und ich ermuntere den Menschen, mir sein Herz auszuschütten.

Fools Crow mit Patientin und Mützen

Manchmal sprechen wir über unsere Gefühle und ich erzähle ihm, was die Höheren Mächte mir aufgetragen haben ihm zu sagen, als ich mit ihnen Zwiesprache hielt. Ein anderes Mal verlegen wir uns mehr auf das Zuhören und was wir daraus erfahren können. Manchmal beten wir auch nur leise zusammen, während wir um den Reifen herumgehen. Ist der Patient ein Lakota, singen wir zusammen Klanglieder und begleiten sie zuweilen mit Trommel und Rassel. Die ganze Zeit über lassen wir uns von der Idee leiten, einen Zustand frei von Angst zu erlangen. Meistens fangen wir im Süden an und denken über Geburt und Wiedergeburt nach. In diesem Fall jedoch ist es eine Wiedergeburt am Aufenthaltsort von *Wakan Tanka*. Dann begeben wir uns in den Westen und denken über Erneuerung nach, aber hier ist es nicht eine körperliche Erneuerung, sondern eine Erneuerung der inneren Einstellung. Im Norden denken wir dann über Fruchtbarkeit nach, und zwar Fruchtbarkeit in dem Sinne, fortwährend gute Gedanken in sich zu tragen und gute Sachen zurückzulassen, um denen zu helfen, die uns betrauern werden. Ich erinnere den Patienten daran, dass es umso besser ist, je mehr Leute beim Begräbnis weinen, weil wir schließlich nicht über Belanglosigkeiten weinen. Wir reden offen über den Tod und versuchen nicht, unsere Gefühle zu verbergen. Kommen wir in den Osten, denken wir über Danksagung und Dankbarkeit für das nach, was wir erhalten haben. Ich mache ihn darauf aufmerksam, dass es auf die Qualität des Lebens ankommt und nicht auf die Länge. Ich erzähle ihm von mir bekannten Menschen, die jung gestorben sind, aber ein besseres Leben hatten und sich anderen Menschen mehr widmeten als einige alt gestorbene Menschen. Ich lasse den Menschen sein Leben Revue passieren und an die guten Dinge denken. Natürlich sprechen wir auch über das Schlechte und wie es uns die besten Lektionen des Lebens lernen lässt.

Zwischen den Behandlungen schicke ich den Patienten in die Felder, Wiesen und auch am Fluss entlang spazieren; dabei soll er über unser gemeinsames Vorgehen nachdenken. Wenn er indianischer Abstammung ist und seine Pfeife mitgebracht hat, bitte ich ihn, mit ihr zu beten. Ich zeige, wie das »Werden« gemacht wird, und lasse ihn es mit Steinen und Zweigen, Pflanzen und Wasser probieren. Ich lasse ihn eine Handvoll Erde halten, die in seiner Vorstellung lebendig wird, indem er sich selbst in Beziehung zur Großmutter Erde und den Jahreszeiten bringt. Ich führe ihm vor Augen, dass die Jahreszeiten seit dem Anfang einem gleichmäßigen Ablauf gefolgt sind, und vor allem, wie auf jeden Winter ein Frühling folgt. So wie das mit den Jahreszeiten geschieht, sage ich, so ist es auch mit dem Leben. Wer sein Leben *Wakan Tanka* anvertraut, wird entdecken, dass nach jedem Winter der Frühling kommt. Und so erzähle ich auch, dass auf den Winter seiner Krankheit ein Frühling nachfolgen wird, so schön, wie er ihn sich nicht besser vorstellen kann. Dann malen wir uns zusammen aus, wie *Wakan Tankas* und *Tunkashilas* Aufenthaltsort wohl aussehen mag. Ich sehe ihn nicht so, wie ihn die Bibel beschreibt, sondern so, wie die Erde in der Urzeit war.

Manchmal erwärme ich meinen Kristall in der Sonne oder über einem Feuer und lasse den Patienten ihn an seine Stirn pressen, damit er von den Höheren Mächten Wissen und Einsicht über das Leben und den Tod erhält. Wenn es die Zeit erlaubt, helfe ich ihm am zweiten oder dritten Tag einen Hingabestab zu machen. Es laufen aber keine zwei Heilungen völlig gleich ab, und ich stelle mich darauf ein. Manchmal bin ich dazu gezwungen, bestimmte Teile wegzulassen.

Eine weitere Sache, die ich den Patienten anfertigen lasse, ist eine Schnur mit 405 Tabakopfern, die neben unsere Altäre gelegt wird. Zwar verschlingt das eine Menge Zeit, aber alles trägt mit dazu bei, dass er sich mehr und mehr in unsere Aufgabe und in seine Verbindung zu *Wakan Tanka* vertieft. Ich stelle sicher, dass der Patient die Arbeits- und Wirkungsweise der 405 Stein-Geister kennt. Es ist durchaus von Vorteil, wenn wir uns ausreichend Zeit für alles lassen, denn so kommt uns nichts Ungelegenes dazwischen. Wir gehen langsam vor und überstürzen nichts. Im Gegensatz zu den Genesungszeremonien erhöhe ich nicht dauernd das Tempo, um zu einem Höhepunkt zu gelangen, weil es hier keinen Höhepunkt zu erreichen gibt. Es ist stattdessen eine Rückkehr zu einem friedvollen Zustand.

Wenn der Patient sich gut fühlt, singen und musizieren wir zwischen den Behandlungen auf eine sanfte Art. Ab und zu steht der Patient sogar auf und tanzt. Dann verliert er sich ganz in seinen Gedanken, und ich unterbreche ihn dabei nicht. Ich spiele einfach weiter die Trommel und singe Klanglieder. Früher konnte ich sogar einige Sänger und Musiker mit einbeziehen. Eine Zeit lang hatte ich einen Flötisten, der auf meine Einladungen hin kam und einen wunderschönen Beitrag lieferte. Oft mussten der Patient und ich weinen, wenn wir ihn spielen hörten … nicht viel, aber unsere Tränen waren Tränen der Freude über die gemeinsam geteilten großen Geheimnisse des Todes. Doch die letzten Jahre über sind Sänger und Musiker, die etwas auf die althergebrachte Art machen, immer schwerer zu finden. Es gibt noch welche, aber sie leben nicht in der Nähe. Ich hoffe, dass sie bei meinem Begräbnis zugegen sind.«

(Was ich über Fools Crows Begräbnis gehört habe, einschließlich einer Tonbandaufnahme von Richard Carey, waren die von ihm erwähnten Sänger und Musiker dort, um ihm die letzte Ehre zu erweisen und ihn dem Schlaf zu übergeben. Falls jene dies hier lesen, werden sie sicher erfreut sein zu erfahren, dass es sein Herzenswunsch war.)

»Führst du mit dem Patienten jemals das Ritual zur Reinigung und Auffüllung der hohlen Knochen durch, und nutzt es zu dieser Zeit etwas?«

»Nur wenn er anscheinend noch einige Zeit zu leben hat. Aber ich lasse den Patienten zur Entspannung viel und tief atmen.«

»Sollte ich noch über anderes Bescheid wissen?«

»Ja, bevor der Patient nach Hause geht, sage ich ihm, er möge mit allem, was ich ihm beigebracht habe, weiterhin fortfahren. Oft informiert *Wakan Tanka* mich über etwas Merkwürdiges und Unerwartetes, das dieser Mensch, kurz bevor er stirbt, sehen und tun wird. Davon erzähle ich ihm oder seiner Familie. Es wird eine Bestätigung dafür sein, dass dieser Mensch Frieden gefunden hat und für den großen Schlaf bereit ist, und es wird seiner Familie auch zeigen, wann er Geborgenheit bei *Wakan Tanka* gefunden hat. So wurde mir etwa bei dem von dir geschickten jungen Mann mit dem Krebsleiden gezeigt, dass er, obwohl der Lakota-Sprache nicht mächtig, ein Lied in perfektem Lakota singen würde. Auch würden sich in der Nacht, nachdem er in seinen großen Schlaf gefallen war, die Sterne und andere Himmelskörper zu einem bestimmten Muster anordnen. Seine Familie würde das sehen. Ich zeichnete es auf den Boden, um ihnen zu zeigen, wie das Muster aussehen würde. Die Dinge trafen genau wie vorhergesagt ein, und das Sterben wurde für diesen Menschen zu einer glücklichen Zeit, was ohne die Heilung nicht der Fall gewesen wäre.«

»Ich habe selber erlebt, dass ein sterbender Mensch manchmal sogar viel länger lebt als erwartet, sobald er von der Angst befreit wird. Trifft das auch für Menschen zu, die zu dir kommen?« fragte ich.

»Meistens ist es so«, antwortete er.

»Was ist mit der Familie? Wie du sagtest, schickst du sie während der Behandlung fort, aber nimmst du dir auch Zeit, um mit ihnen zu reden und ihnen das Verstehen zu erleichtern?«

»Manchmal«, sagte er, »aber eine meiner letzten Unterweisungen für den Patienten ist, dass er seine Familie darum bitten soll, sich zu ihm zu setzen, und dass er dann von einigen der Dinge sprechen soll, die er hier mit mir gemacht hat. Das hilft diesem Menschen, auf unser Tun zurückzublicken, es noch einmal zu erleben und genauer zu durchdenken. Noch jedes Mal hat die Familie mir geschrieben oder mich besucht, nachdem der Patient zu *Wakan Tanka* gegangen ist, um mir zu sagen, wie dankbar sie sind und was für seltsame Dinge während des Eintritts in den großen Schlaf passierten. Meine Verwandten lesen mir die Briefe vor, und so weiß ich davon.«

13 Ein großer Auftrieb

Scheinbar naive Vorstellungen – primitive Gedanken, wenn man so will, vielleicht ein kindliches Verstehen – legen häufig den Blick auf etwas frei, das der wissenschaftliche und aufgeklärte Geist nur selten wahrnimmt.

So haben beispielsweise nichtindianische Beobachter vielfach behauptet, dass die Ureinwohner Amerikas Sonnenanbeter waren, während sie selbst aber hartnäckig und einheitlich bestreiten, dass ihre höchste Gottheit die Sonne war. Fools Crow gestand bereitwillig zu, dass die indigenen Amerikaner die nutzbringenden und kraftvollen Eigenschaften der Sonne erkannt haben. Für sie stellte sie eine Persönlichkeit dar und wurde deshalb von ihnen als ein heiliges Wesen verehrt. »Kann das Leben ohne die Sonne existieren und weitergehen?« werden sich die Sioux gefragt haben, als sie Bekanntschaft mit der winterlichen Strenge des Mittleren Westens machten. Aber da gab es noch einen anderen, vielleicht sogar bedeutenderen Grund, warum sie der Sonne Achtung zollten ... ihre Sichtweise von *Wakan Tanka*. Als er umherreiste, um über seine prächtige Schöpfung zu wachen, verbrachte er öfters eine Weile innerhalb der Sonne, sodass die Wärme seines Wesens sie durchdrang. Deswegen ist die von uns hier auf Erden gespürte Wärme in Wahrheit die Wärme von *Wakan Tankas* Wesen. Je wärmer der Tag ist, umso bewusster sind die indigenen Amerikaner sich *Wakan Tanka* und seiner Nähe.

Man sollte dieses Bewusstsein im Vergleich zu den wissenschaftlichen Erkenntnissen danach beurteilen, was es für leidende Menschen bedeutet, und dann entscheiden, welche Sichtweise der Menschheit mehr nützt. Welche Vorstellung wird den Menschen Kraft und Hoffnung verleihen, wenn sie krank sind oder an irgendeinem Schmerz leiden, und welche Vorstellung wird ihnen mehr Freude bringen? Für das Wohlbefinden der indigenen Amerikaner war es entscheidend, zu wissen, dass Gott es den Menschen möglich macht, seine Nähe zu spüren, und das ist einer der Gründe, warum die meisten ihrer bedeutenden Zeremonien im Hochsommer abgehalten werden.

Ich bin Medizinmännern der Pueblo-, Apache- und Cherokee-Indianer begegnet und weiß, dass sie nach dem Abräuchern der rituellen Gegenstände diese in der Sonne oder über einem Feuer erwärmen und sie dann erst in den Zeremonien anwenden. Dies ist ein üblicher Brauch bei allen Stämmen der nordamerikanischen Ureinwohner gewesen. Wer mit den Altären der Pueblo-Indianer vertraut ist, weiß, dass sie Symbole in diese geschnitzt und daraufgemalt haben, die das Zugegensein der Höheren Mächte repräsentieren, welche die rituellen Vorgänge in der Kiva[67] »überwachen und begleiten«. Das Anerkennen übernatürlicher Anwesenheit verstärkte das Bewusstsein der Klanmitglieder dafür, dass sie fest geführt werden und deshalb eines erfolgreichen Ausgangs gewiss sein können. Mit ihrem Handeln waren sie nicht auf sich allein gestellt oder auch nur in Distanz zu Gott.

Fools Crow dachte darüber ebenso, und auch er wurde gelehrt, dass die Höheren Mächte die Welt in einer besonderen Weise mit dem Feuer gesegnet haben. Er sagte: »Seit Anfang der Zeit hat unser Stamm gewusst, dass die von uns entzündeten Feuer ein kleines Stück der Sonne sind, und als solches bringen sie selbst die Wärme von *Wakan Tankas* Gegenwart direkt auf die Erdoberfläche. Die Vulkane erinnern uns an diese Wahrheit und daran, wie viel Urgewalt und Stärke wirklich im Feuer steckt. Das Feuer verbirgt sich in allem und jedem, da alles verbrannt werden kann. Wo immer das Feuer ist, da ist auch *Wakan Tanka,* und deswegen ist das Feuer auch bei allen unseren Zeremonien dabei. Wenn dann der Rauch aus dem Feuer aufsteigt, geben wir unsere Dankgebete – wie einen Brief in einen Umschlag – in den Rauch hinein, damit sie zu *Wakan Tanka* und Seinen Helfern hinaufgetragen werden.«

»Glaubst du wirklich, dass die Vulkane hier auf der Erde erschaffen wurden, um uns an die Kraft des Feuers zu erinnern?«

»Wenn wir glauben, dass es so ist, dann ist es auch so. Macht es einen Unterschied, ob ein Wissenschaftler der gleichen oder einer anderen Meinung ist? Die Menschen reagieren auf das, was sie glauben, und leben dementsprechend. Durch die Glaubensvorstellungen wird das in Gang gesetzt, was für unsere Beziehung zu *Wakan Tanka* getan werden muss. Was nützt das Wissen eines Wissenschaftlers ihm denn in Beziehung zu *Wakan Tanka*?«

»Wenn doch *Wakan Tanka* im Feuer anwesend ist, wieso musst du die Gebete dann zu ihm hinaufsenden?« fragte ich.

---

[67] Zeremonialraum der Puebloindianer mit einer heraufführenden Leiter als Aufstiegssymbol. (Anm. d. Übers.)

»Ich sitze hier«, antwortete er. »Ich bin anwesend. Aber mein Körper gibt auch Hitze von sich, und wenn ich dir nahe komme, dann spürst du diese Wärme. Du spürst mich, und das ist ein Teil meiner Anwesenheit. So ist es auch mit *Wakan Tanka*. Sein Körper strahlt genauso Hitze ab wie unser Körper, nur handelt es sich um eine viel größere Art der Hitze. Es ist eine große Kraft in ihr. Die Sonne und das Feuer sind Wege, um sie uns näher zu bringen und sie uns spüren zu lassen, sodass wir dadurch Stärke und Hoffnung gewinnen, ohne zu verbrennen. Es ist wie der brennende Busch, den Moses in der Wüste sah.«

Ich musste innerlich schmunzeln, wie er die von den Priestern erzählten biblischen Geschichten aufgegriffen hatte und sie auf sein eigenes Verstehen spiritueller Angelegenheiten anwendete. Ich nickte einige Male mit dem Kopf, bevor ich fortfuhr. »Dann gibt sich *Wakan Tanka* also auf zwei Arten zu erkennen: durch seine konkrete Gegenwart und durch die Erfahrung seiner Anwesenheit?«

»Ja, aber er ist niemals in dem Sinne anwesend, dass seine gesamte Person gekommen ist, um bei uns zu sein. Er sendet uns lediglich eine Kraft, damit wir wissen, dass er mit uns ist.«

»Kommt uns in Sonne und Feuer sein Wesen so nahe, wie es nur möglich ist?«

»Nein. In einem Kristall gelangt es direkt zu uns und berührt uns. Kristalle sind ganz besondere Steine. Ihnen wurde eine ungewöhnliche Kraft verliehen. Ihre Klarheit [Durchsichtigkeit] ermöglicht es *Wakan Tanka* und den Helfern, uns Botschaften durch sie zu senden. Sie gleichen einem Kabel, durch das Elektrizität und Telefongespräche übertragen werden.«

»Warum bist du der Ansicht, dass *Wakan Tanka* einen Kristall benötigt? Du hast mir erzählt, dass er manchmal direkt zu dir spricht«, sagte ich.

Ohne im Geringsten zu zögern, antwortete Fools Crow: »Er braucht keine Kristalle, wir brauchen sie. Die Werkzeuge, die er uns gibt, sind ein Teil unseres Eintauchens in die Gemeinschaft und Kommunikation mit ihm. Die Kristalle werden uns zu unserem, nicht zu seinem Vorteil gegeben. Wir sind es, die sowohl die erforderliche Zeit als auch die Werkzeuge benötigen, damit wir unseren Geist, unser Herz und den Körper sammeln können, während wir uns mit *Wakan Tanka* und den Helfern verständigen.«

»Ich habe bemerkt, dass du deinen Kristall immer in der Sonne oder über dem Feuer oder einer Kerze erwärmst, bevor du ihn zu irgendetwas verwendest«, sagte ich.

»Dadurch wird die Wärme von *Wakan Tanka* und den Helfern aufgenommen und näher gebracht, als es sogar ein Feuer vermag. Der Kristall kann Sie gerade-

Fools Crow mit Kristall und Sonne

wegs zu dem Menschen bringen, der Erleuchtung, Behandlung oder Heilung benötigt. Du hast gesehen, dass ich den Kristall dazu benutze, um in eine Person hineinzuschauen, um die Ursachen herauszufinden und Medizin- oder Heilungskraft hineinzuspiegeln. Dazu lege ich den Kristall auch direkt auf die Haut des Patienten. Er erhält dadurch Kraft, Ermutigung und Hoffnung.«

Tatsächlich kam ich in den privilegierten Genuss, Fools Crow bei der Anwendung seines Kristalls zur Erleuchtung, Behandlung und Heilung zu beobachten. Um zu erleuchten, drückte er ihn gegen die Stirn des Patienten, gegen seine eigene, wenn er selber persönliche Hilfe wollte. Dazu erklärte er, dass die erhaltene Information durch den Kristall in seinen Geist hinein fliesse. Zum Behandeln hielt er den erwärmten Kristall von der Seite zwischen den Zeigefingern und Daumen beider Hände und schwenkte ihn über den Körper des Patienten, um Sonnenlicht in ihn hineinzureflektieren. Dann presste er den Kristall mit einer Stempelbewegung leicht gegen den Körper des Patienten. Er berührte verschiedene Stellen vorne, hinten und an den Seiten. Während er das tat, sang Fools Crow immer seinen Steingesang und schaute ab und an zu dem Wohnort der Höheren Mächte auf. Gewöhnlich schrie der Patient schmerzerfüllt auf, wenn Fools Crow eine empfindliche Stelle berührte. Manchmal, wenn er bestimmte Stellen berührte, strahlte der Kristall ein sanftes Schimmern aus, dessen Farbe je nach dem Problem variierte. Falls nichts dergleichen passierte, hielt er ab und zu inne und beugte sich nach vorn, um durch den Kristall hindurch in den Körper des Patienten zu schauen. All dies diente dazu, um nach der Krankheit und ihrer Ursache zu suchen. Früher oder später entdeckte Fools Crow auf diese Weise, was diese waren. Dann wickelte er sich gewöhnlich ein, um herauszubekommen, wie sie zu behandeln seien.

Fools Crow benutzte nur einen einzigen Kristall, einen klaren und nicht sonderlich schönen Quarzkristall von mittlerer Größe – und auch den setzte er nur sparsam ein. Er verwendete keine farbigen Steine, wie es viele der New-Age-Leute tun. Einmal schleppte ihm einer meiner Freunde eine umwerfende Sammlung bunter Steine in einer prächtigen Holzkiste an. Fools Crow starrte sie an, als könnte er sich nicht vorstellen, warum jemand Gefallen daran haben könnte, sich eine solche Sammlung zuzulegen. Mein Freund war darüber ziemlich bestürzt, und schon bald fand sich ein Käufer für die Steine.

Ich fragte Fools Crow, woher er seinen Kristall habe, und er sagte, Stirrup habe ihm den Kristall gegeben und ihn auch in seiner Anwendung unterwiesen.

»Ließ Stirrup dich dabei sein, wenn er Patienten kurierte und heilte?« fragte ich.

»Sehr oft, es gehörte zu meiner Ausbildung. Zuerst verbrachte ich eine ganze Woche mit ihm, und danach bat er mich, zu kommen und zu beobachten, wie er Leute behandelte.«

»War Stirrup ein heiliger Mann oder ein Medizinmann?«

»Er war ein heiliger Mann und ein Lehrer von der besten Sorte. Er liebte jeden, genau wie ich auch, und seine Schüler und Patienten reagierten immer darauf.«

»Stirrup hatte also noch andere Schüler außer dir?«

»Vor mir und nach mir.«

»War Stirrup auch ein Krieger?«

»Es gab Zeiten, in denen er gezwungen war, genau wie Black Elk unser Volk zu unterstützen. Mit Ausnahme der Schlacht gegen General Custer waren wir gewöhnlich zahlenmäßig unterlegen, und alle Männer mussten kämpfen.[68] Aber Stirrup erzählte mir, dass er den Kampf nicht mochte, da er einen wirklichen Frieden in noch weitere Ferne rückte.«

Ich kam auf das Thema der Sonne, des Feuers und der Kristalle zurück und fragte Fools Crow, was diese drei Dinge zusammen für ihn bedeuteten. Er musste eine Weile darüber nachdenken und verwickelte sich dann mit Dallas in eines dieser langen, in Lakota geführten Gespräche, von denen ich irritierenderweise nur sehr wenig verstand. Ab und zu pflegte Dallas die Diskussion zu unterbrechen, dann wandte er sich mir mit einem gut gelaunten Lächeln zu und erklärte ein wenig von dem, was er mit Fools Crow besprochen hatte. Daraufhin bat er um meine Antwort. Er gab sie an Fools Crow weiter, woraufhin ihre Diskussion weiterging. In diesem Falle schließlich fasste Dallas alles in einer Antwort zusammen, die wie einzelne chinesische Schriftzeichen eine Unmenge von Dingen bedeuten können.

»Nähe«, meinte Dallas, »er sagte Nähe.«

»Und dafür habt ihr zwanzig Minuten lang geredet?« brach es aus mir heraus.

Dallas war mit sich zufrieden und grinste über das ganze Gesicht. Es freute ihn immer, wenn er etwas so treffend zusammenfassen konnte. »Okay«, lenkte er ein, »Fools Crow sagte, dass die Sonne, das Feuer und die Kristalle der Weg sind, auf dem *Wakan Tanka* näher und näher zu uns gelangt und uns sogar berührt. Dadurch können wir ihn in einer wundervollen Weise spüren und bekommen dadurch einen großen Auftrieb.«

»Einen großen Auftrieb, sagte Fools Crow das?«

»Das sind meine Worte«, erwiderte Dallas und warf triumphierend den Kopf in den Nacken. »Ich denke, das drückt es aus.«

Ich hatte angefangen, Dallas zu mögen. Er war ein großartiger Kerl und ein außergewöhnlicher Freund. Mir lag nichts daran, ihn zu ändern. Zur Erinnerung daran wählte ich seine Zusammenfassung zum Titel für dieses Kapitel.

Fools Crow fühlte sich vernachlässigt und hob die Hand, um uns zu unterbrechen. »Erzähle in deinem Buch den Leuten, dass sie sich an die Nähe von *Wa-*

---

68) Schlacht am Little Big Horn 1876, wo 600 Armeesoldaten unter der Leitung von General Armstrong Custer von den Lakota und ihren Verbündeten aufgerieben wurden. Unter anderem nahmen Crazy Horse, Black Moon, Two Moons und Sitting Bull an der Schlacht teil. Trotz der gewonnenen Schlacht verschlechterten sich die Lebensbedingungen für die Indianer rapide. (Anm. d. Übers.)

kan Tanka erinnern und darüber nachdenken sollen. Wenn sie in dieser Weisheit leben, wird sie ihnen immerwährende Stärke und Hoffnung schenken.«

Mann in Zeremonialkostüm und mit Maske

14 Widerstrebend Abschied nehmen

In seiner Gedächtnisrede anlässlich Fools Crows Begräbnis sprach Russell Means, einer der Führer des American Indian Movement, Fools Crow das Verdienst zu, den heiligen Ritus des »Geistbewahrens« zu den Sioux zurückgebracht zu haben. Das ist zweifellos richtig, nur erwähnte Fools Crow mir gegenüber nie, dass ihm diese Ehre gebühre. Alice C. Fletcher beschreibt diesen bedeutungsvollen Ritus in »Die Schatten- oder Geisterhütte«.[69] Frances Densmores Informanten berichten auch von einer, wie sie es nennt, »Zeremonie des Geistes«.[70] Joseph Epes Brown behandelt Black Elks ausführliche Darstellung des Ursprungs des Ritus unter den Überschriften: »Das Zurückhalten der Seele« und »Die Freilassung der Seele«.[71] In meinen Büchern *Sundancing* (Sonnentanzen) und *Geheime indianische Pfade* berichte ich davon unter der Überschrift: »Das Zurückhalten von Geistern«.[72]

Das Geistbewahren ist ein Weg der Sioux, sich auf die guten Gedanken und die Liebe zu einem Verstorbenen zu konzentrieren, von denen die daran Beteiligten erfüllt sind. In früheren Zeiten war es weit verbreitet. Aber in den Augen der ersten Missionare war das Ritual heidnisch, und sie versuchten, ebenso wie bei anderen Riten der indigenen Amerikaner, dessen Ausübung zu verhindern. 1890 wurde ein Gesetz verabschiedet, das dessen Durchführung untersagte. Heutzutage wird es nur mehr selten abgehalten, dennoch wurde mir die Ehre zuteil, am 3. Juli 1975 im Rahmen eines Sonnentanzes in Rosebud einen Teil davon zu sehen. In diesem

---

69) Fletcher, 1884, *The Shadow or Ghost Lodge* Nummern 3 und 4. Sie nennt es »Das Aufbewahren der Seele« (»The Keeping of the Soul«).

70) Densmore 1918, Seiten 77-84.

71) *Die heilige Pfeife*, 1982, Seiten 21-46. (*The Keeping of the Soul* und *The Release of the Soul*, Anm. d. Übers.)

72) Mails verwendet den Begriff »Spirit Keeping« in *Secret Pathway*, deutsche Ausgabe *Geheime indianische Pfade*, 1991, Seiten 273-275. Im *Sundance*-Buch findet sich jedoch keine solche Überschrift. W. Haberland erwähnt in seinem Buch *Ich, Dakota, Pine Ridge Reservation 1909*, Reimer 1986, auf Seite 97 die »Ixtahepi wakichagha«-Zeremonie und übersetzt sie mit »Das Behüten eines Geistes in einem Tag vollendet haben«. (Anm. d. Übers.)

besonderen Fall verstarb eine junge Frau, für die 1974 eine spezielle Heilungszeremonie durchgeführt worden war, kurz vor dem Sonnentanz des Jahres 1975. Weil sie aber nun gelobt hatte, am Tanz teilzunehmen, falls sie den Juli 1975 erleben würde, hielt eine enge Freundin bei dem Tanz eine Zeremonie zur Geistbewahrung ab, um ihr Versprechen zu erfüllen.

Das Geistbewahren ist einer der sieben Riten, die den Sioux durch White Buffalo Maiden[73], die auch *Die heilige Pfeife* brachte, gegeben wurde. Es wird für einen geliebten Verstorbenen abgehalten, meistens für ein Kind oder einen Jugendlichen, und es dient einem doppelten Zweck: die gebrochenen Herzen zu trösten, indem der Geist oder die Seele des verstorbenen Menschen für einen bestimmten Zeitraum auf der irdischen Ebene festgehalten wird; und die guten Gedanken sowie die Liebe und die Einheit innerhalb der Sioux-Nation zu fördern.

Die Rolle des Geisthüters verlangt beträchtliche Opfer. Wer so etwas auf sich nehmen will, muss über ein gutes Ansehen verfügen und bereit sein, sich während der Zeremonie, die bis zu einem Jahr dauern kann, von allen weltlichen Angelegenheiten und Verwicklungen loszulösen. Während dieser Periode konzentriert sich der Hüter auf den zentralen Zweck dieses Rituals, den Zeitraum der Trauer durch beständiges Beten zu verlängern. Das Geistbewahren lässt den Abschied für die Familie und Freunde erträglicher werden. Nachdem die traditionellen Reinigungsrituale in der Reinigungshütte durchgeführt worden sind, werden eine Haarlocke des Verstorbenen und mehrere andere kleine Gegenstände aus seinem Besitz in ein exotisch anmutendes Geistbündel gepackt, das einen Ehrenplatz in dem Haus des Bewahrers bekommt. Ein Geistpfahl wird aus dem Holz des Cottonwood-Baumes geschnitzt, mit einem Gesicht bemalt, das den Verstorbenen darstellt, und für die Dauer der Zeremonie aufrecht in den Boden vor dem Haus des Bewahrers aufgepflanzt. Bei der Freilassungszeremonie werden das Bündel und der Pfahl mit Gebeten begleitet der Sonne entgegen gehalten, und dann wird der Geist mit weiteren Gebeten zu *Wakan Tanka* geschickt.

Frank und ich sprachen nicht sonderlich viel über seine Ansichten, was nach dem Tod geschieht, obwohl er in seinen Heilungszeremonien mit seinen Patienten über den Tod und auch über die Vorbereitung darauf sprach. Er ruhte in dem Glauben, dass die Getreuen auf direktem Weg zu *Wakan Tanka* gehen. Vor dem Tod zeigte er keine Furcht, und er ließ sich von den römisch-katholischen Priestern

---

73) White Buffalo Maiden = Weiße Büffel-Frau, auch Weiße Büffelkalb-Frau, Weiße Büffelkuh-Frau oder Calf Pipe Woman genannt, auf Lakota: *Ptesan-win*. (Anm. d. Übers.)

nicht die Lehren über Fegefeuer und Hölle aufdrängen (der Fairness halber bemerke ich hier, dass die römisch-katholischen Priester in den Vereinigten Staaten anscheinend auch nicht allzu viel über das Fegefeuer sprechen). Fools Crow war der Meinung, dass die Menschen die meisten ihrer Probleme hier auf Erden selbst hervorbringen, indem sie es unterlassen, auf *Wakan Tanka* und die Helfer zu vertrauen. Während einer Unterhaltung bestritt er rundweg, dass es so etwas wie eine Wiedergeburt geben könnte. »Wir sind auf dieser Erde geboren«, sagte er, »und wir sterben hier, und danach gehen wir, um für immer bei *Wakan Tanka* zu sein.« Falls er irgendwelche Ideen über ein Familientreffen im Himmel hegte oder darüber, dass die Sioux dort in einem großen Camp leben, so wie es Black Elk vorschwebte, sagte er jedenfalls nichts darüber. Natürlich nehme ich an, dass er glaubte, ein Zusammensein mit *Wakan Tanka* bis in alle Ewigkeit wäre das, wonach wir mehr als alles andere trachten sollten, und ich denke, er würde sagen, dass wir uns möglicherweise nichts anderes wünschen werden, wenn wir einmal ganz und gar mit *Wakan Tanka* und *Tunkashila* zusammen sind – auch nicht die Fortsetzung des Lebens, wie wir es hier auf der Erde führen.

Während eines Gesprächs über Heilung fragte ich ihn nach seiner Ansicht darüber, ob die Rassen ihre ursprüngliche Farbe beibehalten würden, wenn sie zu *Wakan Tanka* gingen.

»Nein«; sagte er und setzte wie immer sein verschmitztes Lächeln auf, wenn er einen Witz losließ, »wir werden alle eine Hautfarbe haben.«

Aus den Augenwinkeln sah ich, wie Dallas sich anschickte, vergnügt in das einzusteigen, was Fools Crow offenbar vorhatte. »Und die wäre …?« fragte ich rhetorisch und war sicher, seine Antwort würde »Rot« lauten.

»Orange!« prustete er hervor und bog sich vor Lachen. Als er und Dallas sich endlich beruhigt hatten, fügte Fools Crow hinzu: »Es muss eine Farbe sein, die keiner von uns jetzt hat.«

Ich erzählte Fools Crow, auf welche Weisen die Pueblo- und Cherokee-Indianer die Toten zurückrufen, und fragte ihn, ob die Sioux dies auch machten. Seine Antwort war, dass er so ein Zurückrufen zwar für möglich hielt, er selbst aber nicht gelehrt hatte, so etwas zu tun, und er auch keinen Sioux-Medizinmann kannte, der das vermochte. Er erinnerte sich an Berichte, dass beim Geistertanz von 1890 die in Trance geratenen Sioux in ihren bemalten Geisterhemden ihre Ahnen zusammen mit den Büffelherden ins Leben zurückkommen sahen, aber mehr wusste er auch nicht. Abschließend merkte er an, dass den Sioux und anderen Indianern nur tragische Probleme aus dem Tanz erwachsen seien.

Fools Crow mit Totengeist

Das Bewahren der »Seele« oder des »Geistes« – je nachdem wie man es nennen möchte – ist etwas einzigartig Bedeutungsvolles für das Volk der Sioux gewesen, und ich empfehle jedem, die betreffenden von mir angeführten Quellen zu lesen. Es ist herzerwärmend, sich vorzustellen, dass Menschen sich so innig lieben und eine Trennung nicht ertragen können, bis sie unabwendbar wird. Sie können sicher sein: Wäre mir Fools Crows Rolle bei der Wiedereinführung des Rituals früher bekannt gewesen, hätte ich versucht, von dem alten heiligen Mann mehr darüber zu erfahren. Insbesondere hätte ich gerne gewusst, warum er glaubte, dass dieser Ritus es verdiente wieder eingeführt zu werden und weitergeführt werden sollte. Basierend auf den Erfahrungen, die ich über lange Jahre mit ihm gemacht habe, kann ich mir vorstellen, wie seine Antwort gelautet hätte: »Das Geistbewahren ist der Ausdruck einer wahren Liebe«, hätte er wohl gesagt, und weiter: »Es ist ein Weg, um persönliche Liebe auf solche Weise zu zeigen, dass niemand deren Tiefe und Ernsthaftigkeit bezweifeln kann. Das Zurückhalten des Geistes ist eine Art, auf sehr poetische Weise zu bekräftigen, dass unsere gemeinsamen Jahre so erfreulich gewesen sind, dass ich es nicht ertragen kann, dich gehen zu lassen. Obwohl ich weiß, dass es geschehen muss, gib mir etwas Zeit, um mich an den Gedanken zu gewöhnen. Vielleicht bin ich in sechs Monaten oder einem Jahr so weit und kann es akzeptieren.«

Sollte meine Spekulation Fools Crows Standpunkt treffend wiedergeben, dann wäre die Geistbewahrungszeremonie ein Schlag ins Gesicht des typischen Bildes vom rückständigen und unzivilisierten indigenen Amerikaner. Stattdessen fordert uns der Geistbewahrungsritus dazu heraus, ihre damalige Lebensweise genauer anzuschauen, und falls wir es tun, werden wir eine Dimension erkennen, die bislang ignoriert wurde – eine Zärtlichkeit und eine Fürsorge, die ein anderes Licht auf unsere eigenen Beziehungen werfen: Leben wir mit anderen in Eintracht? Was suchen wir in zwischenmenschlichen Beziehungen? Ist es die höchste Stellung? Ist es Gleichheit? Oder ist es, andere über uns zu stellen?

Um zu verstehen, worauf es beim Geistbewahren ankommt, müssen wir nur die Herausforderung annehmen und unseren eigenen Geistpfahl für jemanden machen, von dem wir annehmen, dass wir ihn lieben. Dann können wir uns selbst darüber ein paar Fragen stellen. Welche Gestalt wird der Pfahl bekommen? Wie viel Sorgfalt legen wir bei seiner Herstellung an den Tag? Was werden wir daran befestigen, um unsere Gefühle auszudrücken? Welche Opfer an Zeit, um bei ihm zu wachen, und an Nahrungsmitteln, um ihn zu speisen, wird er uns wert sein? Wie weit werden wir gehen, um die Tiefe unserer Liebe zum Ausdruck zu bringen?

Und, wenn das Jahr des Bewachens vorüber ist, werden wir die Freilassung der Seele zu einem angemessenen Tribut an die gemeinsam geteilte Liebe machen?

Was ist der Kern des Geistbewahrens? Es ist die Art und Weise der Sioux, um widerstrebend Abschied zu nehmen. Es ist die Art des Abschiednehmens, die einer Verbundenheit Ausdruck gibt, wie ich sie für meinen Freund Fools Crow empfinde. Er verdient sicherlich einen herrlichen Geistpfahl und herrliche Geistbündel. Wenn ich heute darüber nachdenke, so hat sich Fools Crow vielleicht mit mir zusammengetan, um seinen eigenen Geistpfahl und sein Geistbündel in meinen Büchern über ihn zu hinterlassen. Gewiss aber stellen sie eine Möglichkeit dar, den Alten Herrn der Heiligen Männer greifbar nahe zu haben – nicht nur für ein Jahr, sondern für immer.

Fools Crow im traditionellen Kostüm auf Bergstumpf

15 Das Ende und der Anfang

Schon mehr als ein Jahr vor seinem Tod kursierte das Gerücht, Fools Crow sei gestorben. Leute begannen mich anzurufen und erzählten mir davon, aber meine Nachforschungen ergaben, dass er noch am Leben war. Für eine Weile mag er sich jedoch gewünscht haben, dieses Gerücht wäre wahr gewesen. Tatsächlich waren eine oder mehrere unbekannte Personen während seiner Abwesenheit in sein Haus eingebrochen und hatten seine ganze Habe, außer einem Feldbett und den Sachen, die er am Leib trug, entwendet. All seine Kostüme, Essen, Bettzeug, Kleidung und Möbel waren fort, und der Alte Herr der Heiligen Männer blieb tief unglücklich zurück. Seine Verwandten brachten ihn in einem klapprigen Wohnwagen auf dem Grundstück seiner Tochter unter, das allerdings nicht erschlossen war und keinen Brunnen besaß. Hier fand ihn Dik Darnell, dem gleichen Gerücht auf der Spur wie ich. Fools Crow saß auf dem Feldbett, allein und auf eine für ihn ganz untypische Weise mutlos. Einige von uns machten sich daran, einen Brunnen zu graben, und verhalfen ihm zu den anderen notwendigen Dingen, sodass er sein Leben in einiger Behaglichkeit beenden konnte.

Gemeinsame Freunde wie Buddy Red Bow, die ihn nach dem Diebstahl aufsuchten, berichteten mir, er habe ihnen gesagt: »Bald kommt der Wagen für mich«, womit er seine Ahnung von dem bevorstehenden Tod ausdrückte. Er hatte tatsächlich schon seit einigen Jahren gewollt, dass es so kommt, und hatte es mir gegenüber mehrere Male erwähnt. Viele, die von dem Einbruch hörten, verstanden nicht, wie so etwas einem großartigen, respektierten und liebenswerten Menschen wie Fools Crow passieren konnte. Sie wissen einfach nicht, wie miserabel das Leben für die meisten Bewohner von Pine Ridge, Rosebud und einigen anderen Reservaten geworden ist. Verbrechen jeglicher Art sind heutzutage nichts Ungewöhnliches, und die Kriminellen machen vor niemandem halt. Gewöhnlich wird die Gesetzlosigkeit durch Alkoholismus und Armut hervorgerufen, und die Tatsache, dass so etwas Fools Crow passierte, mindert auf keinen Fall den ihm entgegengebrachten allgemeinen Respekt. Sein Begräbnis und die Trauerfeiern haben dies deutlich bewiesen.

Jedoch waren der oder die Einbrecher unglücklicherweise nicht die Einzigen, die den großen alten Mann schäbig behandelten. Als 1989 ein Museum und eine Galerie in den Black Hills eröffnet wurden, war Fools Crow, als ein bedeutender Repräsentant der Sioux, unter den eingeladenen Gästen und für eine Rede vorgesehen. Ich selbst war einer der zur Teilnahme an der ersten jährlichen Gruppenausstellung eingeladenen Künstler. Glücklicherweise sagte ich ab, und ich wünschte, Fools Crow hätte es ebenfalls getan. Indigene Amerikaner, welche die Ausstellung besucht hatten, erzählten mir, dass er in einer beschämenden Art und Weise behandelt wurde. Sie schickten den empfindsamen und liebenswerten achtundneunzigjährigen Mann nach Zirkusmanier und in einem geliehenen Kostüm auf die Bühne. Das Ganze dauerte nur ein paar Minuten. Sie gaben ihm keinerlei Gelegenheit, etwas Bedeutsames zu sagen, führten ihn ohne Zeremoniell von der Bühne und ignorierten ihn danach völlig. Ich bin froh, dass ich nicht dabei war, um es mit anzusehen, und nicht so handeln musste, wie ich unzweifelhaft reagiert hätte. Es gibt schon seltsame Gestalten auf dieser Welt.

Wegen eines Augenproblems war ich bei einem Augenarzt in Behandlung und konnte deshalb bei den Beerdigungszeremonien für Fools Crow nicht anwesend sein, aber einige Freunde erzählten mir liebenswerterweise davon.[74]

Wie mir berichtet wurde, starb Fools Crow einen ruhigen Tod in dem Haus seiner Enkel irgendwann in der Nacht zum Montag, dem 27. November 1989. Draußen tobte ein Schneesturm. Wenn er ihn hörte, hat er vielleicht in sich hineingelacht, der Tatsache eingedenk, wie viele Male er gegen den grimmigen Kältemacher gekämpft und gewonnen hatte. Da er im Juni 1890 geboren wurde, hätte er das ehrbare Alter von einhundert Jahren erreicht, wenn er noch weitere sieben Monate gelebt hätte – das sind achtundfünfzig Jahre mehr, als die durchschnittliche Lebenserwartung der indigenen Amerikaner beträgt, die heutzutage in den Reservaten Pine Ridge und Rosebud leben. Wie erreichte er ein solch hohes Alter? Die Antwort ist klar. Es rührte von der wunderbaren Art seiner spirituellen Lebensführung her und sicherlich auch von *Wakan Tankas* Segen, da die Höheren Mächte niemals einen treueren Diener gehabt haben.

Der erste Anruf erreichte mich von Dik um acht Uhr morgens kalifornischer Zeit. »Großvater ist gegangen«, sagte er. Wir unterhielten uns nur für ein paar Mi-

---

74) Hauptsächlich verdanke ich Richard Carey die Informationen über das Begräbnis.

nuten, versicherten uns, froh zu sein, dass es vorbei war und der Wagen schließlich angekommen war. Einige Anrufe gingen noch an diesem und den nächsten Tagen ein, auch ein Anruf von Buddy war dabei. Ich erklärte jedem Anrufer, dass ich mich ihnen wegen des Augenproblems nicht zur Beerdigung anschließen konnte, aber ich denke auch nicht, dass es Frank etwas ausgemacht haben würde. Wir hatten uns schon lange zuvor widerstrebend verabschiedet. Da gab es zudem etwas, das ich nicht gern mit angesehen hätte – wie Fools Crow in einem blauen Polyesteranzug statt in seinem zeremoniellen Wildlederkostüm zur letzten Ruhe gebettet wurde und ohne einen seiner Medizingegenstände, um ihn in die geistige Welt zu begleiten.

Natürlich möchte ich niemanden aus Pine Ridge dafür tadeln, denn unter den gegebenen Umständen machten sie das Beste aus der Situation. Was geschehen war, ist geschehen und damit nicht mehr zu ändern. Das großartige Begräbnis, das sie ihm zu Ehren bereiteten, ist ein gewisser Trost dafür.

Unmittelbar nach dem Sturm wurde das Wetter unglaublich schön. Ich stelle mir vor, dass der Schneesturm absichtlich hindurchzog und tobte, um sein Ableben zu markieren. Es war der letzte Salut des Kältemachers für Fools Crow, und bald darauf kehrte die Sonne zurück, wie zur Wintersonnenwende, um den Kältemacher auszutreiben. Am Montag war der Himmel klar und das Wetter so warm, dass die Menschen im Pullover herumlaufen konnten.

Eine Gedenkfeier wurde in der Turnhalle der Little Wound School in Kyle abgehalten, wo Fools Crow auf einem Büffelfell in einem offenen Sarg aufgebahrt lag. An einem Ende der Halle stand ein großes, weißes, leeres Tipi und an beiden Enden des Sarges bargen Tische und Gestelle Erinnerungsstücke und Gaben, die nach der Beerdigung bei einer Schenkzeremonie verteilt wurden. Dass irgendetwas davon Fools Crow gehörte, bezweifele ich. Viel wahrscheinlicher ist, dass es von der Familie und von Freunden zusammengetragen wurde. Hinter dem Sarg stand eine ausgefahrene Leiter, über die eine Decke gehängt worden war. Über der Decke schwebte ein ausgestopfter Steinadler mit ausgebreiteten Schwingen. Entlang der Wand war ein Seil in Kopfhöhe gespannt und mit einem Dutzend oder mehr Sternendecken behängt worden. Die Luft war durchdrungen vom Geruch brennenden Salbeis.

Während Samstagnacht, Sonntag und Montag waren zwischen fünf- und siebenhundert Trauergäste, die meisten von ihnen indigene Amerikaner, zeitweilig anwesend. In jüngerer Zeit hat wohl kein größeres traditionelles Begräbnis in Pine Ridge stattgefunden.

Die Trauerfeierlichkeiten sollten ursprünglich in der Kirche der bekennenden Episkopalgemeinde stattfinden, die etwas außerhalb von Kyle auf einem grasbewachsenen Hügel liegt. Aber sie war von den Räumlichkeiten her viel zu klein, um alle angereisten Besucher aufzunehmen, also wurde die Gedenkfeier in die Turnhalle verlegt. Die Trauergäste saßen entweder auf der Zuschauertribüne oder auf Klappstühlen und schwatzten miteinander, so wie es Trauernde tun. Dennoch war die Atmosphäre voller Ehrfurcht. Sich anbietenden Trauergästen, sowohl indigenen Amerikanern als auch Weißen, wurde erlaubt, abwechselnd neben dem Sarg als Ehrenwache mit Federstäben in der Hand zu stehen, sodass Fools Crow nie unbewacht war.

Die Anwesenden teilten miteinander ein traditionelles Mahl aus getrocknetem Büffelfleisch und auch gekochtem Hund, das von einem Yuwipi-Medizinmann dargereicht wurde. Hundefleisch ist ein regulärer Bestandteil einer traditionellen Yuwipi-Zeremonie.

Der AIM-Führer Russell Means hielt eine Rede, von der Richard Carey zu berichten weiß, dass es »eine beeindruckende Rede war, die es wert ist, festgehalten zu werden«. Er erwähnte, dass die Geistbewahrungs- und Sonnentanzzeremonien von der Regierung der Vereinigten Staaten per Gesetz 1890 verboten worden waren, und er rechnete es Fools Crow als Verdienst an, sie wieder zurück in die Öffentlichkeit gebracht zu haben.[75] Means sagte auch, dass Fools Crow der Meinung war, dass die Jugendlichen in den Sioux-Reservaten es nicht verdienten das Wissen zu erhalten, das sie erhalten könnten, wenn sie gemäß den Traditionen leben würden. Auch dass die Besetzung von Wounded Knee ein friedliches Ende fand, schrieb Means Fools Crow zu. Er schloss damit, dass er darlegte, »Großvater Fools Crow« habe ein Erbe hinterlassen, indem er durch sein Leben gezeigt habe, wie schön die indigenen Amerikaner als ethnische Gruppe gewesen sind, und er forderte, dass man Indianern, wo auch immer sie zur Schule gingen, von Fools Crow berichten sollte.[76]

---

75) Meine Bücher über den Sonnentanz *Sundancing* und *Das Leben des Fools Crow* enthalten Informationen über Fools Crows Rolle bei der Wiedereinführung des Sonnentanzes für öffentliche Zwecke einschließlich des »Piercing«, dem Durchstechen des Fleisches.

76) Die Rolle von Fools Crow bei der Beendigung der Besetzung ist ausführlich in dem Buch *Fools Crow* auf den Seiten 191-193 beschrieben. (Deutsche Ausgabe: *Das Leben des Fools Crow*, Seiten 257-259.)

Auf Diks Vorschlag hin rief Richard das Weiße Haus an, um Präsident Bush vom Tod Fools Crows in Kenntnis zu setzen. Es heißt, Bush habe geantwortet und per Telegramm der Familie von Fools Crows Tochter kondoliert.

Das Trommeln begann, als Fools Crows Sarg aus der Turnhalle auf einen hölzernen Wagen umgeladen wurde, der ihn zu seinem Begräbnisplatz fahren sollte. Auf der rechten Seite des Wagens steckte ein Coup-Stab[77] und er wurde von zwei fast identischen braunen Pferden mit weißen Flecken auf den Nasen gezogen. Der Wagen war grün gestrichen und hatte große orangefarbene Räder. Der Sarg selbst war mit einer bunten Sternendecke drapiert, und quer darüber lag eine gefaltete Pendleton-Decke.

Ein Krankenwagen führte die Begräbnisprozession auf dem acht Kilometer langen Weg zum Friedhof der Episkopalkirche an, und der Leichenzug erstreckte sich über fünfeinhalb Kilometer. Dahinter fuhr ein Pritschenwagen mit Trommlern und Sängern, die traditionelle Begräbnislieder sangen und dazu einen langsamen Paradeschlag trommelten, und mit trillernden Frauen. Hinter dem Wagen ritten zwei Männer auf Pferden und trugen Zeremonialstäbe. Sie wurden von einem weißbraun gefleckten Pferd gefolgt, das anstelle eines Reiters eine mit rotem Band gesäumte Sternendecke trug. Eine Federhaube aus weißen Federn mit schwarzen Spitzen stand aufrecht auf der Decke.

Sechzig Männer ritten in einer doppelten Reihe hinter dem Pferd, denen die Familienmitglieder in einer Limousine folgten, sowie weitere Trauergäste in privaten Autos.

Der Sarg wurde ungefähr um 14:35 Uhr in den Boden hinabgelassen, und kurioserweise wurde Fools Crow, der römisch-katholisch getauft war, auf dem Friedhof der Episkopalkirche nicht etwa vor dem Grab von Kate, seiner zweiten Frau, sondern vor dem Grab seiner ersten Frau Fannie, die 1954 gestorben war, begraben. Die genauen Gründe dafür sind mir nicht bekannt, aber ich habe meine persönlichen Vermutungen, warum es so gemacht wurde. Zum einen zeigt diese Wahl deutlich Fools Crows Hingabe an das traditionelle Leben – dass er sich niemals wirklich der römisch-katholischen Kirche zugehörig fühlte und die Priester aus Pine Ridge dies wussten. Ein anderer Grund mag sein, dass Fools Crows Vater Eagle Bear auf diesem Friedhof begraben lag.

---

77) Ein Coup-Stab (coup stick) ist ein Stab, um einen Feind im Kampf zu berühren. Dieser Tapferkeitsbeweis galt höher als das Töten des Feindes, da das Risiko, selbst zu Schaden zu kommen, größer war. (Anm. d. Übers.)

Als der Sarg aufgebahrt auf den drei Baumstämmen ruhte, die kreuzweise über dem offenen Grab lagen, wurden die letzten Lakota-Begräbnisrituale vollzogen. Ein dreißig Zentimeter tiefes Loch wurde am Fußende der Grube gegraben und mit heißen Steinen aufgefüllt. In der Nähe lag Salbei auf dem Boden, um auf die heißen Steine gestreut zu werden. Etliche Medizinmänner wechselten sich ab, um eine Handvoll Erde auf den Sarg zu legen und dabei auf Lakota zu beten und währenddessen wurde Wasser auf die Steine gegossen und der vom Salbei angereicherte Dampf und Rauch stieg in die Lüfte auf, um Fools Crows Geist und ihre Gebete hoch zu *Wakan Tanka* mitzunehmen.

Ein Medizinmann ging um die Graböffnung herum und reinigte sie, indem er Salbeirauch mit einer Adlerfeder hineinfächelte. Häppchen traditionellen Essens, wie etwa Fry Bread (Pfannenbrot) und Fruchtpudding, wurden ins Grab geworfen. Der Geist dieser Nahrungsmittel sollte Fools Crow auf seiner letzten Reise hin zu *Wakan Tankas* Wohnort begleiten und ernähren. Kurz bevor der Sarg hinabgesenkt wurde, sangen Nellie und Matthew Two Bulls, beide Lehrer an der Red Cloud School in der Ortschaft Pine Ridge, ein Ehrenlied, welches speziell für Fools Crow geschrieben wurde. In diesem Lied sprechen sie von Fools Crow als *Wanbli Mato*, »Adler-Bär«, wie sein richtiger Lakotaname lautete.

Nachdem der Sarg in die Grube hinabgelassen wurde, bedeckten acht mit Federhauben geschmückte Sargträger den Sarg mit einer vielfarbigen Sternendecke. Dann schaufelten die Sargträger unter den Augen von vierhundert weinenden Trauergästen Erde in die Grube. Es war ein wunderschön ausgeführtes Begräbnis mit gebührenden traditionellen Akzenten – ein Begräbnis, das den Alten Herrn der Heiligen Männer mit Stolz erfüllt hätte, wenn er es denn hätte beobachten können. Nun muss nur noch das Grab mit einem passenden Grabstein versehen werden.

Die Trauergäste kehrten zur Turnhalle zurück, wo ein traditionelles Festessen und eine Schenkzeremonie abgehalten wurden.

In einem ausführlichen Nachruf des *Rapid City Journal* vom 28. November hieß es, Fools Crow sei seinen Visionssuchen gefolgt, »die ihn zu einem Leben des Heilens und der Stammesführerschaft leiteten. Er sah«, so der Artikel weiter, »dass Alkoholismus und Eifersucht die größten Flüche für das indianische Volk darstellen.« Der Schreiber zitiert ein Interview aus der Hundertjahrfeier-Ausgabe des *Journals* vom Februar 1989. Darin erzählt Fools Crow, dass ihm klar wurde, wie die Welt sich verändert habe, und dass das Leben nicht mehr so wie früher sei, aber die modernen Probleme müssten »durch Zusammenarbeit und ohne die Traditionen aus den Augen zu verlieren« gelöst werden. Ebenso wurde Fools Crow damit zitiert, dass »wir Frieden und Verständigung und Einheit zwischen Jung und Alt benötigen, egal ob Indianer oder Nichtindianer. Wir müssen alle zusammenstehen, um Ruhe und Frieden im Leben jedes Einzelnen zu erzielen.« Fools Crow, so heißt es weiter, »glaubte daran, dass Respekt, Großzügigkeit, Mut, Wissen und Weisheit die Schlüssel zum Überleben der Lakotakultur seien. Diese Werte werden zu Hause gelehrt. Sie nehmen dort ihren Anfang und werden in die Welt hinaus getragen. Man muss sich erst selbst besser verstehen, bevor man sich anderen verständlich machen kann. Die traditionellen Werte der Lakota helfen uns dabei.«

Da mir Freunde verschiedene, für Fools Crow geschriebene Gedächtnisreden kopierten und zusandten, habe ich bemerkt, dass sie übereinstimmend seine tief gehende Liebe für die gesamte Menschheit erwähnen – für indigene Amerikaner wie für nichtindigene Amerikaner gleichermaßen.

Ich hatte einmal erwähnt, dass ich nicht überrascht wäre, wenn ein »dramatischer Laut« seinen Tod begleiten würde. Leute, die während seines Todes zwar nicht bei ihm, aber in der Nähe waren, sagten, sie hätten nichts dergleichen gehört. Aber sie haben die wahre Bedeutung meiner Äußerung nicht erfasst, die darauf abzielt, dass man ihn im Tod in einer Weise und in einer Dimension hören werde, wie es ihm zu Lebzeiten nicht vergönnt war. So ist es immer gewesen. Jesus bemerkte treffend, dass ein Prophet im eigenen Land nichts gilt. Er musste seine Familie und seine Freunde verlassen, um seine Taten in der Gemeinschaft von Menschen zu vollbringen, die ihn nicht daran hinderten, indem sie seine menschlichen Schwächen beobachteten und sie immer wieder hervorholten. Wir alle kennen vielleicht das Problem, wenn man sich während eines Streites seine vergangenen Fehler und Äußerungen unter die Nase reiben lassen muss. Derart »Eingemachtes« wird sorgfältig aufbewahrt und dazu benutzt, uns auf ein bestimmtes Format zurechtzustutzen oder um einer Situation die Schärfe zu nehmen. Sich dieser Art von Zensur zu entziehen, gelang Fools Crow zwar besser als den meisten anderen, aber auch nicht vollständig. Es gab da immer Eifersucht und politische Rivalen. Da er nun von uns gegangen ist, hat niemand mehr etwas davon, ihn zu erniedrigen. Fools Crows Geschichte und Lehren werden weiter verbreitet, als sie es bislang schon sind. Es wird nicht lange dauern, und sein Name und seine Einsichten werden überall bekannt sein. Er hat mich mit einer ganz neuen Definition der Bedeutung von »Zivilisation« und auch mit einem sehr erweiterten Bild von Gott in Kommunikation mit seiner Schöpfung zurückgelassen.

Die Pfeife, die Fools Crow mir übergab und die er vierzig Jahre lang benutzt hatte, nachdem Iron Cloud sie ihm überreicht hatte, ist im Center for Western Studies am Augustana College in Sioux Falls, South Dakota, ausgestellt. Besucher können sie sich dort ansehen und ich bin zuversichtlich, dass sie beim näheren Betrachten der Pfeife für einige Momente über den großen Alten Herrn der Heiligen Männer nachdenken werden, dessen physisches Ende gekommen ist, dessen Verwegenheit und Wesen aber in all seiner Fülle weiter besteht, um seinen Dienst für *Wakan Tanka* und die Helfer fortzuführen.[78]

Werden die Teton Sioux jemals wieder einen heiligen Mann wie Fools Crow haben? Einige Männer unter ihnen könnten dafür qualifiziert sein – wenn sie überleben und so leben wollen, wie er es tat. Da sind jene, die mit der »Neuen Theologie« in Verbindung stehen, und auch in der Native American Church[79] zeichnen sich interessante Entwicklungen ab. Ich bin gespannt darauf, zu sehen, was uns die Zukunft bringen wird.

---

78) Floyd Looks for Buffalo Hand berichtet in seinem Buch *Learning Journey On The Red Road* (1998) davon, wie Fools Crow ihm seine Pfeife übergab: Als ich vom Militärdienst nach Hause kam, wurde ich wieder im Kreis aufgenommen. Alle meine Großväter beobachteten mich. Dann, eines Tages, stand mein Großvater Fools Crow in der Mitte der Turnhalle der »High School« in Kyle und zeigte auf alle Männer, die da saßen. Alle spirituellen Vermittler und Ältesten dort sagten: »Ich?«. Und er sagte: »Nein.« »Ich?«. »Nein.« Zum Schluss gab es keinen mehr, auf den man zeigen konnte. Ich war der Einzige, der übrig blieb. Und jemand zeigte auf mich, und Fools Crow sagte: »Ja.« Ich erschrak fast zu Tode. »Warum ich?«, dachte ich. »Alle diese Menschen aus meinem Heimatort, alle diese Ältesten von hier, warum gerade ich?«. Dann dachte ich: »Sie könnten Dich auslachen. Sie könnten denken, Du seiest ein heiliger Mann.« Ich konnte es nicht fassen, dass ich auserwählt war. Ich fühlte mich sehr unsicher, denn hier stand ein wirklich bedeutender Mann, auf den sogar Menschen in Washington D.C. hörten. »Da bin ich nun«, dachte ich, »ein Kerl, der in Bars singt, der zu Hause weint, der sich im Bett erbricht, der bewusstlos wird, der sich von einem zum anderen Ort an nichts erinnert, der sich in Raufereien verwickelt. Warum ich?« Aber junge Männer wie ich wurden seit ihrer frühesten Kindheit beobachtet.
Fools Crow stand vor den Menschen in Kyle und sagte ihnen: »Ich werde diesen meinen Beutel der Heiligen Pfeife meinem Enkel hier geben.« Und er flüsterte mir zu: »Alles, worum ich Dich bitte, ist, Dich für die Menschen einzusetzen und für sie zu beten. Aber denke immer daran, dass Du kein heiliger Mann bist. Denke immer daran, dass Du niemals versuchen sollst, einen anderen zu imitieren. Du hast Deine eigene Reise zu vollbringen. Denke immer daran, dass Du zurückschaust, von wo Du gekommen bist. Denke immer daran, dass Du hinunterschaust und die Not Leidenden ernährst – die Vierbeiner. Und denke immer daran, zu unseren Verwandten, die eines Tages kommen werden, aufzuschauen.«

79) »Amerikanische Kirche der Ureinwohner« – eine Religionsform, die sowohl christliche Elemente, als auch den Gebrauch des meskalinhaltigen Peyote-Kaktus' mit einbezieht. (Anm. d. Übers.)

Habe ich in diesem Buch alles offen gelegt, was Frank mir erzählte? Natürlich nicht. Auch meine beiden Bücher über ihn zusammengenommen geben nicht den ganzen Umfang seiner Erzählungen und Taten aus der Zeit wieder, in der ich bei ihm war. Von dem, was danach passierte, weiß ich nur sehr wenig. Dieses Buch enthält nur seine zentralen und wichtigsten Einsichten und Rituale. Den genauen Hergang einiger Rituale und den Wortlaut einiger Lieder werde ich womöglich stets für mich behalten. Andere Dinge teile ich vielleicht mit einigen ausgewählten Menschen, die ich bereits getroffen habe oder die mir noch auf dem weiteren Lebensweg begegnen werden. Ich werde die Richtigen erkennen, weil ich, wie Fools Crow es mir gezeigt hat, mit meinem Geist in sie hineinschauen werde, sie mit meinen Augen berühren und mit meinem Herzen entscheiden werde – und ich werde ihnen meine Hand auf die Schulter legen, um festzustellen, ob sie kalt oder heiß wird.

Inzwischen lege ich ein heiliges Vermächtnis in Ihre Hände, indem ich mein Versprechen gegenüber Frank einlöse und dieses bisher zurückgehaltene Material der Öffentlichkeit übergebe. Dabei sei an seine Worte erinnert: »Wer so leben will, wie ich mein Leben geführt habe, kann auch die gleichen Dinge tun.« Die Antwort auf diese Herausforderung liegt ganz bei Ihnen. Sie können so hoch in den spirituellen Dienst aufsteigen, wie Sie möchten. Wer weiß, vielleicht ruft *Wakan Tanka* Sie gerade in diesem Moment zur Heiligkeit auf, auf dass Sie ein kleiner hohler Knochen werden.

Fools Crow in den Armen von Tunkashila

Nachwort

In den 10 Jahren, die seit der Erstveröffentlichung dieses Buches vergangen sind, hat Fools Crow bei seinem Volk ein immer größeres Ansehen erlangt. Heute wird er von den Sioux als einer der größten Führer in deren langer und edler Geschichte betrachtet. Alle kennen und verehren ihn.

Im Laufe der Jahre ist die großartige Art und Weise, auf die *Wakan Tanka* durch ihn zum Wohle der Menschen gewirkt hat, in meiner Achtung gestiegen. Ich habe mit Heiligen Männern der Hopi und Q'ero gearbeitet, denke aber immer noch an die vielen Lektionen, die ich von Fools Crow gelernt habe. Ich habe diese Lehren nie dringender gebraucht, als in meinem vergangenen Lebensjahr.

Im Februar 2000 hatte ich einen schweren Schlaganfall, aufgrund dessen meine linke Körperseite fast vollständig gelähmt war. Für einen Linkshänder, der sein ganzes Leben lang geschrieben und gemalt hat, war dies eine verheerende Angelegenheit.

Während der ersten Wochen im Krankenhaus verbrachte ich viel Zeit damit, über die vielen Heilungen nachzudenken, die ich Fools Crow habe an Menschen vollziehen sehen, die unvoreingenommen zu ihm kamen. Zuerst sehnte ich mich danach, dass er bei mir wäre, um mich zu heilen. Als ich jedoch über jede einzelne Heilung nachdachte, derer ich beigewohnt hatte, erkannte ich fünf äußerst wichtige Schritte, die er jedes Mal vollzog. Als ich über diese fünf Schritte nachdachte, wurde mir deren allumfassende Wahrheit klar und begann, meinen Geist zu heilen. Fools Crow wandte viele verschiedene Heilungsmethoden an. Die Kapitel zehn und elf dieses Buches befassen sich detailliert mit Fools Crows Heilungen und den traditionellen Methoden, die er anwendete. Die im Folgenden hier erklärten Schritte beinhalten das Wesen dieser Heilungsmethoden. Fools Crow war der Ansicht, dass jeder, der wie er einen starken Glauben in *Wakan Tanka* hatte, heilen konnte.

Ich bete darum, dass die Weisheit und Kraft, die Fools Crows Leben und Taten innewohnen, Sie heilen mögen, so wie sie mich geheilt haben.

Heilungsschritte

Als ich mit Fools Crow zusammen seine Lebensgeschichte aufschrieb, sah ich ihn viele verschiedene Krankheiten heilen. Fast jeden Morgen wartete eine lange Menschenschlange vor seinem Haus auf Heilung oder Beratung. Es war frappierend, wie er nur durch einen Blick in die Augen der Heilungssuchenden wusste, ob sie daran glaubten, dass er sie heilen konnte oder nicht. Das war ein wichtiger Faktor bei seiner Entscheidung die Heilung zu versuchen. Wenn er Nein sagte, akzeptierten sie seine Antwort und gingen.

Fools Crow war einfach ein außergewöhnlicher Heiler. Sogar weiße Ärzte suchten ein Gespräch mit ihm, um herauszufinden, wie er heilte. Er tat sich schwer damit, diese Informationen weiterzugeben, obwohl er wusste, dass es mir zu gegebener Zeit möglich sein würde, dieses Wissen mit anderen zu teilen.

Erster Schritt: Glaube

Wenn Sie Heilung suchen, müssen Sie an den Schöpfer glauben und daran, dass er Sie geheilt sehen möchte. Es erscheint widersprüchlich, dass er Ihre Heilung wünscht, wenn er es zuließ, dass Sie krank wurden. Wir müssen uns jedoch in Erinnerung rufen, dass das Leben sehr zerbrechlich ist und er uns Krankheiten sendet, damit wir erkennen, dass unser Leben nicht in unseren Händen liegt. *Wakan Tanka* möchte, dass wir geheilt werden. Er zeigt, wie sehr er die Menschen schätzt, indem er Heiler oder Heilungsmethoden bereitstellt. Das beinhaltet auch Wunder.

Sie müssen an ihn glauben, ob Sie ihn nun Gott, *Wakan Tanka* oder Schöpfer nennen, und Sie müssen daran glauben, dass er Sie heilen will. Sie müssen auch an den Heiler glauben. Sie müssen daran glauben, dass er Gottes Werkzeug ist und Sie heilen kann. Fools Crow beschrieb sich selbst immer als einen kleinen hohlen Knochen, durch den *Wakan Tanka* gemäß seiner Absicht wirkte. Das zeigt, dass er glaubte, auf dieser Erde zu sein, um die vom Schöpfer gewünschten Heilungen durchzuführen.

Fools Crow ermahnte mich immer, bei seinen Heilungen alles genau zu beobachten. Er sagte mir, dass er in einem frühen Stadium der Behandlung den Patienten berühren würde, um diesem zu zeigen, was er fühlte – dass die Heilung erfolgen würde. Und dann sagte er: »Bevor ich fertig bin, wird der Patient mich auf die gleiche Weise berühren, um mir zu zeigen, dass er an meine Behandlung glaubt.«

Es war immer ein bewegender Moment, wenn dies geschah. Zeigte es doch, dass der Patient die Heilung angenommen hatte. Es war wundervoll.

Zweiter Schritt: Wähle die richtige Medizin

Das war bei Fools Crows Heilungsprozess ein entscheidender Schritt. In der Umgebung seines Hauses wuchsen viele Heilpflanzen. Er musste nur die richtige finden. Die Wahl überließ er allerdings *Wakan Tanka*. Er schlenderte lediglich über sein Grundstück, bis er fühlte, wie ihn etwas nach unten zog. Zu diesem Zeitpunkt stand er immer neben einer Heilpflanze. Er fühlte den Ruck und bückte sich um die Pflanze zu pflücken. Normalerweise waren die Pflanzen wie Brokkoli oder Blumenkohl geformt. Der Strunk wurde gekocht, um daraus Medizin zu machen, und die Blüten wurden wie Pinsel benutzt, die in die Medizin getaucht wurden, um sie auf den Patienten aufzutragen. Er stellte auch Pinsel aus Weide her. Er teilte die Enden, um einen Pinsel zu erhalten, mit dem die Medizin aufgestrichen wurde. Er tauchte immer den Pinsel in die Medizin und schmierte sie dann auf den Körper des Patienten.

Dritter Schritt: Die Behandlungssitzung

Fools Crow arbeitete in Viererschritten. Jeder Tag war in vier gleiche Teile unterteilt und die gesamte Behandlungszeit zog sich über vier Tage hin. Wenn er mit dem Medizinrad arbeitete, rief der Patient die vier Himmelsrichtungen an. Am Ende des vierten Tages klatschte Fools Crow in die Hände und der Patient war für gewöhnlich spontan geheilt.

Wie Sie wahrscheinlich vermuten, gibt es Krankheiten und Probleme, bei denen es mehr als vier Tage dauert, um eine Heilung herbeizuführen. Schlaganfälle gehörten in diese Kategorie. Schlaganfallpatienten brauchten oftmals mehrere Monate oder mehr als ein Jahr, um vollständig wiederhergestellt zu sein. In diesen Fällen verschrieb Fools Crow eine Medizin und eine Anwendungsroutine, der Folge geleistet werden musste. Er erklärte den Verwandten des Patienten, was zu tun war.

Fools Crow bat die Familie des Patienten immer ein Zelt für diesen bereitzustellen, während er behandelt wurde. Ein Familienmitglied blieb beim Patienten, um während der vier Behandlungstage für ihn zu sorgen. Darüber hinaus ermutigte das Familienmitglied den Patienten, indem es ihn an all die guten Dinge in seinem Leben erinnerte. Bei schlechtem Wetter wurde der Patient in Fools Crows Haus untergebracht und schlief neben dem Kugelofen.

Dieses Arrangement zur Unterbringung des Patienten war immer gleich. Es wurden zwei Stühle aufgestellt, die nah genug einander gegenüber standen, damit Fools Crow von dem einen Stuhl aus den Patienten in dem anderen Stuhl berühren konnte. Wenn der Patient nicht sitzen konnte, stellte Fools Crow eine Decke zum Liegen bereit. Rechts zwischen den beiden Stühlen, machten seine Frau Katie und Fools Crow ein Feuer, das Katie während der Behandlungssitzung am Brennen hielt. Auf dem Feuer befand sich ein Metallgitter, auf dem ein Topf mit der Medizin stand.

Links zwischen den Stühlen bildete Fools Crow einen Kreis aus Maismehl. Dieser Kreis hatte einen Durchmesser von etwa 30 Zentimetern und eine Stärke von circa dreieinhalb Zentimetern. Es handelte sich um einen außergewöhnlichen Kreis, der, während Fools Crow mit dem Patienten arbeitete, seine Farbe wechselte und den Behandlungsfortschritt anzeigte. Bei der Behandlung lehnte sich Fools Crow nach vorne und strich die Medizin auf verschiedene Körperstellen des Patienten. Dabei sang er fast ununterbrochen.

Nachts, nach dem Ende der vierten Behandlungssitzung des Tages, verbrachte er immer mehrere Stunden im Gebet und fragte *Wakan Tanka*, ob er mit dem, was er und wie er es tat, zufrieden war. Der Schöpfer ehrte ihn natürlich dadurch, dass er ihn zu einem ganz besonderen Werkzeug machte, durch das er wirkte.

Wie ich schon sagte, an irgendeinem Punkt erwiderte der Patient Fools Crows Berührung als Zeichen dafür, dass er an die Wirksamkeit der Behandlung glaubte. Der Patient wusste, dass Fools Crows Methoden ihm halfen und sein Vertrauen wuchs während der viertägigen Behandlungszeit. Als sich der vierte Tag dem Ende neigte, war der Patient für das bereit, das unweigerlich kommen würde. Mir lief ein kalter Schauer über den Rücken, wenn ich beobachtete, wie sich durch Fools Crows Behandlung steife Körper zu bewegen begannen und er Reaktionen von Menschen mit anderen Gesundheitsproblemen erhielt.

Vierter Schritt: Gebetsopfer

Während der vier Behandlungstage ließ Fools Crow den Patienten, sofern er dazu in der Lage war, zwei Dinge anfertigen: ein Gebetsopfer für Mutter Erde und Vater Sonne und ein Medizinrad, als Erinnerung an die guten Dinge, die sich zugetragen haben und das Leben lebenswert machen.

Um das Gebetsopfer herzustellen, diente ein circa 15 Zentimeter langer Zweig als Basis. Wenn der Heilungssuchende jung war, war der Zweig gerade. Bei einem älteren Patienten wurde ein Zweig in der Form eines Krückstocks verwendet. Dieser Basis wurden Dinge aus der Tier- und Pflanzenwelt zugefügt, die in der Gegend gesammelt wurden, in der das Gebetsopfer aufgehängt werden würde. Diese wurden verwendet, weil sie Mutter Erde vertraut waren und somit eine engere Beziehung zu ihr schufen. Dann fügte der Patient andere Gegenstände hinzu, um seinen Wünschen Ausdruck zu verleihen. Zum Beispiel wurden Familienfotos verwendet oder was auch immer für den Patienten wichtig war. Dann wurden verschiedene Bänder, Perlen und Lederstückchen hinzugefügt. Manchmal stellte Fools Crow für den Patienten ein spezielles Amulett her. Alle diese Dinge wurden mit Schnur oder Bändern als Bündel zusammengeschnürt.

Während das Gebetsopfer hergestellt wurde, konzentrierte sich der Patient auf den Heilungsvorgang. Noch einmal, die Aufmerksamkeit des Patienten war auf die damit verbundene Absicht ausgerichtet. Danach wurde das Gebetsopfer an einen Baum oder Strauch gebunden, damit es mit den Gebeten für den Patienten fortfahren konnte, bis es von der Witterung dahingerafft wurde. Ein Mensch kann nicht ununterbrochen beten und das Gebetsopfer übernimmt diese Aufgabe. Der Patient war sich dessen ständig bewusst und stimmte regelmäßig in die Gebete mit ein.

Fünfter Schritt: Das Medizinrad

Ein wichtiger Teil der Behandlungssitzung ist das Anfertigen des Medizinrads. Es besteht aus Weide, falls möglich, oder einer anderen Holzart, die sich biegen lässt, um einen Reifen von etwa 30 Zentimetern Durchmesser zu formen. Die Stärke sollte etwa zwei Zentimeter betragen. Dieser Reifen wird durch 2 Schnüre, die von einer Seite zur anderen laufen, in vier Teile unterteilt. Das erste Segment wird zum Süden, dann Westen, Norden und schließlich Osten. Danach kommt man wieder zum Süden. Auf diese Weise werden die Kräfte der vier Himmelsrichtungen herbeigerufen.

Der Süden befasst sich mit dem ersten Teil Ihres Lebens, als Sie geboren wurden und aufwuchsen. Alles, was Sie hier hinzufügen, befasst sich mit diesem Zeitabschnitt. Als Nächstes, vom Westen ausgehend in Richtung Norden, denken Sie über Ihre Jugend nach. Wählen Sie Dinge aus diesem Zeitabschnitt, die Sie glücklich machten und das zeigen, was Sie glaubten zu erreichen. Dann bewegen Sie sich nach Norden. Hier geht es um die reiferen Dinge des Lebens. Das ist wohl die Zeit Ihrer größten persönlichen Errungenschaften. Hier gilt es Erinnerungsstücke an vollbrachte Leistungen und Beziehungen hinzuzufügen, die Gesundheit, Glück und Befriedigung mit sich brachten. Schließlich kommen wir zum Osten, wo Weisheit und Alter zum Tragen kommen. Erinnern Sie sich an Aufgaben, die Sie erfüllt haben und an die verschiedenen Orte, zu welchen das Leben Sie geführt hat. Denken Sie über die wichtigen Beziehungen in Ihrem Leben nach. Das führt Sie vom Osten zurück zum Süden, wo das Leben begann.

Die Außenseite des Reifens wird mit Symbolen für die verschiedenen Teile Ihres Lebens bemalt. Fotos oder andere Gegenstände, die schöne Erinnerungen an die verschiedenen Lebensabschnitte bergen, können am Medizinrad befestigt werden. Wählen Sie diese Dinge sorgfältig aus, bevor sie beigefügt werden. Das Ziel ist es, dieses Medizinrad für eine Rückschau auf all das Gute in Ihrem Leben zu verwenden, um dadurch eine sehr positive Einstellung zu entwickeln.

Hängen Sie dieses Medizinrad zu Hause an die Wand, wo Sie es ständig sehen, damit es Sie an die Dinge erinnert, die das Leben lebenswert machen.

Fools Crow verstand es sehr gut, seinen Patienten nützliche Anregungen zu geben, während sie das Medizinrad herstellten. Er kannte diese Menschen oft gut genug, um sie konstruktiv an gute Dinge in ihrem Leben zu erinnern, die ihnen nicht mehr im Bewusstsein waren. Der Sinn lag natürlich darin, dass der Patient in einer sehr positiven Weise auf sein Leben zurückgeblickt hatte, wenn das Medizinrad fertiggestellt war.

Wenn die vier Tage mit Behandlungssitzungen zu einem Ende kamen, gab Fools Crow seinen Patienten immer eine Zusammenfassung dessen, was er für sie getan hatte und was sie selbst für sich getan hatten. Er erinnerte sie daran, dass sie die vier Himmelsrichtungen angerufen hatten und dass, während sie sich mit jeder einzelnen Himmelsrichtung beschäftigten, deren Kräfte freigesetzt wurden. Die Sioux glauben, dass jede Himmelsrichtung über verschiedene Kräfte verfügt, auf welche die Menschen Zugriff haben. Jedes Mal, wenn wir sie anrufen, werden sie diese Kräfte für den benötigten Zweck einsetzen, sei es, um zu heilen oder zu lehren.

Wenn Fools Crow sich dem Ende der vierten Behandlungssitzung näherte, verstärkte er die Intensität seiner Handlungen. Er arbeitete schneller und sang schneller, sodass der Patient fühlte, wie sich die Heilungsenergie in ihm aufbaute.

In diese Zusammenfassung gehörte auch ein Gespräch darüber, wie das Gebetsopfer und das Medizinrad dem Menschen helfen. Er wies darauf hin, dass die Gebete dargeboten werden würden, sobald das Bündel an einem Baum oder Strauch befestigt wurde. Fools Crow sagte, dass dem Patienten dies bewusst sein musste. Das galt auch für das Medizinrad. Fools Crow erinnerte den Patienten daran, dass es an einem Platz aufgehängt werden sollte, wo es nicht nur für den Patienten, sondern auch für die Familienmitglieder gut sichtbar war. Diese ständigen Erinnerungen waren für die Genesung des Menschen äußerst wichtig.

Es ist einfach erstaunlich, wenn wir uns ansehen, was Fools Crow in seinem Leben alles erreicht hat. Und die Tatsache, dass er die meisten dieser Heilungen in nur vier Tagen zuwege brachte, ist noch überraschender. Darüber hinaus aktivierte er die Selbstheilungskräfte eines jeden Patienten. Er stärkte ihren Glauben und auch ihre Überzeugung, dass Vater Sonne und Mutter Erde ihn in seinen Gebeten unterstützten.

Wie können wir versuchen, diese wichtigen Wahrheiten für die Verbesserung unseres eigenen körperlichen und spirituellen Wohls einzusetzen? Jeder der von Fools Crow verwendeten Heilungsschritte birgt eine grundlegende Wahrheit über die Geisteshaltung, die wir annehmen müssen, damit die Heilung stattfinden kann.

Für eine Heilung ist absoluter Glaube unabdingbar. Wir müssen glauben, dass *Wakan Tanka* unseren Geist, unsere Seele und unseren Körper auf eine Art und Weise heilen wird, die ihm dient. Wir müssen uns selbst als hohle Knochen sehen, die dazu verwendet werden, Seiner Absicht zu dienen – einer Absicht, die wir nicht ganz verstehen.

Fools Crow wusste, dass Berührung die Kraft zum Heilen in sich birgt. Er trug seine Medizin direkt auf die Körper seiner Patienten auf. Wir müssen auch diese Kraft erkennen. Wir müssen uns vorstellen, wo und wie die Medizin, die wir einnehmen, uns hilft. Wir müssen das Berühren der zu heilenden Teile unseres Körpers als einen unverzichtbaren Teil des Heilungsprozesses betrachten. Die Generation unserer Großmütter war sich darüber bewusst, wenn sie bei allerlei Beschwerden Umschläge machten und Massagen durchführten. Die warme, persönliche Natur der menschlichen Berührung beruhigt Körper und Geist. Sie macht aus der passiven Reaktion auf den Heilungsprozess eine aktive.

Heilung erfordert Zeit und Zielausrichtung. Ein Teil dieser Zeit wird im Gebet verbracht. Ein Gebet besteht sowohl aus der Bitte, als auch aus dem Empfangen der Antwort. Es gibt uns Führung, Verständnis und die Erkenntnis darüber, welche Lehren wir aus dieser Krankheit ziehen können.

Das Medizinrad ist eine Möglichkeit, die guten und positiven Dinge in Ihrem Leben zu betrachten. Dieses Verständnis hilft uns, unsere momentane Krankheit in den richtigen Blickwinkel zu rücken, als einen kleinen Teil unseres Lebens. Das Nachdenken über die Freuden und Errungenschaften unseres bisherigen Lebens erinnert uns auch daran, wie sehr es sich zu leben lohnt, und steigert unser Selbstwertgefühl.

Dies sind einige der Lektionen über Heilung, die ich von Fools Crow gelernt habe und immer noch lerne. Ich bin mir sicher, dass sie auch in Ihrem Leben hilfreich sein können.

Thomas E. Mails,
April 2001

Fotografien

Fools Crow und Thomas E. Mails. Das erste Treffen in Lower Brule, Süd Dakota im August 1974.

Fools Crow mit seiner Frau Katie und Thomas E. Mails. Lower Brule, 1974.

Fools Crow auf dem Sonnentanzplatz in Lower Brule, 1974.

Fools Crow bei einem Sonnentanz in Pine Ridge, 1974. Fools Crow war für gewöhnlich der Hauptfürbitter beim Sonnentanz in Pine Ridge.

Fools Crow am Custer Battlefield National Monument am 25. Juni 1976, der hundertjährigen Wiederkehr der Schlacht am Little Big Horn.

Fools Crow in Zeremonialkleidung in seinem Camp in Lower Brule, 1974. Er hält die Pfeife, die er mehr als vierzig Jahre lang verwendet hat.

Fools Crow am Bear Butte, eine heilige Visionssuchestätte der Sioux, Oktober 1976.

Fools Crow mit Thomas E. Mails in seinem Wohnzimmer, während einem der vielen Gespräche über seine Lebensgeschichte.

Bibliografie

Bibliografie

Brown, Joseph Epes. *Schwarzer Hirsch: Die heilige Pfeife*, Göttingen: Lamuv Verlag, 1982. Übersetzung von Gottfried Hotz, (hier fehlt der Vorspann, auf den sich Mails öfters bezieht. Anm. d. Übers.).

Carson, Rachel, *Der stumme Frühling*, Beck'sche Reihe, 1981, 2007.

Commoner, Barry, *Making Peace with the Planet*, Random House, Inc., New York, N.Y., 1975 and 1990.

Densmore, Frances, *Teton Sioux Music*, Smithsonian Institution, Bureau of American Ethnology, Bulletin 61, Washington, D.C., 1918.

Eiseley, Loren, *The Invisible Pyramid – A Naturalist Analyses the Rocket Century*, New York, Charles Scribner's Sons, 1970.

Fletcher, Alice C., *The Shadow or Ghost Lodge, Annual Report of the Peabody Museum*, Nr. 3, 4, 1884.

Gribbin, John, *Hothouse Earth*, New York, N.Y., Grove Weidenfeld, 1990.

Katz, Richard, *Boiling Energy*, 1982, Harvard University Press, Cambridge, MA, London, England.

Mails, Thomas, *Ich singe mein Lied für Donner, Wind und Wolken*, Frankfurt, Fischer Verlag, 1996, Neuausgabe 1997 unter dem Titel *Das Leben des Fools Crow*. Amerikanische Ausgabe: Fools Crow, Bison Books 1990.

Mails, Thomas, Fools Crow: *Wisdom and Power*, Council Oak Books (www.counciloakbooks.com).

Mails, Thomas, *Pueblo Children of the Earth Mother*, Vols 1 & 2, Doubleday & Company, Inc., 1983.

Mails, Thomas, *Geheime Indianische Pfade – Ein Führer zu innerem Frieden*, München: Knaur, 1991 (vergriffen, wird nicht wieder aufgelegt).

Mails, Thomas, *Sundancing at Rosebud & Pine Ridge*, Sioux Falls, S.D., Center for Western Studies, 1978. Zweite Ausgabe: *Sundancing: The Great Sioux Piercing Ritual*, Council Oak Books (www.counciloakbooks.com). Deutsche Ausgabe *Oyate Wica'Ni Ktelo*, Arun-Verlag 1999, (vergriffen, wird nicht wieder aufgelegt).

Neihardt, John, *Schwarzer Hirsch: Ich rufe mein Volk*, Göttingen, Lamuv Verlag, 1995.

Schell, Jonathan, *Das Schicksal der Erde*, München, Piper, 1982.

Waugh, Earle H., and Prithipaul, K. Dad, eds., *Native Religious Traditions*, Joint International Symposium of Elders & Scholars, Edmonton, Alta. Herausgeben von der Canadian Corporation for Studies in Religion, 1977.

Andere Bücher von Thomas E. Mails

Mystic Warriors of the Plains
Ich singe mein Lied für Donner, Wind und Wolken. Das Leben des Fools Crow.
Pueblo Children of the Earth Mother, Vol. 1
Pueblo Children of the Earth Mother, Vol. 2
The People Called Apache
Dog Soldiers, Bear Men, and Buffalo Women
Sundancing at Rosebud and Pine Ridge
Geheime Indianische Pfade – Ein Führer zu innerem Frieden
Exploring the Secret Pathways
Hotevilla, Hopi Shrine of the Covenant, Microcosm of the World
The Hopi Survival Kit

Unser aktuelles Programm, Vorankündigungen von Neuerscheinungen und Nachauflagen, Adressen von Visionssucheseminaren, Termine mit unseren Autoren, Leseproben, Inhaltsverzeichnisse, Textauszüge, Titelabbildungen und noch vieles mehr finden Sie auf unserer Homepage. Von dort gelangen Sie auch direkt zu unserem Online-Shop, wo Sie unter anderem eine große Anzahl von Sonderangeboten vorfinden.

www.arun-verlag.de